南京小传

Nanjing

朱炳贵 著

团结出版社

© 团结出版社，2024 年

图书在版编目（CIP）数据

南京小传 / 朱炳贵著 . -- 北京：团结出版社，
2025.1. -- ISBN 978-7-5234-1206-0

Ⅰ . K295.31-49

中国国家版本馆 CIP 数据核字第 2024QB2621 号

责任编辑：何　颖
封面设计：谭　浩

出　　版：团结出版社
　　　　　（北京市东城区东皇城根南街 84 号 邮编：100006）
电　　话：（010）65228880　65244790（出版社）
　　　　　（010）65238766　85113874　65133603（发行部）
　　　　　（010）65133603（邮购）
网　　址：http://www.tjpress.com
E-mail：zb65244790@vip.163.com
　　　　 tjcbsfxb@163.com（发行部邮购）
经　　销：全国新华书店
印　　装：三河市东方印刷有限公司

开　本：146mm×210mm　　32 开
印　张：15.25　　　　　　　　　字　数：222 千字
版　次：2025 年 1 月　第 1 版　　印　次：2025 年 1 月　第 1 次印刷

书　号：978-7-5234-1206-0
定　价：49.00 元
　　　　（版权所属，盗版必究）

目录

第一辑　风物咏叹

祭天享地的大祀坛 - 003

神乐观：从皇家禁地到游乐仙境 - 017

古地图里的青溪园 - 027

明清时的南京旅店 - 039

几座古代行宫 - 051

回望江南贡院 - 071

南京的驿站 - 091

龙江船厂不是宝船厂 - 107

大龙翔集庆寺旧址在哪里 - 115

南京城隍庙 - 121

徜徉在南都的大街上 - 133

第二辑　风雅秦淮

明初国家祭祀故事 - 149

江南贡院科举趣事 - 163

国子监读书生活 - 179

谶谣故事 - 197

故都印迹：南京古代地图 - 227

白门：源自城门的别名 - 243

"扬州"曾是南京名 — 251

老地图里的南京旧影 — 257

洋人笔下的老南京 — 263

第三辑　风度翩翩

六朝美男的风姿 — 279

南京唐代名诗人冷朝阳 — 287

萨都剌金陵怀古 — 293

朱元璋点状元 — 305

明武宗南巡逸事 — 315

商人凌濛初 — 323

陈铎描绘市井风俗画卷 — 331

石涛长干接驾 — 339

不见题诗纪阿男 — 349

刚烈之花葛嫩娘 — 357

说书巨匠柳敬亭 — 361

王小余：袁枚的厨师知音 — 367

南京古代状元 — 375

库司坊里的阮大铖 — 397

第四辑　风俗雅韵

过年往事　- 413

艾绿粽香　- 429

金陵茶俗　- 439

南京蔬菜小史　- 449

旧日花事　- 457

《儒林外史》里的金陵滋味　- 473

第一辑 风物咏叹

祭天享地的大祀坛

神乐观：从皇家禁地到游乐仙境

古地图里的青溪园

明清时的南京旅店

几座古代行宫

回望江南贡院

南京的驿站

龙江船厂不是宝船厂

大龙翔集庆寺旧址在哪里

南京城隍庙

徜徉在南都的大街上

祭天享地的大祀坛

南京天坛，又称"大祀坛"，是明初国家祭祀天神地祇的大型礼制建筑，我国现存最著名的古代祭祀建筑北京天坛的原型。大祀坛前身是祭祀天神的圜丘，后来明太祖创新礼制，将天与地合并在这里祭祀，它又被叫作"天地坛"。明清易代后，大祀坛在风雨沧桑中日渐损毁，直至完全消失。

朱元璋建圜丘、方丘分祀天与地

南京在六朝时就出现祭祀建筑。如东晋在建康城东南方向创立圜丘坛，在覆舟山南建北郊坛。南朝四位开国皇帝上任的第一件事，就是到南郊的祭坛拜祀祭天。

明太祖朱元璋虽是草民出身，对礼制建筑、制度的建设推行却十分重视。在还是吴王的时候，便在南京修建了圜丘、方丘、社坛、稷坛、太庙等祭祀建筑。明朝甫建，他即"命中书省下郡县，访求应祀神祇。名山大川、圣帝明王、忠臣烈士，凡有功于国家及惠爱在民者，具实以闻，著于祀典"，并组织礼臣、儒士制定祭祀制度，建立国家祭祀典制，创建了自己的一套祭祀体系。

圜丘和方丘是国家最重要的祭祀建筑，它们于吴元年（1367年）八月建成。圜丘祭天，位于正阳门外钟山之南；方丘祭地，位于太平门外钟山之北。

方丘祭坛为一方台，分上下两层，四周建有围墙、台阶。围墙有两重，平面呈方形，四面设棂星门。方丘还有天库、神库、神厨、宰牲所、天池、瘗坎等建筑。洪武十年（1377年），改天地分祀为合祀，方丘坛遂被废弃，其旧址何在？如今已不可知。

圜丘建筑群有圜丘坛、两重围墙、棂星门、望祀殿及天库、神厨、宰牲亭、天池、牌楼等建筑。

圜丘坛为一上下两层的圆台，四面设有台阶，台面与台脚

第一辑　风物咏叹

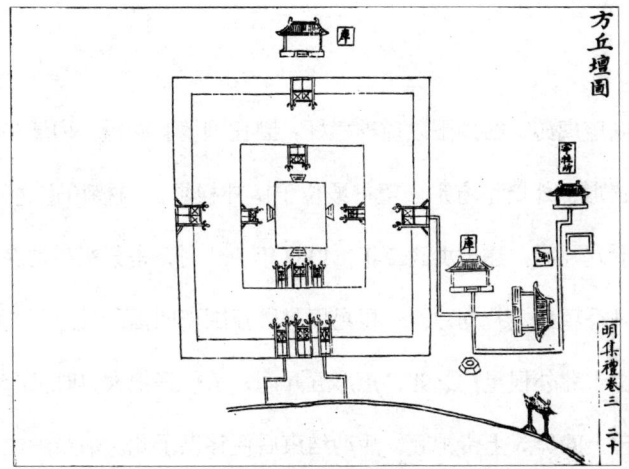

方丘坛图（《明集礼》）

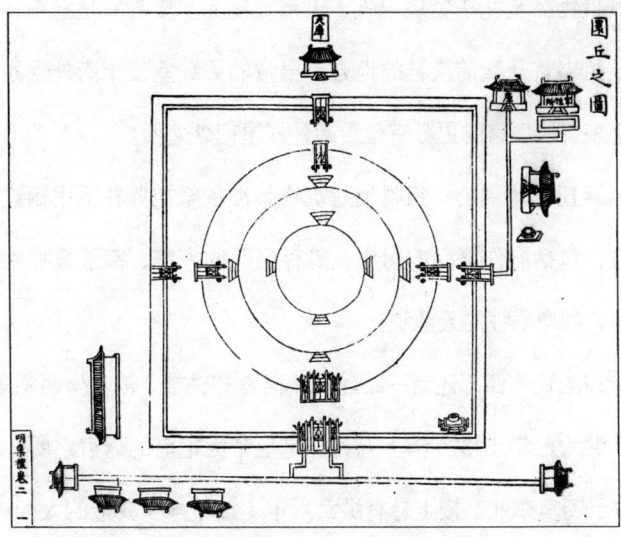

圜丘之图（《明集礼》）

饰以琉璃砖，四周围以琉璃栏杆。圜丘围墙有两重，内墙平面呈圆形，外墙呈方形。望祀殿位于南外棂星门与横甬道之间，矩形九开间，建于洪武二年（1369年）八月，是祭祀活动遇风雨时行望祭之礼的建筑。棂星门是圜丘围墙四面所设之门。天库位于北外棂星门之北，矩形五开间，举行祭祀大典时供奉在圜丘上的昊天上帝神版，活动结束后便移供于此。燔柴炉位于内墙之东南，为一高九尺、阔七尺的圆形炉子，用于祭祀时焚烧供献物品及礼毕焚烧祝版、玉帛等物品。更鞋室是祭祀日皇帝及执事官升坛前换鞋的地方，皇帝的更鞋室位于南外棂星门外之东，执事官的更鞋室位于南外棂星门外之西。

圜丘东北隅的一组附属建筑物是准备祭祀典礼所用牺牲的地方，包括制作祭品的厨房、贮存祭品的库房、宰杀祭牲的宰牲房、刳净祭牲的天池等。

在圜丘的西部还有一组建筑：斋宫和钟楼。斋宫坐西朝东，建于洪武三年（1370年）五月，是皇帝大祀前的斋宿之所。钟楼位于斋宫东北，楼上悬有洪武六年（1373年）铸造的太和钟。钟声在祭祀仪式中用于营造气氛，掌控节奏。

洪武四年（1371年）三月，朱元璋诏令对圜丘进行了一次改建。和初建时的形制相比，改建后的圜丘在尺寸上稍有缩小。

合祀天地的大祀坛

明朝开国伊始，明太祖欲创永世不变之典，确定采用南、北郊分祀天地的制度。在起初的几年里，他虔诚至极，每个冬至、夏至日，都会亲率百官前往圜丘、方丘祭祀，从无懈怠。

可是老天似乎对朱元璋的诚意无动于衷，祭祀斋居期间常常风雨交加，平常日子更是灾异频繁。想到汉代易数大家京房说过"交祀鬼神，必天道之雍和，神乃答矣。若有飘风骤雨，是为未善"，他心中不免着急，天神为什么不满？自己什么地方做得不好？

经过深思苦虑，他猛然悟到，问题就出在把天和地分开在两个地方祭祀上，这如同人们侍奉父母却使他们分居一样。"以人事度之，为子之道，致父母异处，安为孝乎？"于是他决定改天地分祀为合祀。

天地合祀坛建于原圜丘之址，并以屋覆之，称为"大祀殿"。工程于洪武十年（1377年）八月动工，由韩国公李善长监督施工，次年十月完成。

朱元璋原先实行的天地分祀格局是合乎历代郊祭制度的，他后来之所以改制，其实不仅仅是因为祭祀时遭遇曲折。明政权刚建立时，他需要以古代礼仪来昭示自己中华帝王的正统天子身份，于是匆匆征召儒士在很短的时间内草创了诸种礼制。这些成于儒士之手的初制，上追成周，兴复古礼的意味较浓，把周制、古礼的繁文缛节一股脑儿搬了过来。朱元璋是一个不喜虚文的人，认为祭祀应以"诚""敬"为主，而不是靠烦琐的礼文。于是在政权稳固以后，便对它们开始了创新改进，建造天地合祭的大祀坛便是他的一大举措。他对祭祀制度的改进还包括简化礼仪、合并从祀诸神，等等。

改建后的南京大祀坛的平面形制与格局，我们可通过古代文献如《洪武京城图志》中的《大祀坛》图等资料做一点初步了解。

大祀坛由两重围墙环绕。外垣北圆南方，东南西北四面各

第一辑 风物咏叹

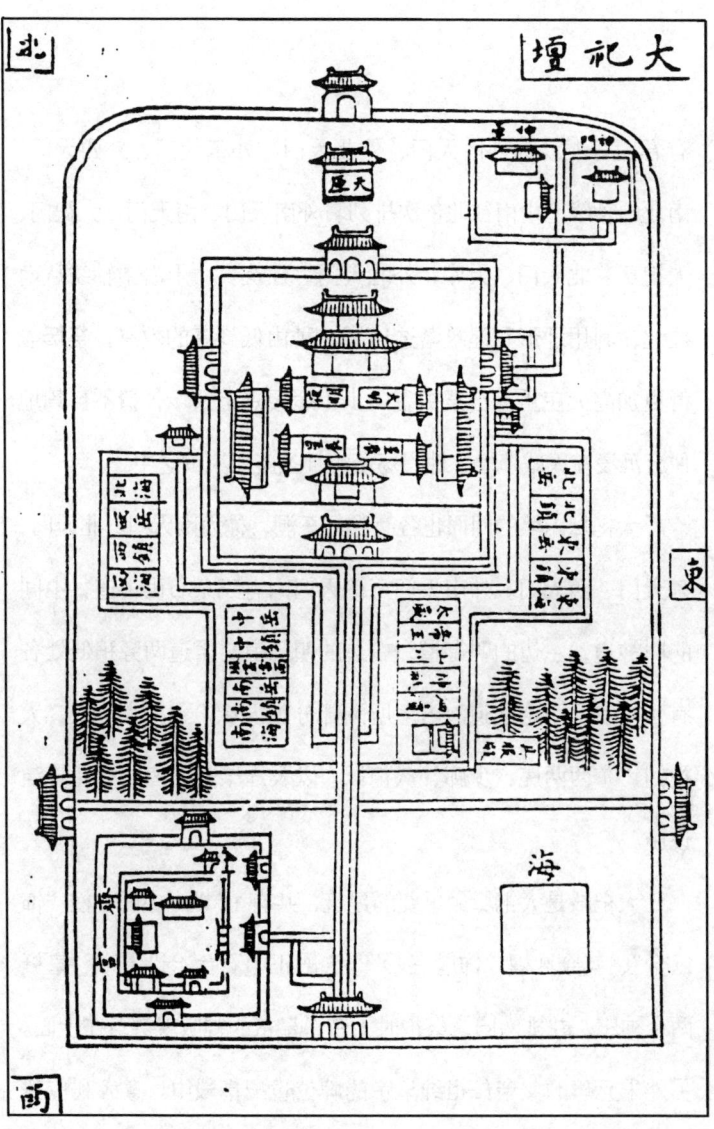

大祀坛（《洪武京城图志》）

有卷门三洞，称外南天门、外北天门、外东天门、外西天门。南北中轴线上由南往北依次排列着外南天门、南天门、大祀门、大祀坛、北天门、天库、外北天门等建筑。由于沿中轴线从南往北，利用地形和建筑营造出了一种由低到高的效果，祭坛显得更加高大庄重。当祭祀者一步步缓缓登上祭坛，情不自禁地便会沉浸在天威煌煌、地恩荡荡的神圣庄严氛围之中。

大祀坛内墙的四面也各有卷门三洞，称为南天门、北天门、东天门、西天门。外南天门至南天门间有三条石砌甬道，中间的叫神道，左边的叫御道，右边的叫王道。甬道两旁稍低处各有从祀官员所走之道。内垣所围部分为内坛，包括大祀殿、大祀门、东西两庑、步廊、从祀坛，以及燔柴炉、瘗坎等建筑与设施。

大祀殿是大祀坛最重要的建筑，共有12楹，中间4楹"饰以金"，其余8楹"饰以三彩"。大殿正中石台上设上帝、皇祇两个神座，并排南向，祭祀时上帝、皇祇的神版就供奉在上面。另外朱元璋的父亲仁祖纯皇帝的牌位也配享殿中。意大利传教士利玛窦万历年间参观过这里。据他介绍，石台上还有两个座位，"或者说是一个双人宝座，两个都是用大理石制成，一个供皇帝使用，如果他来献祭的话，一个则虚席以待，目的是好让接受皇帝献祭的神祇使用，如果它愿意坐在那里的话"。

大祀殿前面的东西两侧为庑房，共32间，往南则是大祀门。大祀殿、庑房、大祀门均通过步廊相互连通，构成了一个方形庭院。漫步院中，可以发现"庙堂外面的回廊装饰有丰富多彩的回纹图案，窗上装有金属网以防鸟雀，同时可透过光线。所有宫殿都是这样的。庙堂的门上钉有铜片，并加金饰，点缀着铜质的鬼怪形象"。

燔柴炉位于殿前东南方，燔柴炉之东为瘗坎，用于掩埋祭祀时所宰杀牺牲的毛和血等。

"在庙堂外面，他们建造了一系列涂成红色的大理石祭坛，分别祭祀太阳、月亮、星宿和中国的山岭，还有一个池代表海洋"。这一系列祭坛是指洪武二十一年（1388年）三月增修大祀坛坛墙时，在大祀殿丹墀内和墙外，叠石筑台增建的祭坛，其中丹墀内4座，墙外20座。前者是日、月、星、辰之坛，东西相向；后者东西各有10坛，东10坛为北岳、北镇、东岳、东镇、东海、太岁、帝王、山川、神祇、四渎之坛，西10坛为北海、西岳、西镇、西海、中岳、中镇、风云雷雨、南岳、南镇、南海之坛。台上琢石为山形，凿龛以置神位。

内垣与外垣之间的建筑除20坛外，还有北部的天库，东北部的神厨、神库、宰牲亭，西部的斋宫、钟楼，东南部的方海、藏冰库等。天库位于外北天门外，供奉着神御之物。藏冰库在外壝墙的东南方位，开凿有20个水池，用于冬月伐冰藏于凌阴暗室内，以供夏秋祭祀时保存牺牲等祭品之用。水池方海后来被称为"将军潭""将军塘"，十多年前尚存水面数十亩，现已被填没。

洪武十二年（1379年）于大祀坛的西面修建了一座神乐观，作为培养乐舞生，为国家祭祀等活动提供乐舞、赞礼服务的机构。

洪武二十一年（1388年）三月，大祀坛又经历一次增修。至此，明朝大祀的郊坛建制基本确定下来。永乐十八年（1420年）依南京大祀殿规制新建北京天地坛。嘉靖九年（1530年）建立四郊分祀制度，于北京另建地坛祭祀皇祇，原天地坛专用于祭天，并于嘉靖十三年（1534年）改称天坛。

明清鼎革后大祀坛惨遭厄运

大祀坛位于原圜丘旧址，即正阳门外钟山之南。周围松柏环抱，环境幽深。利玛窦记载"它位于京城的一端，在一片丛林或者说一片松树林中，环以围墙，周长12意大利里"。这里如今几乎已无迹可寻，但20世纪尚能见到其东南隅、西北隅等处遗址以及北面部分城基残址，清末和民国时的老地图上也描绘有它的城垣墙基的痕迹，通过它们可约略还原出大祀坛的轮廓范围。《明太祖实录》记载其外周垣周长"九里三十步"，约合今5700米。这一数据虽略显大，但经在老地图上量算，坛内总面积仍大于100万平方米，可谓规模宏大。

明成祖朱棣迁都北京后，把在南京建立起来的国家祭祀制度与典礼仪式也一齐带了过去，南京的郊坛从此不再举行常规祭祀活动，功能渐趋消退。不过明政府对南京大祀坛的保护一直还是很重视的。史料中记载，永乐二十二年（1424年）、天

南京小传

天坛勒骑图

顺四年（1460年）、万历十五年（1587年）都对其进行过维修。嘉靖时期国子监祭酒程文德在一次郊游时参观了大祀殿，大殿、祭坛肃穆幽静的氛围令他感受颇深："松柏森森紫气深，瑶坛宝殿画常阴。"万历时利玛窦来此参观，它仍然"丝毫没有颓损，气派不减当年"；"不论从规模来说，还是从建筑的宏伟来说，都是真正的皇家气派"，尽管"由于皇帝不再住在南京，（它）现在已经不再供皇帝祭典之用"。此时距大祀坛建成已有两百余年了。

明清更替后，南京失去陪都地位，清统治者不再关心大祀坛，它迅速衰朽下去。仅仅过了几十年，大祀坛便呈现出一派颓败景象。清康熙五年（1666年），诗人余宾硕寻访到这里，看

第一辑　风物咏叹

到静默在阑珊秋色里的大祀坛，一片萧索苍凉——"漏尽云阳秋色阑，牛羊终日下郊坛。已无苍璧终三献，谁见黄琮礼百官。御路草生人迹断，石台风起雁声寒。几年不奏钧天乐，万里空濛夕照残。"

同一时期的诗人王士禛在游记中也提到过大祀坛。一次他往游钟山、灵谷寺，"出通济门，经天坛。坛已废，弥望蔓草萦烟而已"。曾经的国家祭祀圣地，在明亡后的不长时间里，便已是满目荒烟蔓草。诗人寥寥数字勾勒出的这幅世事沧桑巨变图景令人无限感慨。

清康熙二十五年至二十六年（1686—1687年），画家陈卓创作了一幅《天坛勒骑图》，直观地为我们描绘了昔日天坛的恢宏气势和庄严景致。画面上重檐翘角的门楼，巍然耸立的牌坊，环护天坛的红墙，掩映在茂密的松柏林间，祭坛、殿阁等主体建筑则藏隐在图画之外，令人遐想。画上还描绘了碧水、拱桥、行人、芳草、翠柳等迷人的郊野景色。画面笔触细腻，设色典雅。此画实际上是一幅表达怀旧情感的作品。"郊坛遗址建康东，颇忆先朝盛鼓钟"，画家是前朝遗民，对故国山河充满怀念。他还常常"凭仗游人谈往事，流连直到夕阳西"。因此画面上的景物有一些应该是虚构的，其时的天坛其实早已御路草莽、樵牧践踏了。

至清末的时候，在风雨冲刷、兵燹摧残中日渐损毁的大祀坛终于灭失殆尽。当时的地图上，它已只剩下外垣墙基等很少的残迹，以及"小天堂""将军塘"等几个地名了。

神乐观：从皇家禁地到游乐仙境

"金陵四十八景"中有一景"神乐仙都"，它原是明太祖朱元璋敕建的神乐观，一个专门培养乐舞生，为国家祭祀等活动提供乐舞、赞礼服务的机构。由于神乐观今已不存，从而留下一串令人好奇的疑问：当年观内的建筑规模、结构布局是怎样的？朱元璋为什么要将其建造成道观？它是何时从皇家禁地褪变为游乐胜境的？

朱元璋建道观培养乐舞生

南京神乐观由朱元璋于洪武十二年（1379年）敕建，旧址位于今石门坎天堂村西，"其地出正阳门迤逦在望，古木松阴夹道，远带钟山之麓，近连飨帝之宫，门临平野，地达长河"。它

南京小传

的东西两面分别是大祀坛、山川坛两大建筑群。

　　神乐观当年是与朝天宫并列的大观,亭台楼阁林立,规模甚大。观内建筑有楼阁殿宇、办公场所,以及廊房、道士居室等一百余间。曾担任南京礼部郎中的葛寅亮于万历年间编撰了

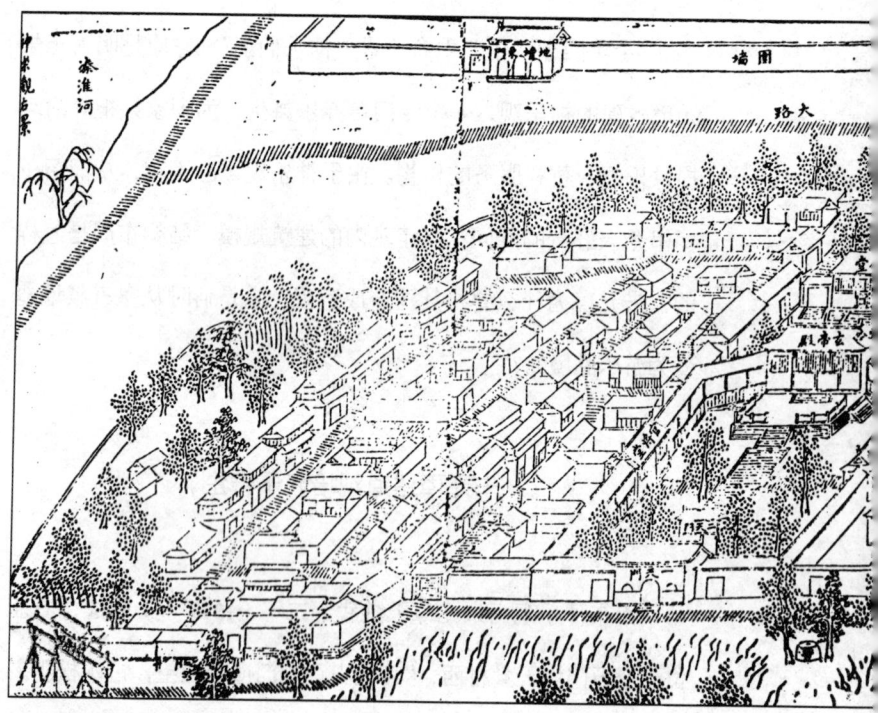

神乐观(《金陵玄观志》)

第一辑 风物咏叹

一部明代南京道教宫观总志《金陵玄观志》，其中详细记载了神乐观内建筑的名称、规模，另还附有一幅神乐观地图，以立体形象的手法直观描绘了观内建筑的分布与形态。图文显示，观内中轴线上的建筑有山门三楹，两边角门各四楹，高真大殿五

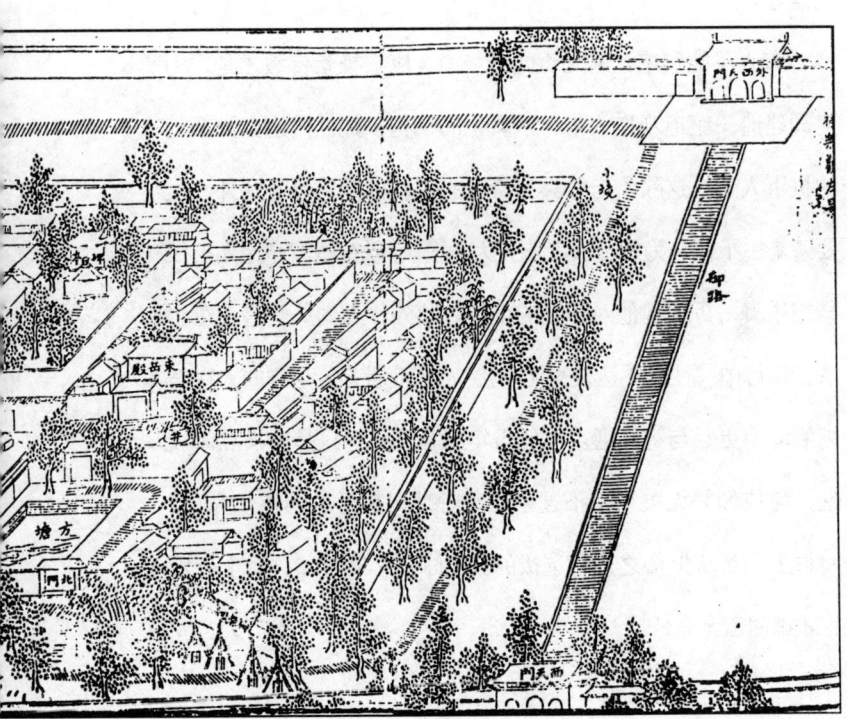

楹，高真大殿两边有两条画廊各十七楹，殿外两边还有祠堂七楹，殿后为会食堂七楹；中轴线右边为东岳殿及方塘等。其他建筑还有醴泉大门三楹、铜云板房三楹、仓房并内公廨厅十三楹、两廊十王廊房各六楹、后住房五楹、提点公廨三楹、住房七楹等。

有人可能疑惑，朱元璋做过和尚，应该推崇佛教才是，为何却建造一座道观作为培养乐舞生的机构，并任用道士为祭祀的执事人员？这除了与他具有特殊的道教信仰感情有关外，主要还是由于他认为"道家者流务为清净"，以这些清净之人担任祭祀乐舞，可体现他对神灵的虔诚。此外，人们认为道人在生活、修行中"往无不达，交无不接"，在他看来，这样的人在祭祀活动中更易与神沟通。而他当年出家当和尚只是为了混口饭吃，与信仰并无关系。不过朱元璋时期只有乐生由道童充任，而舞生则是从世俗之人中选拔的。从永乐年间开始，舞生与乐生才都由道士充任。

神乐观在祭祀中不只是提供乐舞

祭祀活动往往表达对神灵的祈求,祭祀天地便是希望"上帝皇衹,悦赐天下安和,生民康泰"。但若想达到效果,不仅依赖参与者的虔诚之心,还要有乐舞配合以提高活动的感染力。重视祭祀礼仪的朱元璋早就意识到这一点了,在建造神乐观之前,他就开始了选拔道童和世俗之人培养乐舞生。《太常续考》中记载:"吴元年七月,命选道童年少俊秀者充雅乐生。洪武初,命选道童为乐舞生。"为使乐舞生有一个专门的培养机构,洪武十二年(1379年)他敕建了神乐观。

神乐观归礼部太常寺管辖,观内掌管由正六品提点和从八品知观负责。神乐观内的乐舞生,由国家政府机构挑选、培养、考核、给养。观内额定乐舞生的人数,不同时期编制不一。据《太常续考》载,洪武十三年(1380年)前后,额设乐舞生600名。朱棣迁都时,留下300人在南京,另一半则随驾去了北京。

神乐观并不只是提供乐舞服务,它在国家祭祀礼仪中扮演了多方面的重要角色。《明会典》中说,举凡圜丘、方泽、祈谷、朝日、夕月、星宿、太庙、社稷、先农、先师孔子等坛庙祭祀，均由神乐观乐舞生及乐舞生出身的太常寺协律郎、赞礼郎担任执事。例如，在郊祀活动的迎神、奠帛、进俎、初献、亚献、终献、赐福胙、彻馔、送神和望燎过程中，来自或出身于神乐观的人员达408人，其中有举麾协律郎1人，乐舞生72人，文武舞生132人，典仪、传赞、通赞等执事123人，烧香68人，点烛12人。典仪、内赞承担仪式的"导演"职责，负责引导整个礼仪；乐舞生在各个仪节奏乐；文武舞生在"三献礼"（初献、亚献、终献）中表演文武舞蹈。可以说，整个郊祀大典是在神乐观道士的引导和配合下完成的。当然在不同等级的祭祀中，神乐观参与人员的数量与分工有所区别。

皇家禁地成游乐仙境

明朝迁都后，南京神乐观虽然仍保留着，但由于郊祀的场所已移往北京天坛，其重要性明显下降。明后期，北京神乐观周围商贾云集，热闹繁盛。南京神乐观同样褪去了皇家禁地的神秘色彩，开始融入世俗生活，成为人们旅游休闲、参观访友的场所，万历时还被列入"金陵四十景"。以明代社会生活为背景的《儒林外史》，其第三十回《爱少俊访友神乐观，逞风流高会莫愁湖》中，曾写到一桩名士杜慎卿前往神乐观访友的趣事。有一次，杜慎卿在和季苇萧谈及知己话题时，他的这个谐友便捉弄他，说有一位美男子居住在神乐观里。杜慎卿很想见一见这位帅哥，但季苇萧却说此人很难请得动，须要亲自上门拜访。他还把美男子的地址留给了杜慎卿。杜慎卿次早起来，梳洗一番，换上一套新衣服，将写着美男子地址的纸包放入袖子里，便坐着轿子去了。来到神乐观门口，他下了轿，步行进去。当走到神乐观"北廊尽头一家桂花道院"，他找到了那人。所谓的美男子，竟是一个胖大老道。

明亡后神乐观改建为真武大帝行宫，供奉道教"真武大帝"。它也成为一些达官贵人避暑享乐的仙境，被美称为"神乐仙都"。

自清代中叶起，"缭垣路断驰官马，邃殿镫昏窜野鼯"，神乐观日渐走向衰微。清道光《上元县志》卷十二"寺观"中记

神乐观（高岑《金陵四十景图》）

载了它后期的一些变化情况：明迁都后，"观中乐舞遂止，只备孝陵及南雍春秋之祀，国初仍之。雍正中，府学添置乐舞生，观中乐遂废，其道士皆散处城之内外，如小桃源东岳庙、北门桥文昌祠、不二庵一拂祠、石观音庵、石城祠、谢公祠，诸处皆其宗派也。然每岁孝陵祭祀及有大祭，仍观中道士司乐"。至清末时，有着四五百年历史的神乐观几乎已被损毁得无影无踪了。

20 世纪 80 年代文物调查时，考古人员曾在神乐观旧址发现澧泉碑、澧泉井栏等残存遗物，后来这些遗物被移至白马公园保存。如今神乐观旧址差不多已全被现代建筑覆盖，只剩下因观而来的地名"观门口"等少量印记了。

古地图里的青溪园

　　南京历史上建造过许多园林，既有精美豪华的皇家园林，也有简朴素雅的私人宅园，如今它们大多已消失了。尤其是明清以前的园林，它们的形象我们基本上只能凭借史籍中的文字介绍和一些绘画作品去勾勒想象。不过，南宋时有一座园林因其地图保存至今，使得时隔数百年我们还能一睹它的芳影，它就是青溪园。

马光祖建成青溪园

　　青溪园是南宋建康府整治青溪时建成的一座公共园林。青溪，和淮水、潮沟、运渎等一样，为古代南京城里的一条大河。它发源于钟山西峰的南坡，通过潮沟和玄武湖连通，是东吴为了排泄玄武湖湖水，同时充当建业城东部屏障而开凿出来的一条人工河流，旧称东渠。青溪绵延十余里，在今淮清桥处汇入淮水。其两岸景色宜人，有着"九曲青溪"的美誉。六朝时期，有许多贵族的住宅、园墅以及寺庙沿青溪而建。南朝时的著名文人江总的宅第即位于青溪水边。"南朝鼎族多夹青溪，江令宅尤占胜地"，从他《岁暮还青溪宅》中的描写，可见他的宅第所在确非凡境："悒然想泉石，驱驾出城台。玩竹春前笋，惊花雪后梅。青山殊可对，黄卷复时开。长绳岂系日，浊酒倾一杯。"

五代杨吴筑金陵城，引青溪水入城壕，青溪上游被阻断。失去了水源的青溪逐渐淤塞，两岸的景观、园墅随之荒废败落，江令宅第旧址也沦为草地废囿。青溪淤塞，带来的更严重的后果是涝时水害横行，旱时饮水缺乏，严重影响了城市安全和百姓生活。

南宋理宗景定年间，被冷落多时的青溪在马光祖的主持下经过"梳洗装扮"，重新展露出了她的芳容丽质。马光祖自南宋理宗宝祐三年（1255 年）至度宗咸淳四年（1268 年），先后三次担任建康知府，是一位居官奋励、有所作为的官员，深得建

第一辑　风物咏叹

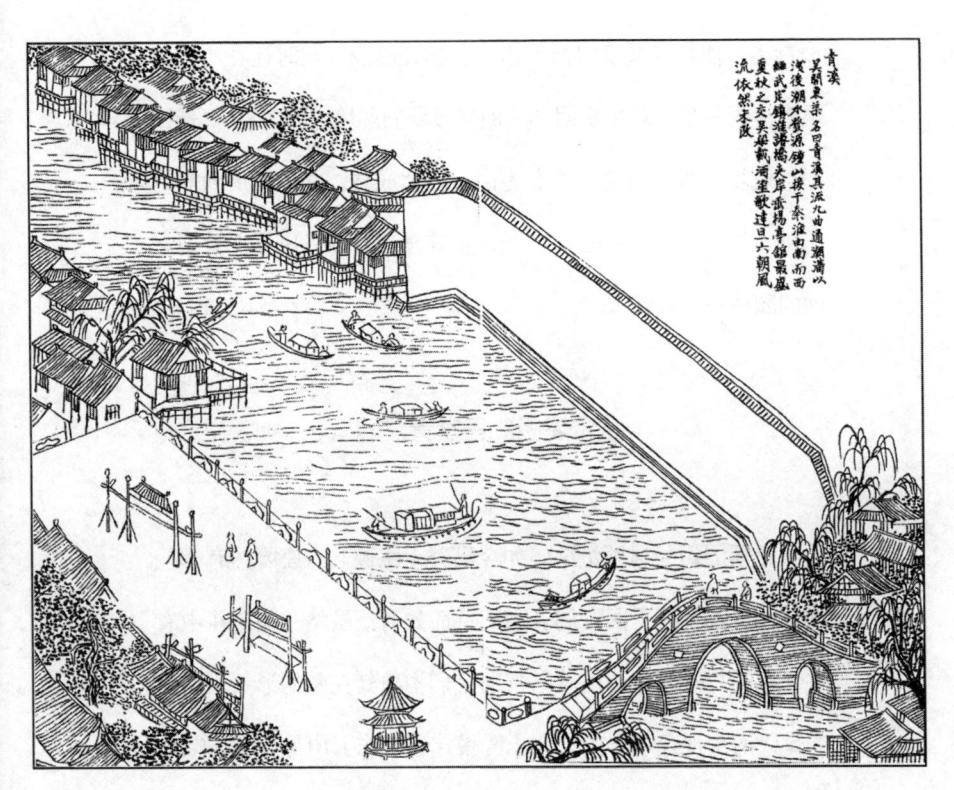

青溪（高岑《金陵四十景图》）

康市民的敬爱。他在任职期间，减租减税，建桥修城，兴办学校，还新建修复了郡圃、园林、名贤故居等众多城市风景建筑。

南宋理宗景定元年（1260年），马光祖组织民众兴修水利，疏浚青溪，使其重又变得河宽水清，波光涟漪。同时还在原有建筑青溪阁一带，对碧水回环、洲渚浮翠的环境进行了整体设计，岸边筑堤，水上架桥，累石为山，植树成林，并以青溪阁等为基础，增建堂馆亭榭三十余所，将其修建成了一座尽拥游观之胜的园林——青溪园。

《青溪图》里赏青溪园

青溪园历经风雨沧桑，如今已杳无踪迹。这座园林有哪些建筑、景点？其平面布局、空间特征如何？虽然一些史籍中有关于它的片段介绍，但难以帮助我们构建其完整的形象。幸运的是，南京现存最早的地方志《景定建康志》中保存了一幅它的地图《青溪图》，这幅水系图没有表现青溪的全貌，而是截取了青溪中精彩的一段——青溪园所在地加以精描细绘，因此它实际上就是一幅园林平面地图。图中详细描绘了青溪园的地形特点、景观布局、空间结构等。

青溪园由萦环曲折的水道、水中绿洲、亭台楼阁、植被、假山及盆景、石桌等景观小品组成，它们通过步道、长廊、桥梁、台阶、平台等串联在一起，组成了一个完整有序的优美空间。根据建筑功能、景观特点及水面、围墙、长廊等分隔要素，青溪园可分为先贤之祠、青溪阁、天开图画亭、清如堂、万柳堤等几个相对独立的群组。

先贤之祠位于一座水中绿洲之上，是青溪园最主要的部分，祀奉出生于南京或曾在南京任职的前贤如范蠡、王导、谢安、颜真卿等41人。该群组沿中轴线由南往北依次有南门、尚友堂、先贤之祠、北门等建筑。先贤之祠为主建筑，周围是一圈步行道，其西侧有一个附属院落，主要由平台、石桌、小拱桥、假山、竹林、大树等景观小品组成。

先贤之祠是青溪园建筑的核心。其四周碧水环绕，青溪阁、天开图画亭、清如堂、万柳堤等建筑群组分布在其周围，与它隔水相望。

青溪阁位于望花随柳桥的北端，建在南朝江总故宅上。它和北面步道西侧的割青亭同建于南宋孝宗乾道年间，是青溪园中建造年代最早的建筑。青溪阁三开间两层，一楼匾额题"九

溪光山色

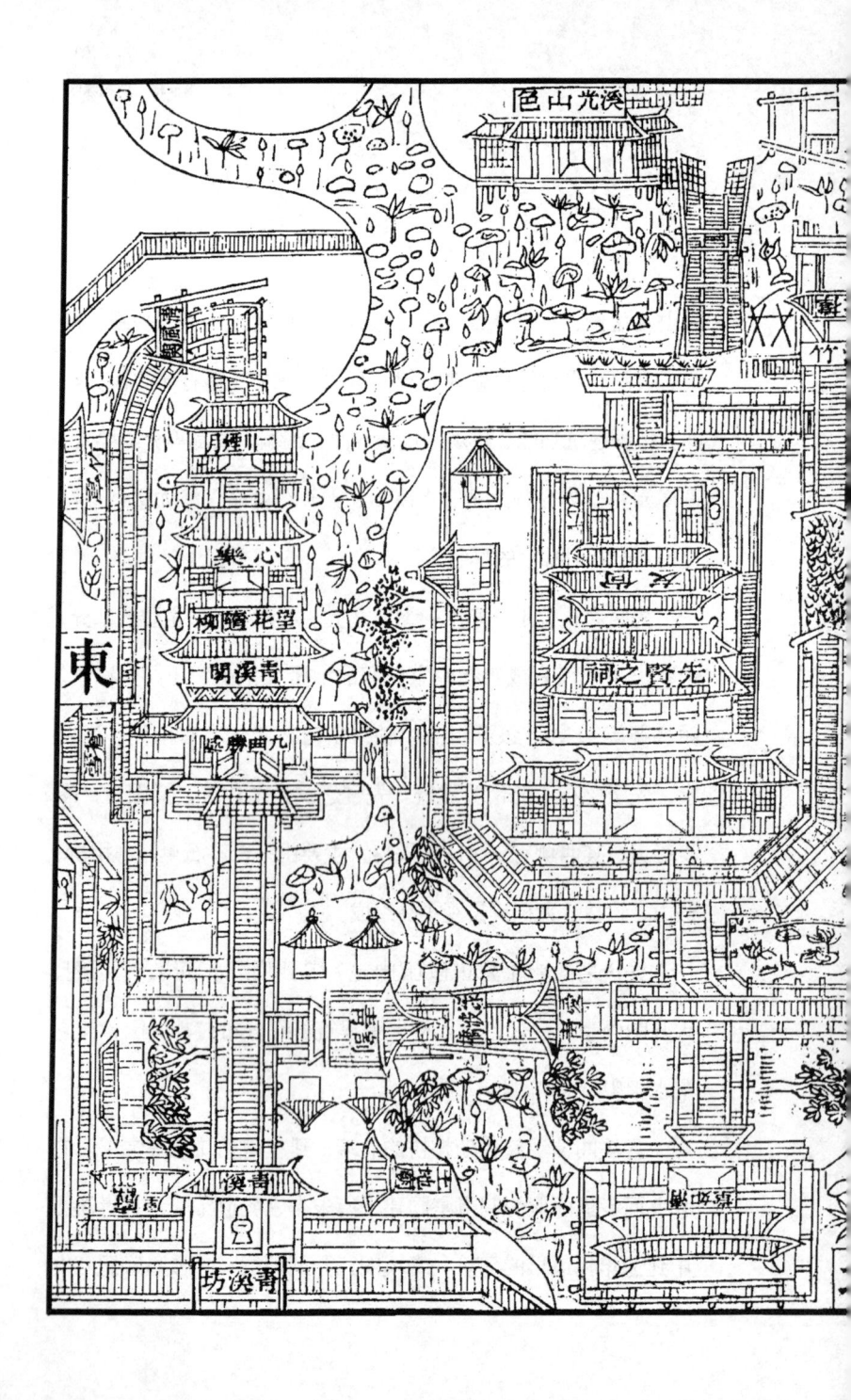

先賢之祠

川煙月
心樂
望花隨柳
青溪明
九曲勝處

東

青溪
青溪坊

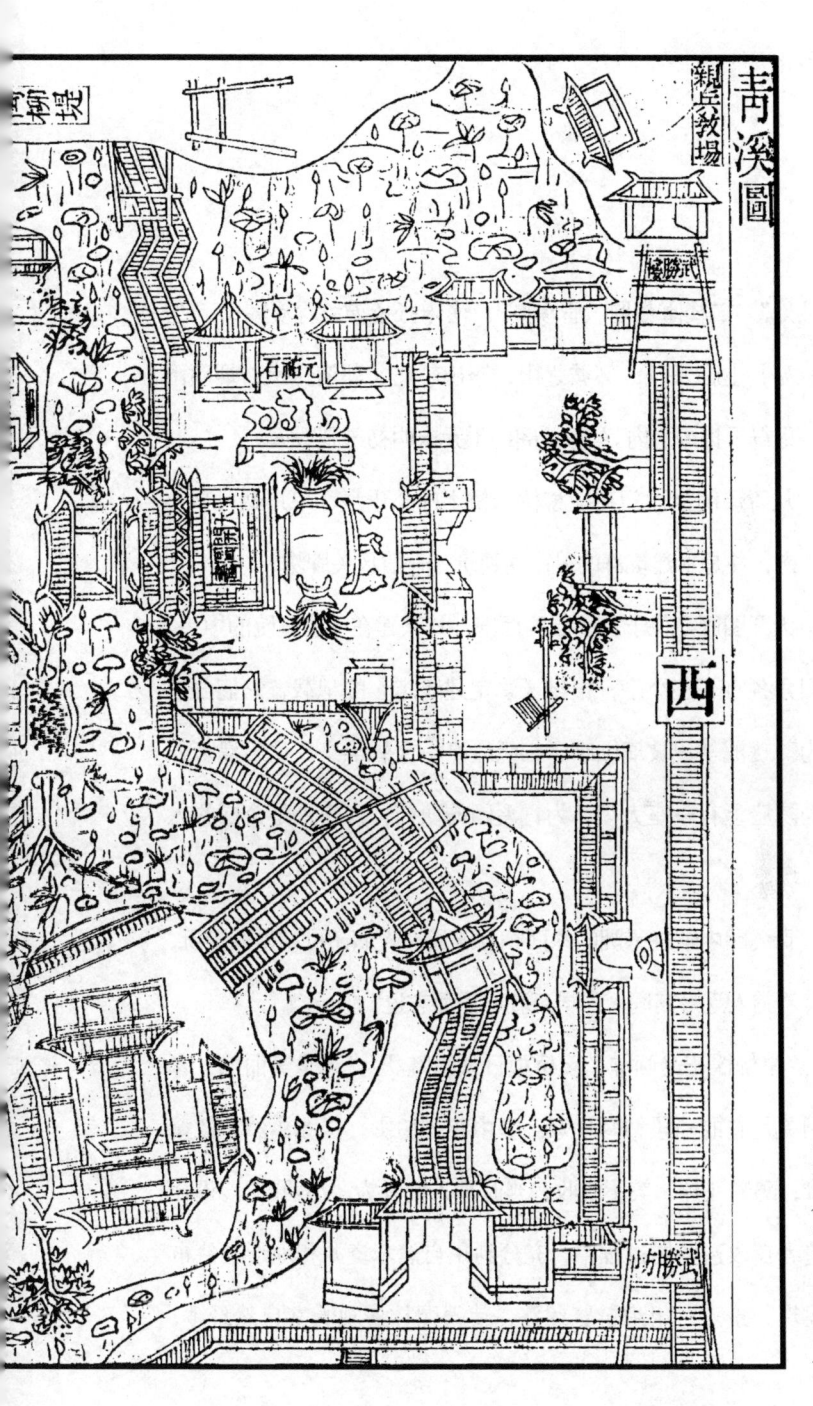

青溪图（《景定建康志》）

曲胜处",二楼匾额题"青溪阁"。南宋张椿描绘青溪阁曰："忽若飘浮,上临云气,环城之山,毕出轩露,朝漪夕岚,烟颜雨态,尽得于指顾之内。"青溪阁约于元末明初遭到毁灭。

从青溪阁穿过望花随柳桥和桥上的心乐亭、一川烟月亭一直往南,便是本建筑群的最南端建筑——清风关牌坊。

天开图画亭位于青溪园的西部。该亭建在一座庭院的中央,其四角各有一座小亭,根据《景定建康志》的记载,它们分别名为玲珑池亭、玻璃顷亭、锦绣段亭、金碧堆亭。这组建筑西侧的院墙上有一座大门,为青溪园的西门,大门外是公园的入口广场。

青溪园中萦绕绿洲的水面相互连通,人们还可以坐船游玩,时有"游人泛舟其间,自早至暮,乐而忘返"。

"岸柳摇花迷画栋,溪桥抱日饮晴虹。"青溪是美丽的,青溪园更是它的一段精彩华章。园中花光树影,楼阁翼然,红蕖映日,鸥鹭飞翔,美不胜收,当时被人们誉为"小西湖"。设计建造者在改造整饬过程中,充分利用自然水资源和地形条件布置建筑、景点,组织游览线路,使得园林景观既富自然野趣,又具理性之美。

南宋度宗咸淳元年（1265年），马光祖又在青溪阁后的空地上，建造了一组叫静庵的建筑，有屋三十间；屋后则累石为崇山，山巅建"最高亭"。这些建筑、景点由于是在《景定建康志》刊印后完成的，因此未及绘入《青溪图》中。

关于《青溪图》

《青溪图》方位上南下北，左东右西。图上建筑以平面和立体相结合的方法绘制，植被以写景法描绘，亭台楼阁等建筑物则采用界画的方法绘成，精细而又工巧。

《景定建康志》是南宋理宗景定年间由马光祖主持，周应合撰稿的一部南京地方志。它成书于景定二年（1261年），共50卷，其中所含19幅地图，是南京现存最早的地图，也是我国古代地图中的精品。其中多数地图采用不画方的平面画法绘制。有学者将它们和现代南京地图套合分析后发现，它们的精度大多相当好。因此可以说，《青溪图》较准确地描绘了青溪园的实际面貌。

  南京宋代园林如今已无实体存在，园林图像资料也极少存世，园林地图更是稀见，可见《青溪图》实在是一幅不可多得的较早的园林平面图。它对研究宋代园林的结构布局、空间尺度、建造特点等极具参考价值。园林学者还可依据它进一步分析探讨宋代园林的建造法则、审美趣味、艺术境界等深层次内容。

  如今已杳无踪迹的青溪园，其旧址在哪里？历来曾有过几种不同的说法。有的说在今中华路东的锦绣坊附近，有的说在今四象桥、淮清桥以东一带，清代甘熙《白下琐言》则认为在致和街、八府塘附近。根据《青溪图》中一些建筑在历史文献中的记载，以及它们在《景定建康志》之《府城之图》等古地图上标注的位置，我们认可《白下琐言》的说法，大致确定青溪园在今太平南路以东、长白街以西的致和街、西八府塘一带。在清末的地图上，"八府塘"等处仍存在大片水塘。这里是青溪故道，这些水塘是元明时青溪再次堰塞后遗留下来的水体。

第一辑　风物咏叹

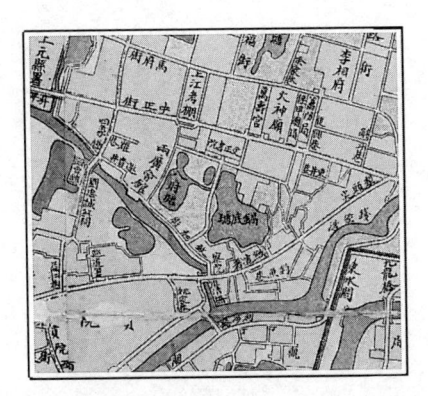

清代地图上的青溪园旧址（《陆师学堂新测金陵省城全图》局部）

明清时的南京旅店

南京作为一个大都会，历来是旅客较为集中的地方。明清时期南京的旅客接待能力随时而进，不断提高。明初时，宾馆、旅店主要有政府所建的十六座大酒楼、四座客店和四座驿馆等，至清末时，宾馆、旅店已遍布城市大街小巷。明清时南京的住宿形式还有寺庙、驿铺、会馆、百姓家庭等。在旅店业发展过程中，其监督管理一直比较严格，为旅店业的规范有序发展提供了切实保障。

明初酒楼与旅店

朱元璋定鼎南京后，在进行新帝都的规划建设时，命工部在南门瓦屑坝、江东门内西关南街、三山门外西关中街等地，建造了集贤楼、乐民楼、轻烟楼、淡粉楼、醉仙楼、鹤鸣楼等十六座酒楼。这十六座由皇帝下令建造在首都主干道和商业繁华之地的酒楼，规模大，设施好，寓餐饮、住宿和娱乐于一体，代表了当时国家最高服务规格。酒楼中置有侑酒歌伎，朱元璋曾在醉仙楼大宴群臣。官员们狎妓饮酒、耽乐享受，自然荒废政事，败坏官场风气。宣德时，有大臣奏请禁止官员前往。失去了官方色彩消费的支撑，这些高档休闲娱乐场所终于支撑不住而渐渐衰败了。

除十六座酒楼外，我们从《洪武京城图志》里的一幅《楼馆图》中看到，明初时政府还在城内外建造了四座客店和四座驿馆。四座客店分布在长安街口、竹桥北、通济街西和江东门内南北街，接待来自各地的旅客。驿馆中的会同馆坐落于长安街西，供来访的国外使臣或国内少数民族首领下榻，乌蛮驿位于会同馆西，负责接待外宾的随从人员；龙江驿、江东驿则分布在大江之滨，主要为外国商人服务。

这些高档酒楼、宾馆虽是打着"与民偕乐"的名义而建，但它们终究只是贵族王公、豪族权臣的休憩、娱乐之地。当时

第一辑 风物咏叹

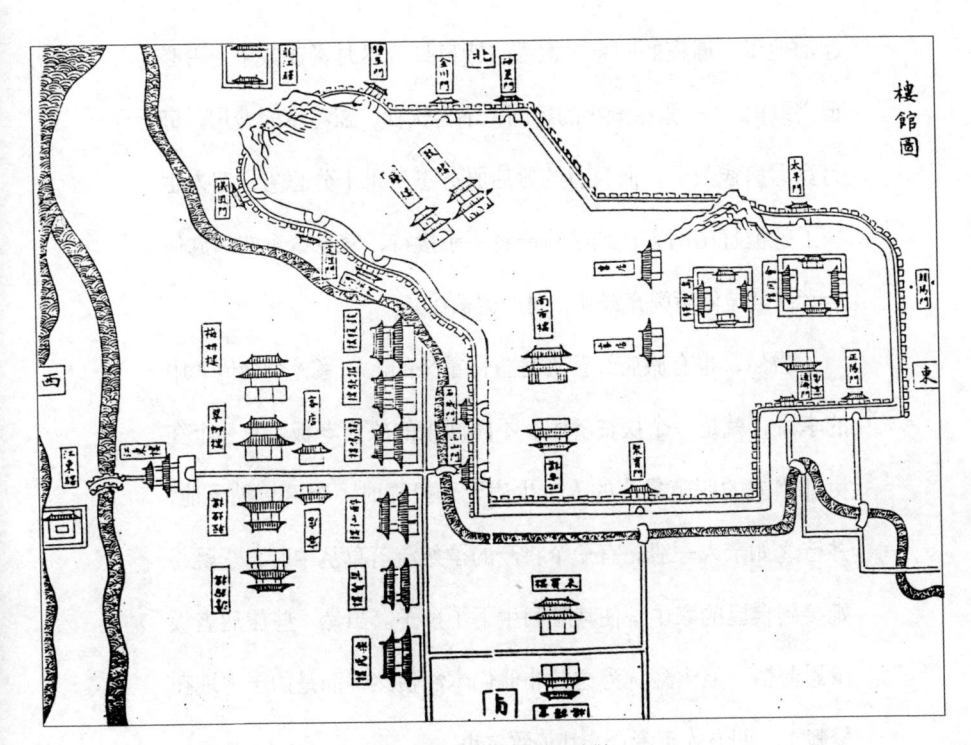

楼馆图（《洪武京城图志》）

为普通旅客服务的旅馆饭店多数是私人经营的小店。明朝前期，在堂皇、奢华的皇家酒楼馆舍背后，南京城内私营旅店的经营状况似乎不尽如人意，设施简陋，收费昂贵。明代开国文臣宋濂在文中记道："旅至，授一室，仅可榻，俯以出入；晓钟动，起治他事，遇夜始归息，盥濯水皆自具。然月责钱数千，否必诋诮致讼。"一张床大小的房间，不含伙食、盥濯水的费用，每月竟需房钱数千。而且有的旅店服务态度也十分恶劣，客人生病了就被赶出门去，妇孕将产者不予接待，气息奄奄的病危住店者甚至被偷偷舆弃野外，财产遭私吞。

当然，也有旅店经营者是重情重义的。宋濂《李疑传》中的李疑，就是一个扶贫济困、不图回报的旅店老板。有一个在吏部当差的叫范景淳的人，生病无处投靠时，李疑接纳了他，并待之如亲人一般；有一个将产的孕妇流落草丛中时，李疑将她接到自己的家中，使其顺利生下了孩子。虽然一些旅店老板少恩薄情，但宋濂认为这并非他们本性使然，而是由于"地在辇毂下，四方人至者众，其势致尔也"。

清末旅店遍街巷

南京作为一个大都会，"达官健吏，日夜驰骛于其间"，另外还有杂耍卖艺者、星相医卜者等各色人等麇集于此。明朝前期南京旅馆业服务和经营状况，极不适应如此大量流动人口的需求。明中叶以后，国家控制逐渐松弛，商业活动日趋兴旺，南京旅馆业开始有了较大的发展与进步，不仅旅店数量快速增加，其设施、服务和管理也有了显著的改善和提高。如城南的状元境这条仅仅一百多米长的小巷内，最盛时聚集有二十多家旅店。其中有一家叫集贤栈的旅馆，包含东院、西院、后院、中厅等部分，室内多数桌椅、橱柜都是雕刻着精美图案的红木家具。该旅馆的规模、设施在同行中首屈一指，极受人们欢迎。

有些稍大一些的旅馆还备有货场、马厩，可供那些远道而来的客商储存货物，喂养牲口。当客人的货物出手困难时，店主还会帮助寻找销路，替他们排忧解难，努力让客人满意舒心。

这时期城市的交通要道、渡口码头以及城外小镇也出现了不少小旅店。这些客栈大多设施简陋，有的只有两三个床位，不过倒也整洁清爽。万历时文人邹迪光游览栖霞山后，来到龙潭镇的一家小旅店住下。小店虽殊甚湫隘，但面山临江，可远看水上飞帆，江云低回。他不禁怡然自得，"命侍儿唱歌，出所携家酿啜之",以至于"不自知其为逆旅舍中也"。

至晚清时,南京旅馆业更是经营得红红火火,旅店遍布大街小巷。清末民初徐寿卿在《金陵杂志》里详细记载了清末南京主要客栈的名称、分布。从中可以发现,下关码头及火车站附近,夫子庙及政府机关所在地,旅店分布尤为集中。如下关码头附近有大观楼、同益公、第一楼、萧家客栈、大方栈、大通栈、鼎升栈、三益公等旅店;夫子庙及周围地区有长发栈、福安栈、近淮宾馆、泰安栈、聚贤栈、庆升栈、福来栈等旅店。它们的房金有三角、五角、八角、一元、二元等档次,有的旅店如第一旅馆、江南大旅社、共和旅馆等还兼营餐饮,餐厅宽敞雅洁,食品精美可口,既满足了不同层次旅客的需求,也为客人提供了更周到的服务。

其他住宿形式多

除了皇家酒楼和民间旅店,明清时期南京的住宿形式还有多种,如寺庙、驿铺、会馆、百姓家庭等,它们共同为因公务、经商、赶考、旅游等活动而来南京的客人撑起了一片如家的天空。

  古时候有的寺庙也接纳香客信众和参观游览者投宿，给旅客提供方便。我们熟悉的《西厢记》故事中，张生与崔莺莺就是在借宿蒲州普救寺时而相识相爱并结成眷属的。明朝时，南京在历代遭到毁坏的寺观逐渐得到恢复，另还新建了许多寺院，鼎盛时达数百座，包括著名的大报恩寺、灵谷寺、天界寺等巨刹大庙。这些寺庙给香客旅人提供住宿，为城市旅店分担了相当部分的接待量，使南京城成为一个容易落脚的地方。

  当时，"四方游食之徒，托名探亲访友，或以术业为由，阑入京者，大都侨居寺观，而承恩寺、朝天宫等处尤甚"。意大利传教士利玛窦在明万历二十七年（1599年）第三次来南京，起初就暂住在城南的承恩寺里。承恩寺位于今三山街，那时这里是城市的中心，"庙里挤满了客人"。住宿寺庙花销要比旅店小一些，僧侣们待人接物慈善和蔼，这些可能也是人们愿意栖身寺庙的因素之一。

  与寺庙相比较，南京的道院数量较少，城里只有朝天宫、灵应观和卢龙观等几座。朝天宫位于城市最繁华的地方，也是游客贩贾钟爱的投宿之地。

梵刹琳宫在为旅客提供了方便的同时，其自身清静幽雅的氛围却被人群的喧嚷声淹没了。长期在南京生活的吴敬梓显然很了解这一点。他在《儒林外史》第二十八回中，写诸葛天申、萧金铉、季恬逸三人打算在金陵选文章刻书时，为他们"安排"的住宿地是中华门外的大报恩寺。这里相对清静一些，又紧挨城区，生活方便。

城市周围尤其是偏僻之地，古刹梵宫提供食宿，不仅填补了旅店分布上的空白，而且仍保留了城内寺院已极稀罕的深邃幽静的境界。明代诗人冯梦祯游览牛首山后，借住在山上的僧舍，"窗外修竹万竿，雨声飒飒"，那种尘世难逢的别样感受，给他留下了极深的印象。

明清时随商贸发展而出现的乡谊组织会馆公所也具有接待客人的作用。它们多是为本籍商旅服务，有的也为本籍应试举子提供吃住服务，甚至还帮考生考前辅导、打通关节。据甘熙《白下琐言》，仅清乾嘉年间南京建造的会馆就有旌德会馆、陕

第一辑 风物咏叹

西会馆、浙东会馆、山东会馆等近二十所。鸦片战争后，南京的会馆逐渐消失，如今只剩升州路的福建会馆、大百花巷的泾县会馆、钞库街的棋峰试馆等极少数几所。

南京是江南乡试之地，每到考试的日子，成千上万的苏皖举子蜂拥而至，形成三年一度的"考市"。这时仅靠旅店和会馆等已难以满足考生入住的需求，有的南京人家便腾出自住房屋接纳考生，既可赚得一笔收入，也缓解了城市的接待压力。民居中秦淮河边临近贡院又具有"枕河而居"优雅氛围的秦淮河房，"便寓、便交际、便淫冶"，特别受到举子们的青睐。每到科举之年，这些河房都要涂饰一新，以待租赁。与贡院隔河的长桥旧院，接待佳客，"任其流连"，则可算作一种另类的旅馆。一些纨绔子弟沉溺其间，选色征歌，不能自持。

南京水网发达，长江穿域，秦淮蜿蜒，有些条件好的人家会乘船来南京观光旅游。据明代王士性记载，秦淮河一带外来游船很多，"夏水初阔，苏常游山船百十只"。这些客人一般就选择在船上住宿。这种南京城里的"水声到枕"生活，可谓是旅行途中的一种别样体验。

旅店管理很严格

旅店给漂泊在外的游子带来了方便，但也容易成为盗贼、匪徒、案犯的隐匿藏身之地，因此统治者对其管理向来都很严格。明清时也不例外。据《明会典》记载，明朝在洪武二年（1369年）就订立了旅店管理制度，要求店家必须登记客人姓名、人数、住宿日期等信息，并按时把记录送交管理部门查验。明朝官府尤其关注寓居寺观者的身份，规定道："今后若有问寓者，必须来历分明，方许托宿。行径可疑者，既不得停止。如或容隐匪人，查出重惩。其僧道住持仍着各寺院于朔望日具结，兵马司缴巡视衙门稽查，毋得违玩。"

清康熙时，两江总督于成龙发布命令，对旅店业提出了更详细、严格的要求。命令中说，城市镇集居民开店接客，须定一簿，对每晚投宿之客做好下列登记：

同行几人，务查问客众姓名，系何处人氏，今往何处，作何勾当生理，有无弓箭什物。或自备马骡，或雇长脚，将骡马毛色认明；如乘船，则系某处写载坐轿，又系某处雇夫几名。其孤客步履有无行李，尽数一一登记簿内。次早或去或住，报送甲长察阅。

同时，登记人员还要注意对客人察言观色，"如有来历诡秘，语言慌张，踪迹可疑者，即密传甲长、保长窥伺去向。夜晚小心提防，次日勿令早行，以备不虞"。

对管理松懈防范不严者，于成龙严厉警告道：假若玩忽不记，客人在他处犯事，行查店家簿内未开者，从重治罪。

严格的监督管理，切实保障了旅店的规范有序发展。

第一辑 风物咏叹

几座古代行宫

南京是我国著名的古都，曾有十个朝代建都于此，数十位帝王在此执政。即使在非建都的朝代，仍有不少帝王来此巡幸、驻跸，先后修建了多座行宫。如今这些饱经风雨侵蚀的行宫大都已湮没在历史的深处，但其中有几座在古地图里留下了影像。

建在南唐宫城上的南宋建康行宫

南京城南从内桥至羊皮巷这片区域，曾是南唐的宫城所在地。宫中有延英殿、昇元殿、雍和殿、昭德殿、穆清殿、玉烛殿、百尺楼等建筑，殿宇沉沉，庄严宏丽。当年其琼楼玉宇的仙宫境界，在李后主等人的诗篇中曾有过描绘。南宋建康行宫就是以此宫改建而成的。历经数百年时光变迁，现在这里除了金銮巷等地名外，市井繁华中几乎已寻觅不到当年的痕迹了，昔日的金殿丹墀早已幻化成了历史记忆。

宋钦宗靖康二年（1127年）的"靖康之难"中，金兵攻破东京，掳走宋徽宗、宋钦宗，结束了北宋王朝。五月康王赵构于河南商丘即位，改年号"建炎"，建立南宋政权。

此时，金兵继续南侵的压力很大，新政权的落脚点选在何处？这是一个亟待解决的严峻问题。尚书右仆射兼中书侍郎李纲建议宋高宗："天下形胜关中为上，建康次之，宜以长安为西都，建康为东都，各命守臣葺城池、治宫室、积糗粮，以备临幸。"宋高宗遂改建康府为帅府，以备驾幸。

后来，畏首畏尾的宋高宗并没有立都建康，而是把都城设在了临安。不过，建康因具有特殊的地理形势、战略地位，使他又不能不予以重视，便令人在此修建了一座行宫，并三次临幸驻跸。

宋高宗第一次临幸建康为建炎三年（1129年）五月至闰八月，是因岳飞等率军于江淮取得抗金斗争的胜利，在大臣们的奏议下成行的。他先是驻跸在城南的保宁禅寺，诏令把位于

第一辑　风物咏叹

宋高宗像

原南唐宫城的江宁府治改建成行宫，并改"江宁府"为"建康府"。六月府治简单改建完成。宋高宗移驻进去后，信誓旦旦地表示："朕与辅臣宿将备御寇敌，应接中原。"然而不久金兵大举南下，敌寇的阵阵铁蹄踏碎了他本来就很脆弱的信心，他被吓得惊慌失措，不顾大臣们的劝阻，于闰八月二十六日匆忙缩回了临安。

宋高宗绍兴七年（1137年），在岳飞等人的护驾下，赵构第二次驾临建康，驻进行宫。此时江南形势已趋稳定，但在一众主和派的撺掇下，他还是没能坚持留在抗金斗争的前线，于次年二月返回了临安。

宋高宗第三次来到建康行宫，已是绍兴三十二年（1162年）。苟且偷生了二十多年，他已没有一点奋发有为的精神、收复山河的雄心了，这次久别重来，是与金使议和的。为了自保，他潇洒地挥一挥手，把江淮以北的大片土地割让给了金人，然后扬长而去。

其后的百余年里，沉湎于西子湖畔香风暖雨中的南宋历代皇帝们，似乎都已忘记了建康行宫的存在，再未有一人踏进过它的大门。

南宋建康行宫以设于南唐旧宫的江宁府治改建而成，保留了南唐皇宫的南、东、西三门，南门正对天津桥（今内桥）；城墙"高二丈五尺，下阔一丈五尺"，周长"四里二百六十五步"，约合今2600米；东、北、西三面环绕着护龙河。它的内部形态与布局，南宋《景定建康志》里保存的一幅《宋建康行宫之图》上有直观详细的呈现：皇城东至东南依次为御马院、皇城司、天章阁、御辇院；西南自东而西依次为学士院、资善堂、御酒库、御醋库及钱物库，正西为内侍省、椿积库、军器南北两库，再西为御教场、大射殿、山子堂；西北侧为进食殿、小射殿及备用屋等。宫城位于皇城中部略偏西处，由南往北依次为宫门、殿门、朝殿、寝殿、复古殿、罗木堂，宫城东及东北为内东宫及花园。宫内还点缀有众多花木、奇石等景观小品。

元世祖至元十五年（1278年）六月，南宋丞相文天祥被元军押解去大都，经过建康时曾在此停留两个多月。这时的行宫已是"台沼渐荒基历落，莺花犹在意凄凉"。当他目睹了建康城遭遇劫掠后的衰败景象，"山河风景元无异，城郭人民半已非"，不禁悲从中来，深自感叹："怪底秦淮一水长，几多客泪洒斜阳。"

元人占领建康后，建康行宫被改置为统治江南的行御史台办公地。元世祖至元年间，除留下一小部分作为衙署外，行宫大部分建筑惨遭拆毁。

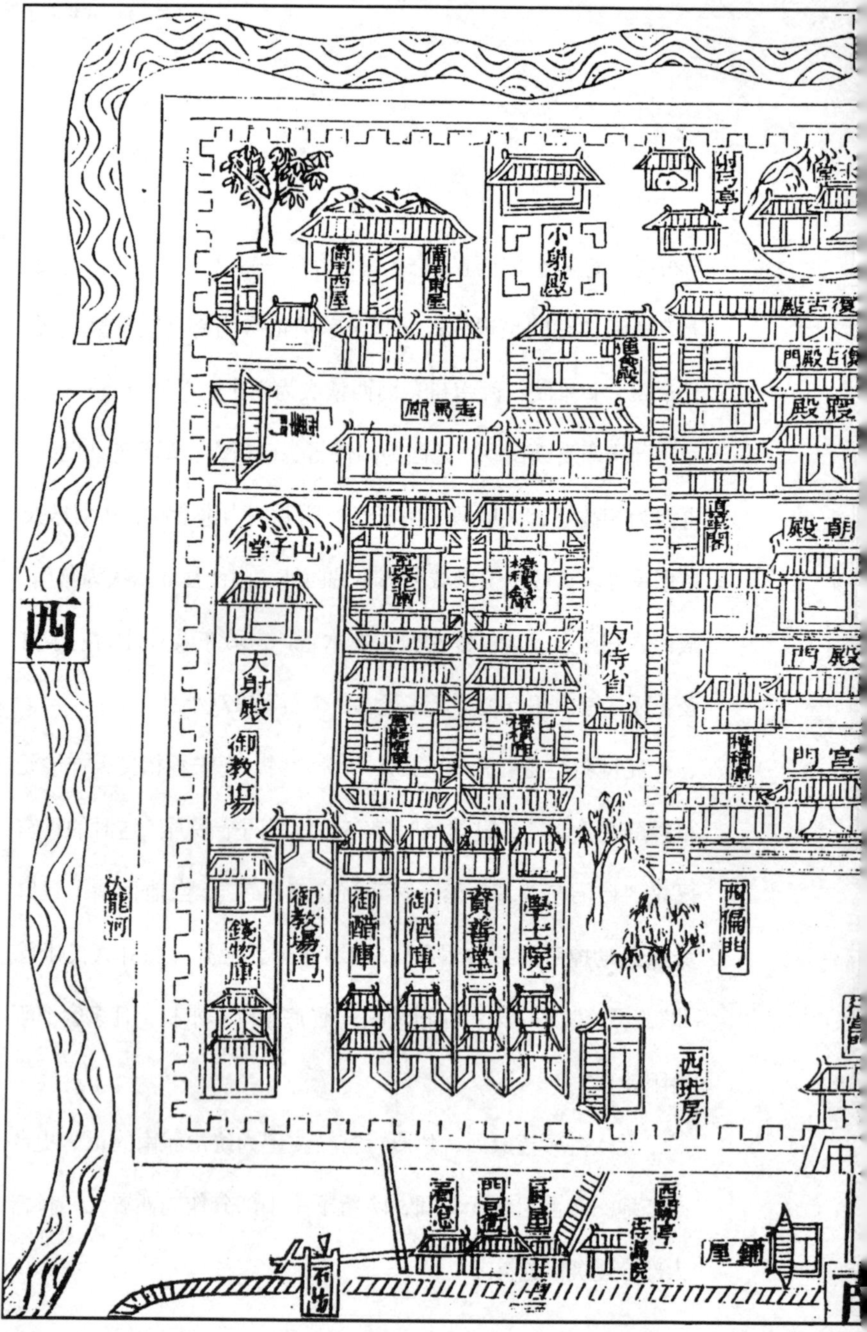

西
小射殿
備用西屋
備用東屋
復古殿
復古殿門
朝殿
殿門
宮門
內侍省
大射殿
御教場
御教場門
錢物庫
御醋庫
御酒庫
資善堂
學士院
西偏門
西班房
待漏院
鋪屋

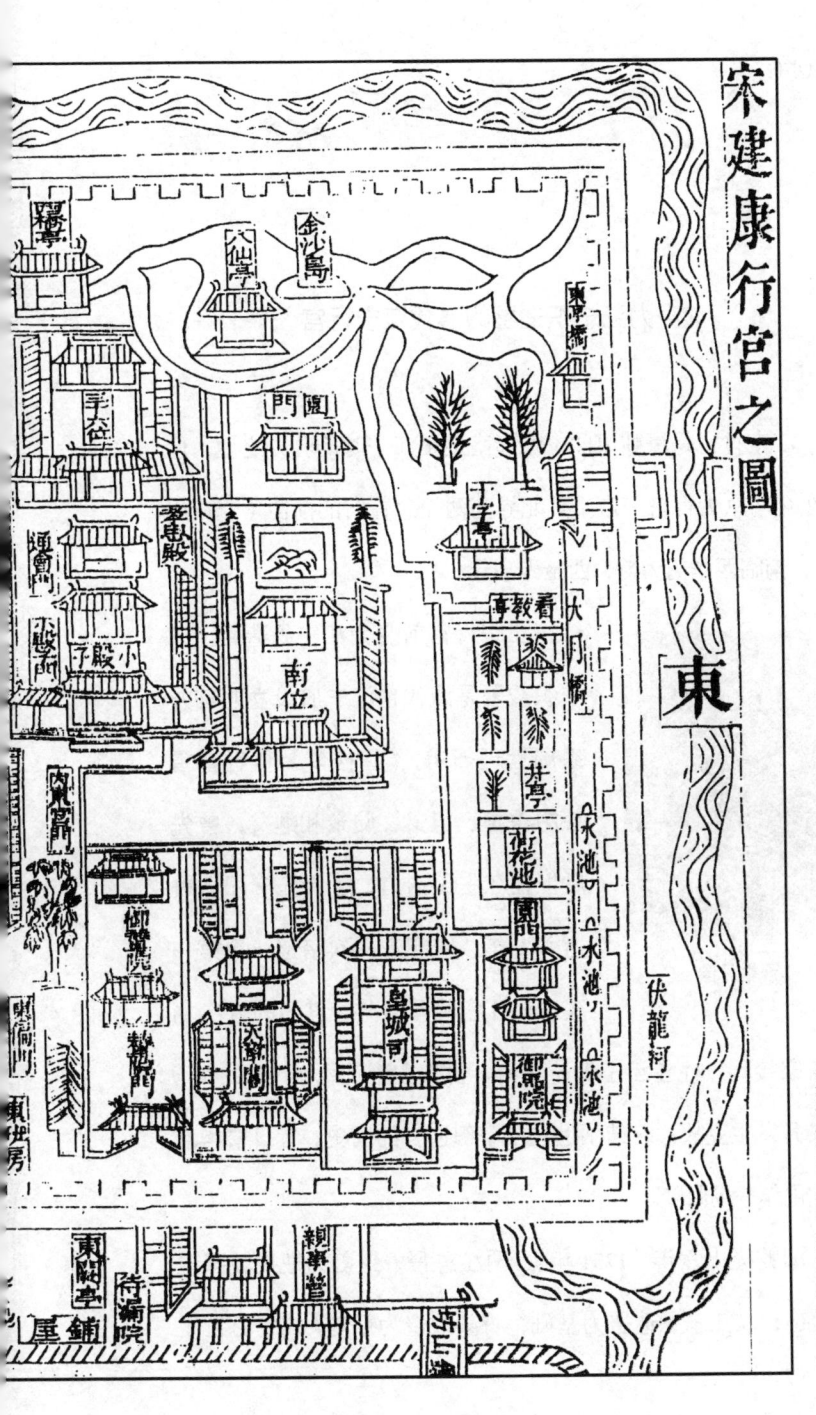

宋建康行宫之图　《景定建康志》

前身为江宁织造署的清代江宁行宫

江宁行宫是清朝康熙、乾隆南巡至江宁时的驻跸之地,位置在今南京大行宫一带。其北界为两江总督府的前街(今长江路),南临西华门大街,西至碑亭巷。

江宁行宫前身为江宁织造署。江宁织造署是清代在江宁府设立的官办织局管理衙署,《红楼梦》作者曹雪芹的曾祖、祖父、父亲和继父,曾先后担任江宁织造官,主持江宁织造署达六十年。康熙帝六次南巡,除第一次住在江宁将军署外,其后的五次均由曹家接驾,住在江宁织造署内。曹家在雍正六年(1728年)十二月发生变故,终结了世袭江宁织造官的历史。昔日繁华落尽,化作一场旧梦。

曹雪芹像

清乾隆十六年(1751年),两江总督尹继善为迎接乾隆皇帝南巡,以江宁织造署为基础,将其改造为行宫。江宁行宫规

第一辑 风物咏叹

江宁织造博物馆（朱小海摄）

制森严，气势非凡。从清代高晋《南巡盛典》中的《江宁行宫》图上可见，行宫建筑自南向北分五路布局。中线依次排列着大宫门、二宫门、前殿、中殿、宫门、寝宫、照房七进建筑。东西两路各含多进院落。东一路有执事房、茶膳房、轿库房等；西一路有朝房、便殿、宫门、寝宫、照房等；西二路有茶膳房、戏台、便殿等；西三路为箭亭、射圃等。行宫的西北为休憩活动区,《南巡盛典》描写这里"窗楹栋宇,丹雘不施,树石一区,以供临憩。西偏即旧池重浚,周以长廊,通以略彴,俯槛临流,有合于鱼跃鸢飞之境"。此处主要为带环廊的园池,包含假山、青溪及勤政堂、鉴古斋、镜中亭、彩虹桥、塔影楼、听瀑轩、绿净榭、判春室等景点,园内还栽种了楝、槐、柳、竹、萱草、玉兰和曼陀罗等多种花木。

嘉庆至咸丰初期,江宁行宫作为两朝先帝驻跸的圣地,一直受到保护。《红楼梦》第二回中有一段文字,"大门前虽冷落无人,隔着围墙一望,里面厅殿楼阁,也还都峥嵘轩峻;就是后一带花园子里,树木山石,也还都有蓊蔚洇润之气",似乎就是它的写照。虽然透着冷清、寂寥,但仍未失去昔日的奢华、气派,不时会勾起人们对往昔的追忆:"江南好,第一是行宫。辇路草长含晚碧,御街花嫩发春红,驻跸记乾隆。"

太平军占领南京时,江宁行宫与织造局均遭战火摧毁。如今其残迹已被岁月的风雨冲刷得荡然无存,只留下"大行宫"这样一个凝结着其昔日的辉煌与荣耀的地名。

《江宁行宫》图还可使我们大略窥见江宁织造署的原貌。江宁织造署是曹雪芹的诞生地，然而史籍中有关它的详情记载甚少。虽然它后来被改建为行宫，但其原先的面貌基本得到了保留。红学家周汝昌先生甚至认为江宁行宫只是对江宁织造署"增修了几层行殿，稍濬旧池，添加点缀而已"。

远离喧嚣世界的清代栖霞行宫

栖霞行宫坐落于南京的栖霞山中，清高宗爱新觉罗·弘历于乾隆十六年（1751年）至四十九年（1784年）六下江南，五次入住该行宫。栖霞行宫于乾隆第一次南巡后开始修建，由当时的两江总督尹继善主持，历时六年，于乾隆二十二年（1757年）完成，是乾隆南巡诸行宫中最大的一座。

栖霞山位于南京城东北40里处，有凤翔、龙山、虎山三峰。凤翔为主峰，海拔286米，左峰龙山，形若卧龙，右峰虎山，状如伏虎，可谓凤、龙、虎三形俱全。这种山川形势从堪舆学的角度看，堪谓一块完美的风水宝地。

栖霞行宫选址栖霞山中，不仅缘于这里风水好，还与乾隆

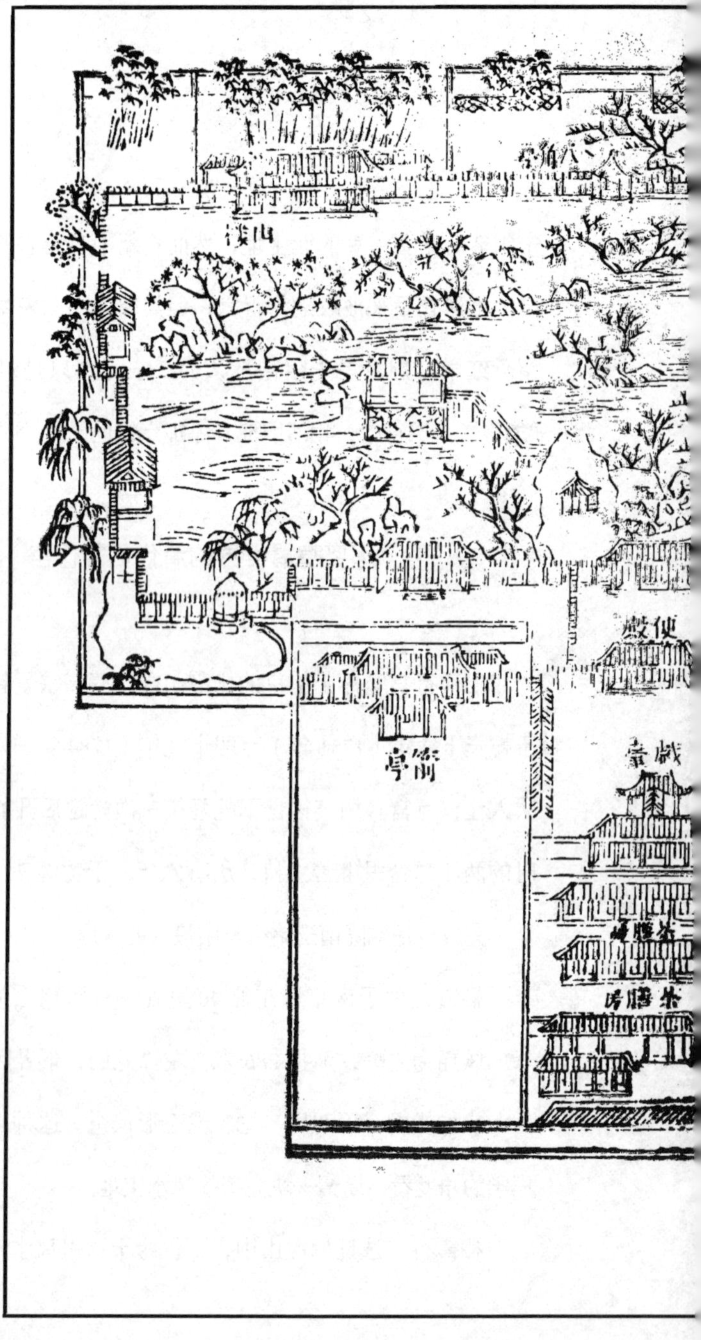
八角亭
後山
便殿
戲臺
箭亭
茶膳房

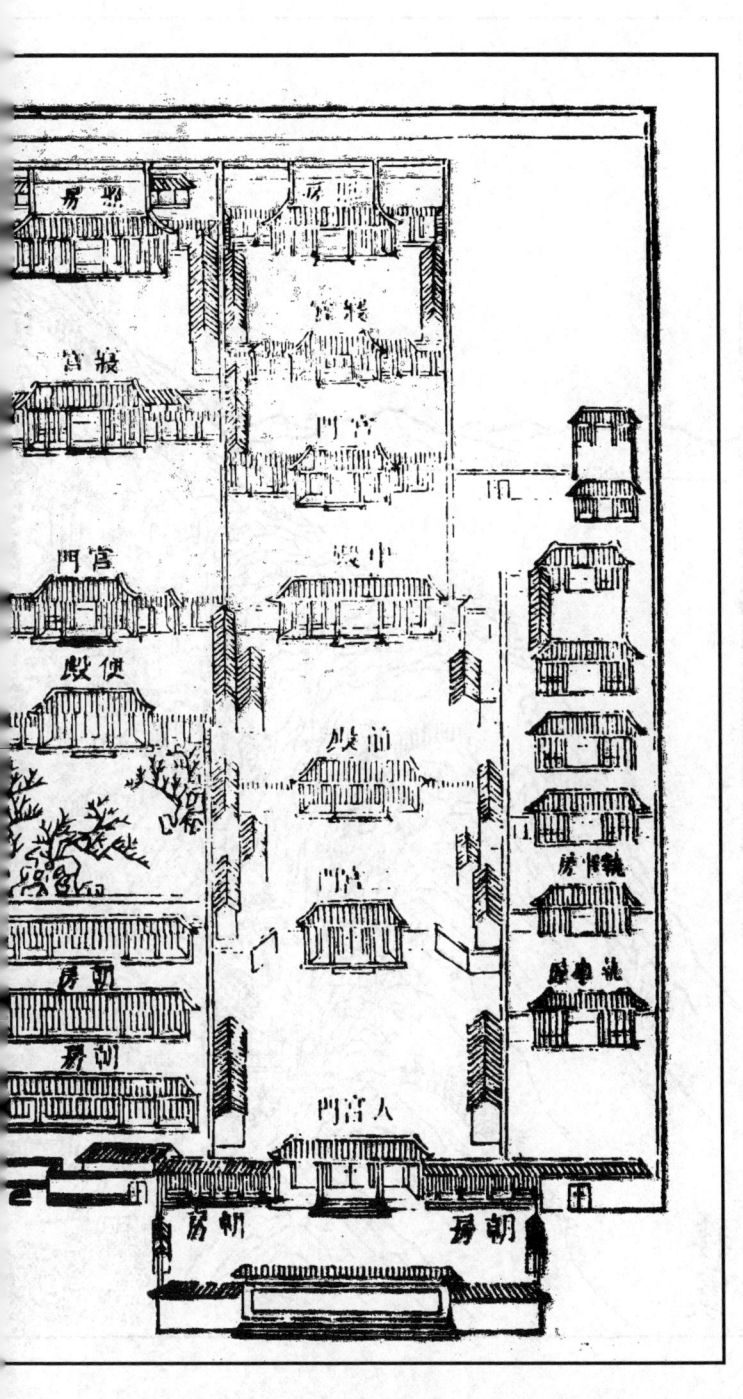

江宁行宫　《南巡盛典》

棲霞

栖霞山（陈毅《摄山志》）

酷爱栖霞风景有关。栖霞山林木茂密，清幽怡静，乾隆第一次南巡就游览了山中风景。乾隆二十二年（1757年），他第二次南巡，首次驻跸栖霞行宫，更是详细欣赏了紫峰阁、三圣殿、千佛岩、品外泉、白鹿泉、三茅宫、幽居庵、太虚亭、玲峰池、石梁精舍、叠浪崖、德云庵、九株松、玉冠峰等景点。在秀美山川里，他诗情勃发，一口气写下二十余首诗词，称赞栖霞山为"第一金陵明秀山"。后来还把行宫、玲峰池、珍珠泉、叠浪崖、德云庵、彩虹明镜、紫峰阁、万松山房、天开岩、幽居庵御封为"栖霞十景"。崇尚儒家文化的乾隆，认为行宫御苑的营造应与自然山水相融洽，栖霞行宫的选址与设计显然是令他满意的，他在诗作中流露了自己驻跸宫中的感受："轩窗无俗韵，林壑有神投。鸟语花间出，泉声竹里流。"

栖霞行宫建在佛教名山与乾隆的佛教禅学思想及其融合了禅宗精神的审美观也有一定的关系，而且礼佛参禅是他日常生活的重要部分，住在佛教圣地正可方便他进行佛事活动。

栖霞行宫随山依势层递而建，它的具体位置，据《南巡盛典》介绍，位于中峰之左，与东峰相接。这里秀石嵯峨，茂林蒙密，白鹿泉潴其中。白鹿泉之下，建筑鳞次栉比，有春雨山房、太古堂、武夷一曲精庐等；泉之上，岖嵚而历落者，叫话山亭、有凌云意。折旋而左，曲登层栏，就到达寝殿，以及白下卷阿、夕佳楼。更上一层，则为石梁精舍。这些亭台楼阁的名称均为乾隆亲题。行宫内楼阁瓦屋疏棂，不施绘藻，阴阳高下，位置天然，皆合乎乾隆的美学趣味。

栖霞行宫自乾隆二十二年（1757年）乾隆第二次南巡至四十九年（1784年）第六次南巡前，进行过四次扩建，万松山房、春雨山房、话山亭等建筑即为扩建中增修。

清咸丰年间，栖霞行宫被太平军放火烧毁。如今其遗迹尚存，从依稀可见的残垣断壁看，其轮廓约呈边长200米的正方形，面积有40000平方米左右。《南巡盛典》中保存有一幅《栖霞行宫》图，描绘了行宫的平面形态及周围地形。虽是纸上图形，但行宫那随山依势高低错落分布的殿宇楼阁，仍能引发人们对其当年盛景的遐想。

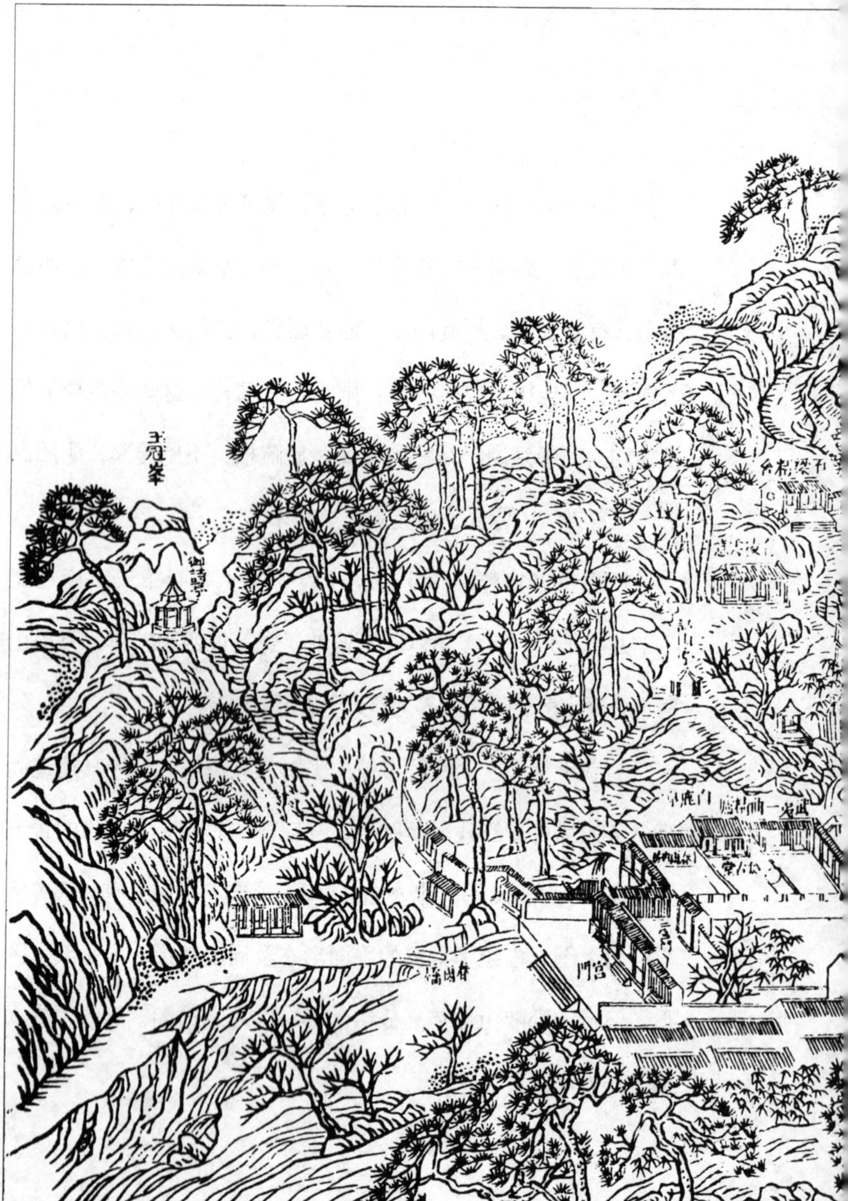
玉冠峰
御詩亭
宮門

栖霞行宫 《南巡盛典》

回望江南贡院

江南贡院的前身，可追溯至宋代的建康府贡院；明清时经多次重修、扩建，成为全国十七座贡院中规模最大的一座。它不仅是读书人放飞梦想的地方，对南京社会、经济、文化等的建设、发展也产生过很大的影响。在人们对科举制度的认识与反思越来越趋于理性的今天，作为民族历史和人文血脉的记忆，江南贡院的历史文化价值正日渐得到重视。

建康府贡院：江南贡院的前身

江南贡院坐落在南京城南的秦淮河北岸，是明清时期江苏、安徽两省举子参加乡试的考场，因清初改南直隶为江南省而得名。它始建于明景泰年间，当时叫应天府贡院。它的前身，则可追溯至宋代的建康府贡院。

贡院最早出现在唐玄宗开元年间,是省试的管理机构和考试场所。进入宋朝,随着参加科举考试的士子不断增多,一些地方也建起了贡院,但早先只有福州贡院、泰州贡院等少数几座。从南宋孝宗年间(1163—1189年)开始,州郡创建贡院逐渐普遍。孝宗乾道四年(1168年),南京也出现了贡院,称"建康府贡院",由建康知府史正志所建。据成书于宋理宗景定二年(1261年)的南京地方志《景定建康志》记载,建康府贡院共有房屋110间,"面秦淮,接青溪",远挹方山,气象雄秀。由于当时这里只是建康府学、县学的考试场所,因此它的规模还不大。后来的宋光宗绍熙二年(1191年)、宋宁宗嘉定十六年(1223年)、宋度宗咸淳三年(1267年)等时期,南京的地方官多次对贡院进行修缮、扩建。如光宗绍熙二年,知府余端礼"以贡院湫隘,修而广之"。时任江东转运副使的杨万里还为之撰写了一篇《重修贡院记》,其中有对贡院的布局与规制的记载:"考官有舍,揖士有堂。爰廊四庑,爰拱二掖。可案可几,可研可席。堂之北堧,中闑以南,前后仞墙,内外有闲。自闑之表,

第一辑　风物咏叹

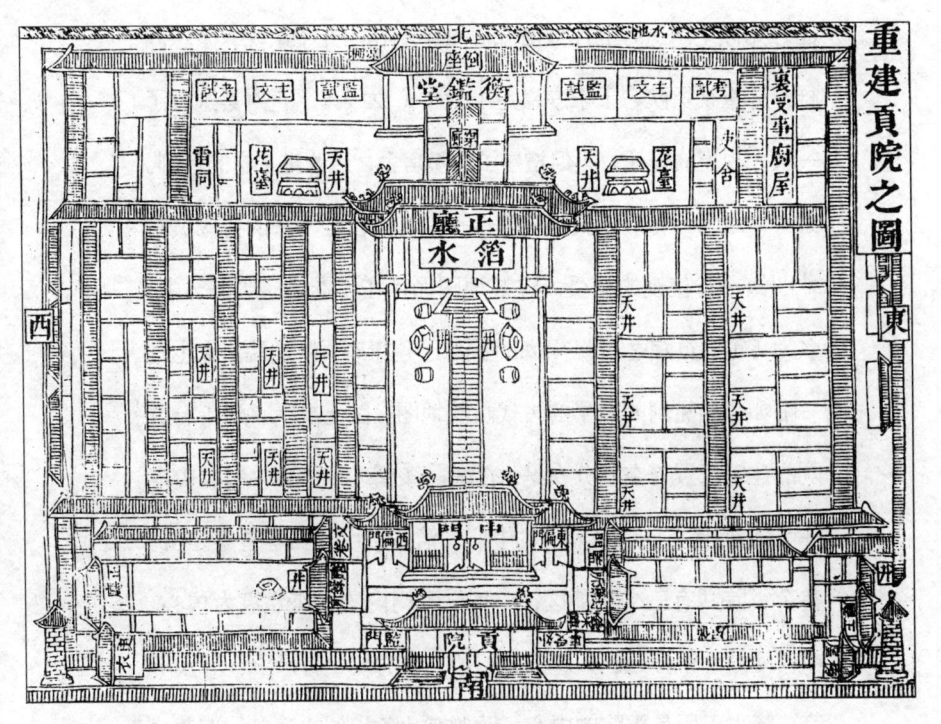

重建贡院之图（《景定建康志》）

缄封之司，写书之官，是正之员，左次右局，不淆不并。"从这段文字中我们看到，贡院内有官员办公场所、考生应试考场，内帘区、外帘区相互隔离。

距余端礼增修三十余年后，建康府贡院经历长期风吹雨打已开始倾圮。这时的建康府知府是余端礼的儿子余嵘，余嵘同样十分重视贡院，于宁宗嘉定十六年（1223年）也对其进行了一次大规模的修建，不但增建了贡院房舍，还改进了它的形制。其具体结构与布局，我们可通过一幅幸运留存下来的古代贡院地图做一番直观的感受。这幅地图保存在《景定建康志》中，名为《重建贡院之图》，详细地描绘了建康府贡院全貌。它也是一幅如今能见到的最早的古代贡院地图。图上显示，建康府贡院的建筑配置与空间分布是：沿着一条南北向的中轴线，由南往北依次排列着贡院大门、中门、箔水正厅、衡鉴堂等建筑。整个贡院共有三个功能区，分别以大门内的三座建筑为核心。中门处是外帘办公区，包括弥封所、交卷所、誊录所、对读所等；箔水正厅是贡院的中心，两侧有数条长长的廊屋，为考试的场所；衡鉴堂及两侧建筑组成内帘办公区，衡鉴堂是批阅试卷的地方，两侧建筑则为监视官、主文官、考试官的办公室。贡院四周缭以围墙，南面东西两端设有高高的瞭望楼。从其结构形态与功能分区可见，有一些被明清时的贡院继承和吸收了下来。如考试区、外帘区、内帘区等功能区的设置；主要建筑沿中轴线安排等。不过明清贡院的布局更加合理,最明显的例子是把考场移到了最前面,并在大门前设置候场区,考生进入大门后不必穿过办公区,直接就可到达考场。

元朝统治者不重视科举制度,且对南人实行歧视政策。建康府贡院在这一时期可能消失了。《至正金陵新志》中记载说,元世祖至元年间这里已被改建为建康路的一个政府机构——管理丝织工匠的东织染局。

应天府贡院:天下贡举之首

明初,南直隶乡试和全国会试在南京举行,永乐迁都后这里仍为乡试之地。起初,考试没有固定的场所,多是借用场地,搭盖苫舍,条件很是简陋。洪武初,考场设在北城演武场;永乐中,移到府学文墀宫;正统间,又迁至武学讲堂,此处虽供给便利,"然士多地隘,非辟庑毁垣不足以致容焉"。这种状况既不利于考场的监督、管理,也"虚耗财力,贻累民难",于是明景泰年间在秦淮河畔建设了固定的科举考场,江南乡试场所在几经迁移后，终于稳定下来。

景泰四年（1453年），应天府尹马谅筹建贡院。在选择地址时，经向南京耆老咨询，得知"秦淮之阳有地廓如，前武臣没入废宅也，鞠为氓隶之圃久矣，若葺而理之可办也"，于是上疏奏请以其地为址新建贡院。得到批准后，他立即筹措经费，鸠工庀材。很快，贡院建筑群便在原先的荒废宅基上矗立起来。

应天府新贡院的建筑过程，以及其规模、布局，国子监祭酒吴节在撰于天顺元年（1457年）的《应天府新建贡院记》中做了详细描述。新建贡院以至公堂为中心，左右夹室为弥封、对读、誊录之所；堂前的一片开阔地上，相向排列着三千余间考舍。从南面大门进入贡院，但见"重门紫纡，护之以棘，所以防搜检而严更仆也。与凡庖湢之房，饩廪之库，各有位次。而什物之需，几案之用，又皆因时而为之庋置者也"。

新贡院落成后，适逢大比之期。这一届中式者多于往届，盛极一时。春风得意的新科举子们在放榜后"相与列宴于新堂之上，时《鹿鸣》兴歌，笾豆有践，流观焕彩，文物交并，京闱科贡之盛，于斯为备矣"。

应天府贡院在明后期的嘉靖十三年（1534年）、隆庆年间（1567—1572年）、万历八年（1580年）、万历二十八年（1600年）等时期都进行过增扩改造。现存的明远楼就建于嘉靖十三年。"楼凡三层，作四方形，下檐出甍，四面皆窗"，是贡院的中心建筑，也是最高建筑，既可号令、指挥全场，也是监临、监视考场之处。

经过这几次增修，应天府贡院的功能和形制渐趋完备，为各地贡院所效仿。《应天府新建贡院记》中说："南京应天府为天下贡举首，其制度亦必为四方所取法。"

曾国藩、李鸿章增修江南贡院

江南贡院在清朝康熙、雍正、道光等时期又经历多次重修、扩建，规模不断扩大，成为江南考试中心。特别是经晚清时曾国藩、李鸿章等人主持的几次增修，占地面积达十余万平方米，有考试号舍两万余间，可供两万多名考生同时应试，为南京城里占地面积最大的建筑群之一，也是清代全国十七座贡院

曾国藩像

中规模最大的一座。

清咸丰三年（1853年）二月太平军占领南京后，江南乡试被迫停止，江南贡院建筑也受到损坏。至同治三年（1864年）曾国荃率湘军攻下南京时，虽明远楼、衡鉴堂、至公堂等建筑尚存，但"监临主考官及各所片瓦无存"，一副衰败景象。

此前的十余年间，江南乡试已停考四科。苏皖人才济济，他们的上升通道被阻断了这么长时间，举子们对恢复江南乡试愿望极其迫切。两江总督曾国藩理解他们的心情，他自己就是经由科举之路而从荷叶塘的一个农家子弟成长为今天的封疆大吏的。另一方面，曾国藩纵容湘军在攻占南京城、清剿太平军时，大肆杀戮、抢劫，给古城带来了一次空前浩劫，使之几成一片废墟，在民间落下"曾剃头""曾屠户"的恶名。恢复江南乡试则给他提供了一个笼络士子、争取民心的好机会。

于是，在百废待举的残局中，他果断决定立即修复江南贡院。其时正是乡试之期，全国各省都已在八月按时举行了秋闱，唯独苏、皖二省例外。曾国藩希望工程能尽早完工，补上当年的江南乡试。修建过程中，他几次到工地视察，督促加紧施工，务必赶在十月底竣工。为适应江南人才众多的需求，他还把贡院的规模做了扩大。

江南贡院按期修竣，曾国藩征得朝廷同意，"遂定本年十一月举行乡试，一以慰群士进取之志，一以招转徙无归之氓"。

消息公布后，苏、皖举子激动万分，积极应考。一时间"两江人士，闻风鼓动，流亡旋归，商贾云集"，光是涌进江宁城的考生就有两万多人。

曾国藩在重修了江南贡院后即被调走，李鸿章继任两江总督。他对江南贡院同样十分重视，亦于同治五年（1866年）对其扩而大之，"凡增二千八百十二间、厕房八十一所、官房四

南京小传

李鸿章像

区"。贡院后又经同治八年（1869年）、同治十年（1871年）、同治十二年（1873年）几次增扩，规模达"房屋四百九十九间，披厂七十四间，号筒二百九十五字，共号舍二万零六百四十四间"，成为天下第一大考场，和北京的顺天贡院并称为"南闱""北闱"。

第一辑　风物咏叹

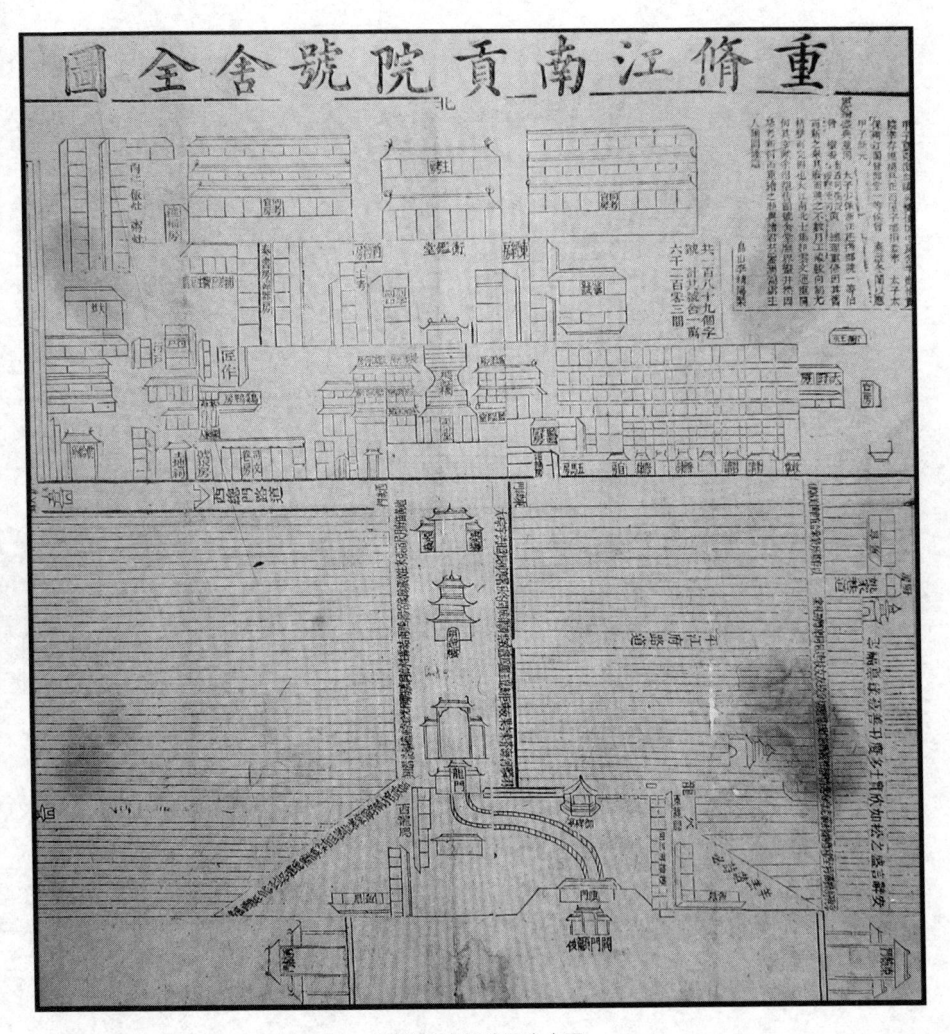

重修江南贡院号舍全图

江南贡院全图

　　了解江南贡院在晚清从凋敝走向全盛的最直观、最准确的资料无疑是地图作品了。幸运的是，有两幅那个时候的江南贡院地图保存至今，一幅是《重修江南贡院号舍全图》，另一幅是《江南贡院全图》，它们形象地摹绘了江南贡院重修后的面貌。《重修江南贡院号舍全图》描绘的是江南贡院被太平军战火损毁，于同治三年（1864年）在曾国藩主持下重修后的崭新面貌：房舍整齐，规制严整。作者李精阳还简述了贡院修建的经过，该文附于图的右上角。绘制于同治十二年（1873年）的《江南贡院全图》，则展示了全盛时的江南贡院全貌及号舍编号等内容，图右下角有一篇"贡院图说"，交代了该图的测绘方法及贡院房舍详情。

随着西学东渐和新式学堂的兴起，清光绪三十一年（1905年），朝廷废除了自隋唐以来延续了1300年的科举制度，贡院从而被废弃了。在新旧思潮的激烈交锋中，人们对科举制度陡然变得无比痛恨，并将仇恨倾泻在贡院建筑上，于是在很短的时间内将各地一处处庞大的贡院建筑群平夷殆尽。这样大规模的建筑群如此快速被毁灭，在历史上可谓前所未有。1918年江南贡院也大部分被拆除，只保留了明远楼、至公堂、衡鉴堂及少量号舍，贡院旧址被建成了商业市场，"数百年文战之场，一旦尽归商战"。

江南贡院全景

南京的文化地标

旧时江南贡院虽然只是一座国家选拔人才的考场，但它却给当时的南京带来了广泛而深刻的影响，体现在社会、经济、

第一辑 风物咏叹

文化、艺术、民俗等许多方面。

　　旧时每逢大比之年，成千上万的举子怀揣着"朝为布衣，夕为卿相"的梦想，与随同的陪读、陪考人员奔赴南京。乡试之前的当年二月还有预考，一些外地的考生往往在前一年便赶

江南贡院号舍

了过来。届时，江南贡院、上江考棚、下江考棚附近，士子如云，热闹非凡。他们在这里学习、生活、娱乐、拜师、访友，带来极其可观的商机和利润，旅店、茶社、酒楼、书肆、娱乐、文具、古玩等行业生意红红火火。

对于应试举子来说，虽然考试内容以四书五经为主，但决定最终结果的主要还是看八股文写得如何，因而八股文文选是图书市场上需求最旺的品种之一。明末时期南京出现了一批专门批选时文的名家，他们严批妙选，编成程文墨卷，极受广大举子追捧。此外，话本传奇、稗官野史等也是举子们喜爱的读物。他们成天摇头晃脑于枯燥的四书五经、时文八股中，这些通俗读物能给他们带来"轻松一刻"。各类图书的畅销促进了刻书、印刷业的发展，带动了书坊、书铺的兴盛。早在明朝时南京三山街、状元境一带便书肆众多、店铺密布，经销的"十三经、廿一史、九流三教、诸子百家、腐烂时文、新奇小说"等各种书籍，应有尽有，就像《桃花扇》中那个二酉堂的主人蔡益所炫耀的，"天下书籍之富，无过俺金陵"。

住宿、饮食方面同样生意兴隆。尽管夫子庙等地区旅店、客栈遍布街巷，但在需求旺季仍供不应求，有些百姓人家便将自己住的房子腾出来以供出租。秦淮河两岸的河房，因紧挨贡院、学宫，又处于繁华如梦之地，更是举子们的寓所首选。明代吴应箕在《留都见闻录》中记载："过学宫则两岸河房鳞次相竞，其房遇科举年，则益为涂饰，以取举子厚赁。"

考试结束后，有的考生还会在这里滞留一些日子，享受一下大都市的繁华生活。有的落榜生则干脆不走，留在这里为下一届考试作准备。因此即使在非考试的日子，贡院附近依然需求旺盛，街市繁荣。

  古时举子赴考旅途中有特别优待，他们乘坐的车船"沿途关卡免验放行"。有些商贾便免费为考生提供车辆船只，借机贩运大量货物来到南京。此举虽是钻了政策的空子，却也活跃了地方的商品贸易。

  当时的江南贡院、科举文化对南京城市文化的影响更是深

中国科举博物馆（孙素英摄）

入骨髓，不但积淀在南京的地名、建筑、文艺、风俗中，也渗透在南京的文化品格和文化气质里。每届乡试，有数以万计的文化精英、知识分子为科举考试来到南京，同时还有大量的文人雅士被吸引过来，以文会友，切磋交流，使南京成为南方文人的主要聚集地。他们在这里舞文弄墨，吟诗作赋，丰富了南京的人文气息和文化内涵。

  从贡院建筑自身来说，作为当时国家的抡才重地，它们不仅仅是珍贵的科举文化遗产，其庞大的建筑群曾经是南京城里一道精致、深邃的城市景观，是城市文化的一种具体形象。如今江南贡院遗址已被公认为南京的文化地标之一。

南京的驿站

邮驿是古时候的国家通信机构,事关军国大事,历代统治者对其都十分重视。南京从六朝时开始发展邮驿事业,随着它的多次为都,邮驿业务经历过繁忙兴盛的时期,也遭遇过衰败冷落的局面。清朝末年随着现代邮政业的兴起,南京驿站被全部裁撤,其一千多年的邮驿历史至此终结。

艰难发展的早期邮传

我国邮驿早在商周时期就出现了,负责传递文书、情报、书信等。在西周的邮传驿道上,沿途设置有休息站。十里有庐,庐有饮食;三十里有宿,宿有路室;五十里有市,市有候馆。候馆是接待使客的地方,相当于后世的驿站。

春秋时期，吴王寿梦为与诸侯争霸，扩大自己的势力范围，在姑苏城都亭桥处设置都亭驿传机构，用于递送官府文书、传递军事情报、运输官方物资。"都亭驿"为苏州乃至江苏地区最早的邮驿。

六朝建都南京，开始在这里设置驿站。公元 222 年，孙权在建业（今南京）建立东吴政权，发展邮驿。东吴境内水网发达，邮驿水陆兼设。我国历史上最早的水驿便建于此时。东晋时利用长江水道从南京到九江设置了一条快速的江行水驿，一昼夜可行 300 里。

南齐永元中，建康城里流传着一首童谣："野猪虽嗝嗝，马子空间渠。不知龙与虎，饮食江南墟。七九六十三，广莫人无余。乌集传舍头，今汝得宽休。但看三八后，摧折景阳楼。"

这首童谣里充溢着一股诡异气息，我们暂且不去分析它的寓意，单看其中这样一个词"传舍"，这是当时对邮亭驿站的一种叫法，说明那时建康城里设有驿站。

南朝时驿传从首都建康还可通达国外，例如和高丽国便"乘舶泛海，使驿常通"。

驿使图（嘉峪关魏晋墓壁画）

早先的驿站只办理公事，不为私人传送信件，个人通信极其困难。《诗经》里的那句"谁将西归？怀之好音"，表达了人们期盼音信相通的心声；鸿雁传书、青鸟传书、鲤鱼传书之类的故事里，同样寄托了人们的这种愿望。若有人欲寄送家书，一般是请顺路人捎带。但有多少人能遇到这样的机会呢。东晋时，有一个姓殷名羡字洪乔的人，将从首都前往豫章（今南昌）担任太守，临行前人们托他带了一百多封家信。他来到江边后，念叨着"沉者自沉，浮者自浮，殷洪乔不为致书邮"，便把信件全部扔进了水里。直到宋朝时，政府才规定邮驿可"以私书附递"。明朝时出现民邮组织，这才有了真正意义上的私人通信。

六朝时期，邮传业腐败程度非常严重。东晋统治者和豪门贵族把公驿当作他们维护自己利益的工具；各种名目的使者巧取豪夺，聚敛财货。南齐萧子良的《请停台使书》中，便揭露了当时邮驿的弊政。

齐梁时，有些地方长官为使百姓不再遭受残酷虐待，不得不撤去了邮传。邮传是国家不可缺少的信息传递渠道，这些地方官竟将其取缔，可见他们实在是被逼得无法可想了。

李白白下亭别金陵

大唐是封建社会的盛世时代，唐朝的邮驿事业也发展到了一个相当繁盛的程度。当时驿站遍布全国，通驿大道上一般三十里建有一座驿站，全国共设一千六百多座，分陆驿、水驿、水陆驿。驿路上"十里一走马，五里一扬鞭"，极其繁忙。其中，南京地区设置的驿站有白下驿、石头驿、临江驿及信义馆、汤泉馆、钟山馆等。

白下驿位于今南京城东大中桥边。大中桥古称白下桥、长春桥,"当江浙诸郡往来之冲",为人们行旅必经之地。桥边还建有驿亭,称白下亭,亭旁植有三株杨树。李白《金陵白下亭留别》诗中提到过这三棵树:"驿亭三杨树,正当白下门。"古时候在驿路上植杨树以计算里程,一般十里种三棵,百里种五棵。有时十里处还建有亭,名曰长亭。它们往往是古人送别分手的地方,"何处是归程,长亭更短亭"就是诗人在亭前道别的感慨。白下亭也是人们迎来送往、宴饮饯别之地。初唐诗人王勃曾于唐高宗上元二年(675年)与一个担任少府的唐姓朋友在此饯别,留下一首《白下驿饯唐少府》。从李白的诗句"小子别金陵,来自白下亭"可见,他也曾在白下亭与友人分手。

　　临江驿位于南门外的临江浦,以旧临江县得名。此驿高楼重阁,临江而立。唐代诗人吴融一次曾乘船从驿下经过,于《春归次金陵》中记下了当时他对此地形势的感受:"春阴漠漠覆江城,南国归桡趁晚程。水上驿流初过雨,树笼堤处不离莺。"临江驿后来改名为江宁驿。

文天祥金陵驿留诗篇

宋朝驿站分为馆驿和递铺，前者是官员和使者中途停留休息的地方，后者负责传递政府公文和书信。递铺分为马递、步递、水递、急脚递。急脚递系宋朝首创，以金牌为通信凭证，其速度极快，日行可达四五百里，多用于军事目的。秦桧陷害岳飞时，赵构一日之内连发十二道金牌将他从前线召回京都临安，这些金牌就是由"急递铺"传送的。

宋朝时南京地区的驿道把当时的重要市镇都串联了起来，驿路上共设有55座驿站，如永宁驿、秣陵驿、金陵驿、东阳驿、柴沟驿、下蜀驿、漆桥驿、官塘驿等。驿站设有馆舍，供应吃住。

建康府还沿东西南北四个方向，在各驿路上设置通往邻近州府的51个递铺。其中东面往镇江府的驿路上设东门铺、东十里铺、蛇盘铺、麒麟铺、东流铺、昆仑堽铺、江城湖铺、宜家岘铺、山口铺等13铺，西南往广德军驿路设25铺，西路往太平州驿路设9铺，北路往滁州驿路设4铺。递铺一般相距10

里。一些非驿路的支线道路上也设置有递铺,约二十里一座,把部分基层村镇联通了起来。各递铺备有递夫接送文书,遇有急件则策马专递。驿路上驿使此往彼来,终年不绝。

宋代南京的驿站中,位于今南京城东麒麟蛇盘村一个山冈上的金陵驿,因民族英雄文天祥在此写下悲壮的《金陵驿》一诗而广为人知。该驿坐落于当时上元县长乐乡境内一个叫蛇盘的地方,因此又叫"蛇盘驿",此处还设有递铺,名蛇盘铺。据传此地起初称作佘婆岗,因宋朝时有一位佘姓老婆婆住在岗上而得名。后来,这里随驿站、递铺的兴起发展成为商品买卖交易小集市,商贸行旅,熙来攘往,呈现一派"列肆屠羊客卸鞍"的繁忙景象,被称作"佘婆岗市"。王安石曾在这里停留过。有一次他从汴京回金陵,到达此处时,一种如同回到故里的喜悦之情顿时涌上心头:"重冈古道春风里,草色花光似故人。却喜此身今漫浪,回家随处得相亲。""佘婆"后因语音相近而被错讹为"蛇盘",一直沿用了下来。至清朝时,蛇盘已发展为规模较大的村庄,遂被分成东蛇盘、中蛇盘、西蛇盘三个自然村。

宋代的驿馆大多建设得"如官府,如庙观,如数世富人之

金陵驿旧址（朱小海摄）

宅"，金陵驿也建有高大华丽的楼馆。有许多文人墨客过往驻留此处，留下不少诗篇。宋代诗人夏竦曾在一个雨后初霁时分登楼远眺，夕照里的金陵山河风景令他思绪万千："雨霁吴城晚，溪泉四散流。禽归半峰树，人在夕阳楼。国望分江海，星躔次斗牛。堪嗟兴废地，千载有闲愁。"

南宋帝昺祥兴二年（1279年），因抗元兵败而被俘的文天祥被元兵押解北上，经过建康时因故在此羁留两个多月。诗人目睹山河沦陷，抚今思昔，触景生情，写下三首词和十余首诗，其中部分就写于此驿中。有一首《金陵驿》写道："草合离宫转夕晖，孤云飘泊复何依？山河风景元无异，城郭人民半已非。满地芦花和我老，旧家燕子傍谁飞？从今别却江南路，化作啼鹃带血归。"

这首以丹心蘸着泪水写成的诗篇，沉郁苍凉，充溢着取义成仁的英雄豪气。"从今别却江南路，化作啼鹃带血归"更成为千古传唱的佳句。

20世纪90年代，南京市文管会在金陵驿故址，修建了一座"文天祥诗碑亭"。亭坐北面南，以青石构筑。亭中碑石的正面刻文天祥像，背面录《金陵驿》诗。一个秋日的午后，我寻访至此。伫立诗碑亭前，周围一片宁静，昔日那信使往来的繁忙，集市叫卖的喧闹，都已隐没在历史深处，但文天祥挥毫赋诗的形象却仿佛一直浮现在眼前。

从全盛走向终结

明朝定都南京后,建设了以南京为中心辐射全国的10条水陆大通道。这些道路上每隔60里或80里设有一座驿站或递运所、急递铺。驿站的主要职能是通邮传命、接待使客;递运所有水陆之分,主要负责运送物资和人员;急递铺则专司递送普通公文。

明代南京城区及周边共设置了15座驿站,它们是会同馆、乌蛮驿、龙江水马驿、江东马驿、大胜驿、江宁马驿、龙潭水马驿、云亭驿、江淮驿、棠邑驿、东阳马驿、太平驿、中山驿、江浦驿、六合驿。其中位于城区长安街西的会同馆,于朱元璋称帝时设立,专门负责接待国内少数民族首领或外国使臣,堪称天下第一驿。永乐六年(1408年)来华的浡泥国王麻那惹加那,永乐九年(1411年)来华的满剌加国王拜里迷苏剌,都曾被安顿在其中。朱棣迁都后又在北京建会同馆,南京会同馆虽仍保留着,但职能已逐渐萎缩。乌蛮驿在会同馆西,主要负责接待外宾的随行人员;江东马驿坐落在江东门外大江边,供海

明代驿符

外商人住宿；龙江水马驿位于金川门外大江边。

明代驿站之间还设置有驿铺，供驿卒休息停留。如南京上元县境内便建有城东馆、磨石馆、麒麟铺、洛家铺、张家桥、高桥铺、淳化镇铺、索墅铺、土桥铺、府前总铺、三山铺、江东铺等十余座驿铺。

元朝时驿站赋役由专门的"站户"承担，广大的站户们被沉重的负担压得喘不过气来，过着极其悲惨的生活。朱元璋在

南京至甘肃驿铺图（局部，明）

建设邮驿系统时鉴于元朝末年驿站管理混乱的教训，用严刑峻法对驿站进行了整肃治理。尤其是对特权者的用驿权利做了严格限制：非军国重事，非"在内公差人员，系军情重务及奉旨差遣"者，一律不准给驿。对擅自乘驿传船马者，严惩不贷。

他还亲自处罚了违法的一个开国功臣和自己的两个女婿。驸马欧阳伦仗势枉法，动用驿马走私茶叶。其家奴尤为猖狂，强征驿车为自己运货，还谩骂殴打驿夫。朱元璋闻知后十分愤怒，赐死欧阳伦，处死其家奴。经过朱元璋的强力整治，"驿递清乐，而里甲不扰"，面貌焕然一新。

　　明朝中后期，邮驿制度日久弊生，权贵违例用驿，勒索驿站，差役狗仗人势，凌辱驿卒，使驿站不堪重负，驿卒难以生存。隆庆时海瑞任应天巡抚，对驿站做了整饬，使驿弊有所革除。他还结合自己整饬邮传的经验，制定了《应付册式》二十五条。万历时首辅张居正也对邮驿进行了整顿改革。但在明政权走向衰败的环境与背景下，海瑞、张居正等人对驿站的治理并不能从根本上解决其弊端。很快驿政又陷入废弛、凋敝状态。生存艰难的驿卒走投无路，有许多人被逼得参加了农民起义军。人们熟知的率领起义军推翻明王朝的李自成，原先就是陕西米脂的一个驿卒。

　　清代设铺递和驿递，铺递以铺夫走递公文，驿递以马递送。南京设金陵驿、江东马驿、龙江水马驿、大胜驿、江宁马驿、

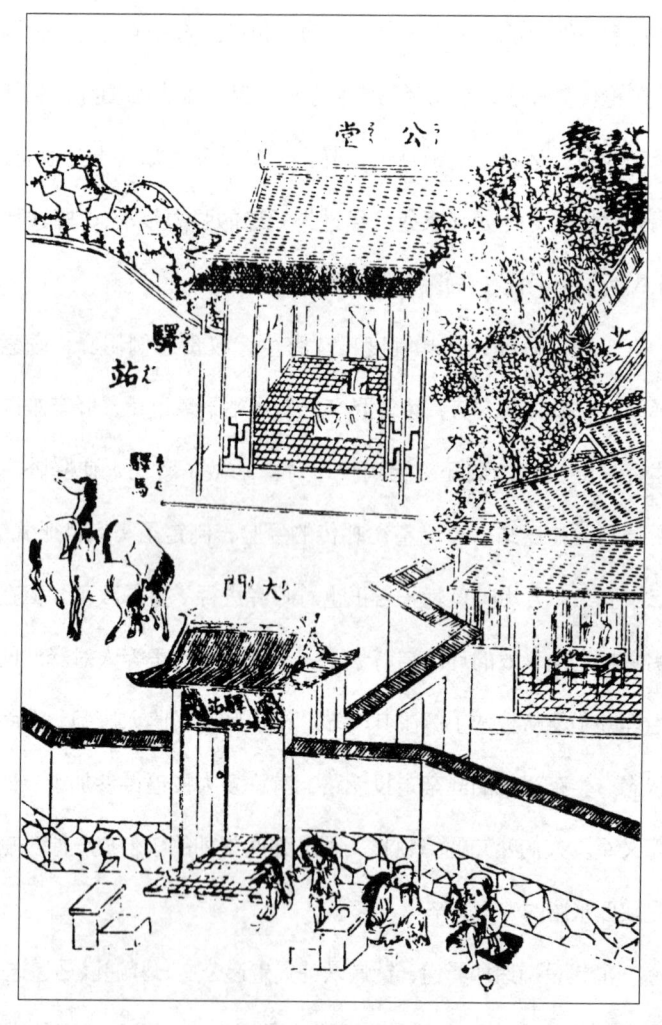

南京小传

驿站

云亭驿、龙潭水马驿、江淮驿、东葛驿、棠邑驿等马驿、水驿、水马驿，驿站之间设递铺，共有淳化镇铺、索墅铺、城东铺、麒麟铺、东阳铺等85处。

光绪二十二年（1896年），大清邮政正式开办，开展电报邮件业务，代替了驿站的功能，驿站的作用逐渐失去。光绪二十三年（1897年）正月初一，南京邮政支局在贡院街开业，隶属于镇江邮政局。这是记载中南京历史上最早的邮局，它的诞生意味着南京地区古老的驿站开始被现代邮政取代。南京铺递、驿递于宣统二年（1910年）十一月初十经奏准，于宣统三年（1911年）正月初一交由邮政接受，然后被全部裁撤。具有千年历史的南京驿站制度至此画上了句号。

龙江船厂不是宝船厂

建造郑和下西洋所用船舶的宝船厂，随着其遗址的被发掘、开发，已为人们所熟知。明朝时南京还有一座规模更大的龙江船厂，并留下一部厂志《龙江船厂志》，因该厂早已无迹可寻，且距宝船厂不远，因而它常被今人与宝船厂混为一谈。

关于龙江船厂

明朝的时候，南京设立过多座造船厂，如龙江船厂、宝船厂、黄船厂、拨船厂等。龙江船厂是明洪武初建造的一座大型造船厂。明太祖朱元璋非常重视造船业的发展，开国之初便设立专局，建厂造船，在江苏太仓、仪征、靖江、山东临清、登州、浙江明州等地建造了多座官办船舶修造厂。龙江船厂是那时规模最大、机构健全、分工细密、技术精湛的皇家造船厂，主要建造战舰，还修造黄船、湖船、渔船、海船等。当时工部主管船政的部门——工部分司就设置在该厂内，因此龙江船厂在这些船厂中处于较突出的地位。

龙江船厂早就不存在了，如今已很少为人所知。但明代李昭祥编纂了一部《龙江船厂志》，详细记录了该厂沿革、规模及

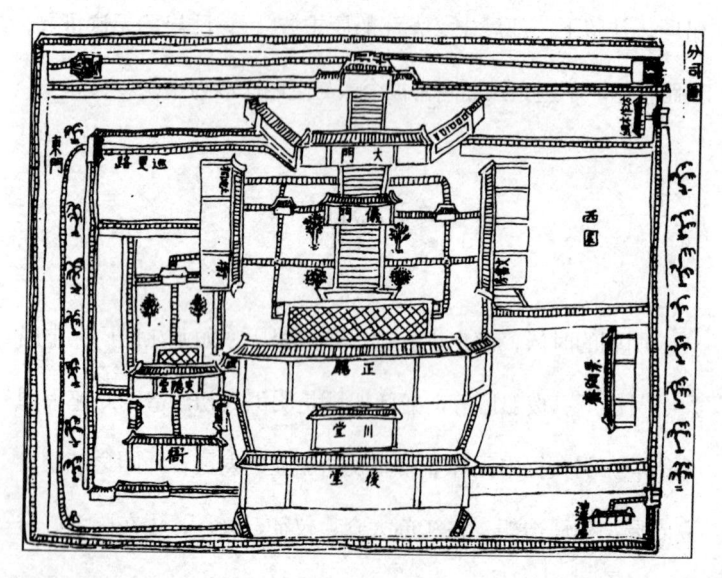

龙江船厂分司图（《龙江船厂志》）

明代造船史、官营手工业管理史等方面的资料。《龙江船厂志》全书共有八卷，是记录龙江船厂情况的现存唯一史料。作者李昭祥系南直隶松江府（今上海）人，明嘉靖二十六年（1547年）进士。嘉靖三十年（1551年），他来到龙江造船厂督理船政，其间花两年时间撰成该志。作者写作态度严谨审慎，所记史料公认为翔实可信。

龙江船厂与宝船厂被混为一谈

修造郑和航海所用船舶的宝船厂，地处南京城西北的长江边，与长江中的太子洲隔江相望。它是明成祖朱棣为郑和下西洋的需要而建立的一座大型官营造船厂，是郑和宝船最重要的建造地，郑和下西洋的大型船舶有相当一部分就是这里生产的。宝船厂因此广为人知。随着郑和航海事迹的广泛传扬，宝船厂遗址也得到了发掘、保护。

有关宝船厂和郑和航海的档案资料，据称大都在明成化年间被人为毁灭，以致后人对其情况了解甚少，留下了大量谜团。

明代流传至今的造船厂专志《龙江船厂志》，便常被认为是关于宝船厂的志书，两个船厂也常被混为一谈。有的说二者是同一个厂；有的认为它们是先后关系；有的认为宝船厂是龙江船厂的一部分；还有的则认为宝船厂是龙江船厂的俗称，等等。那么龙江船厂和宝船厂到底是不是同一个厂，或相互具有隶属关系呢？

龙江船厂不是宝船厂

其实，从宝船厂和龙江船厂的名称、建造年代、地理位置、规模大小、主要功能等方面来分析，都可证明它们不是同一个厂。这里我们主要从它们所处的地理位置、厂区地形特点来做一点讨论。

《龙江船厂志》中的文字明确交代了龙江船厂的地理位置，它位于都城西北隅的空地，"其地东抵城壕，西抵秦淮街军民塘地，西北抵仪凤门第一厢民住廊房基地，南抵留守右卫军营基地，北抵南京兵部苜蓿地及彭城伯张田"。该志书中还附有一幅

第一辑 风物咏叹

反映龙江船厂厂区平面布局的《龙江船厂厂图》，描绘了厂区作坊、管理机构的分布。厂区东西长138丈，南北长354丈，占地约54万平方米，内有7个作坊，分别为细木作坊、舱作坊、

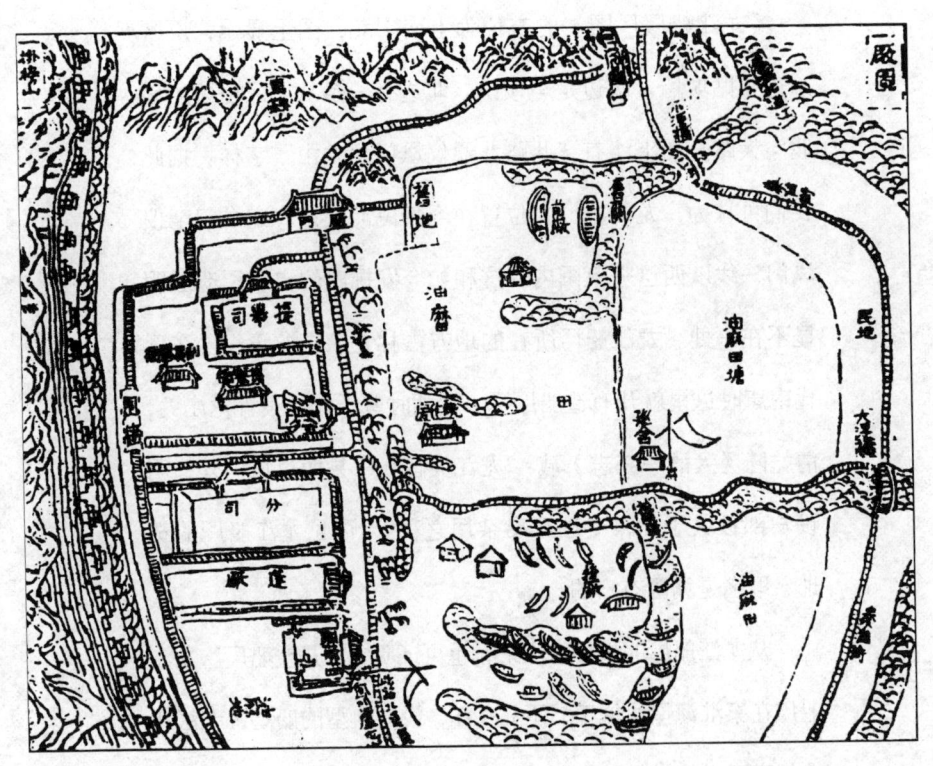

龙江船厂厂图（《龙江船厂志》）

铁作坊、蓬作坊、油漆作坊、索作坊、缆作坊，管理机构有龙江提举司、帮工指挥厅等。该图还简略交代了船厂的四至、方位及周围地理形势，利用这些信息我们可更加形象直观地分析、判断龙江船厂的地址。

《龙江船厂厂图》的方位为上南下北，图上显示，厂区东边紧贴城墙，南边是马鞍山，北边有一条从厂区出去的南北向大路，图上注有"此路北通仪凤门卢龙山"字样。据此我们可认为，龙江船厂的位置在今惠民河以东，定淮门至仪凤门一线以西这一范围内。这和如今发掘出的宝船厂遗址明显不在一处。龙江船厂所在的地方古称龙江、龙湾，早在五代南唐时这里就开有造船厂了。明朝时曾于此处设置龙江关，清乾隆《大清一统志》载："龙江关在江宁县西仪凤门外，明设户部钞关于此，专理粟帛杂用之税。"可见龙江船厂的选址、取名是渊源有自的。

从龙江船厂的地形特点来看也可证明它不是宝船厂。龙江船厂在秦淮河岸边施工，不靠长江，没有大型的船坞，无法建造规模巨大的船舶。而且这里建成的船舶是通过一条连通长江

第一辑 风物咏叹

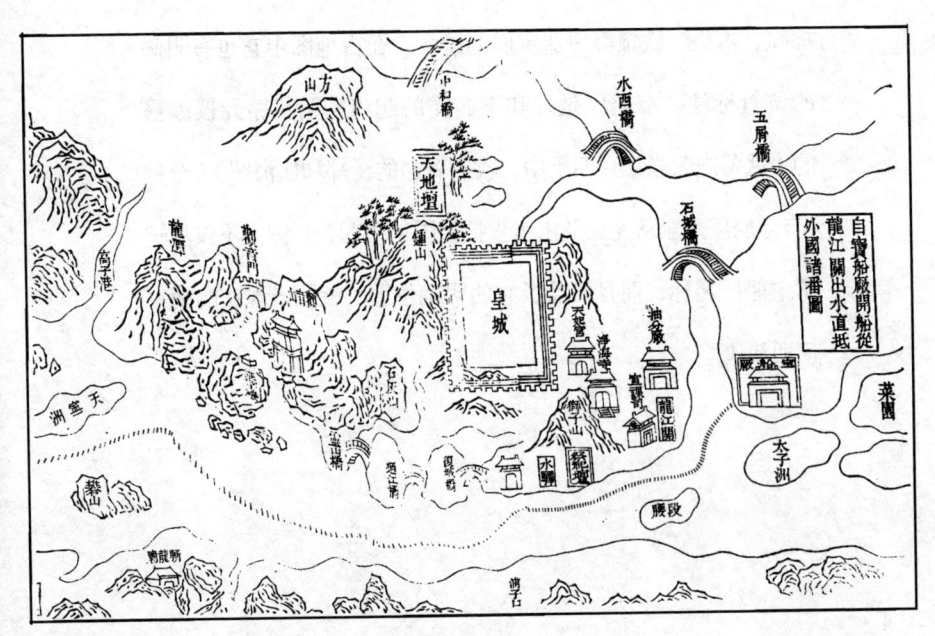

郑和航海图（局部，明）

的水道驶入大江的。郑和宝船大者长44丈4尺、宽18丈，其长度约合今120米，这样巨型的船舶显然不可能在龙江船厂建造完成并由其水道顺利进入长江。

至于宝船厂的所在地，其位于今南京河西中保地区，已被现今考古所证实。现在这里已被发掘保护，出土了大量舵杆、棕绳、木板、铁锚等建造宝船的遗物。在古地图中它也有明确的位置标注。宝船厂是郑和下西洋的起点，明代茅元仪编纂的《武备志》卷二百四十中，收有著名的《郑和航海图》（全称《自宝船厂开船从龙江关出水直抵外国诸番图》），图上不仅注记了宝船厂名称，而且描绘了它的明确位置，就位于现在的南京河西江边。

大龙翔集庆寺旧址在哪里

大龙翔集庆寺是南京元朝时的一座规模巨大、地位显赫的寺庙，号称"金陵首刹""天下第一禅林"。它是在元文宗图帖睦尔的潜邸上修建的。该寺的旧址在哪里？由于它在明初时就已毁于火灾，古籍记载也语焉不详，如今几乎已不为人所知。

元文宗下旨在其宅邸建起一代名寺

图帖睦尔系元武宗的次子。元天历元年（1328年），他在元朝上层统治集团的政治斗争中，意外地于大都（北京）坐上了皇帝的宝座。由于元泰定帝泰定二年（1325年）他曾以怀王身份出居建康，在此生活三年有余，建康因此被他视为自己的龙兴之地。于是下令改"建康"为"集庆"，并遣使传旨，让当

元文宗像

　　时在集庆的御史大夫阿尔斯兰哈雅等人在其原来的宅邸上大兴土木，修建大龙翔集庆寺。

　　元《至正金陵新志》中有一幅《大龙翔集庆寺》图，这是如今能见到的最早的南京地区寺庙地图之一，它以立体描绘手法表现了龙翔寺的平面形态及建筑分布。从图上我们看到，龙翔寺规制宏敞、殿宇巍峨。内有大殿大觉之殿、后殿五方调御之殿、禅宗海会之堂、传法正宗之堂，以及雷音之堂、龙藏堂、香积堂、观稼亭、寿乐亭、环香亭等众多建筑。

　　龙翔寺装饰也极其精致，备极奢华。据元代翰林学士虞集的《龙翔集庆寺碑》碑文记载，寺内"鼓钟之宣、金谷之委，

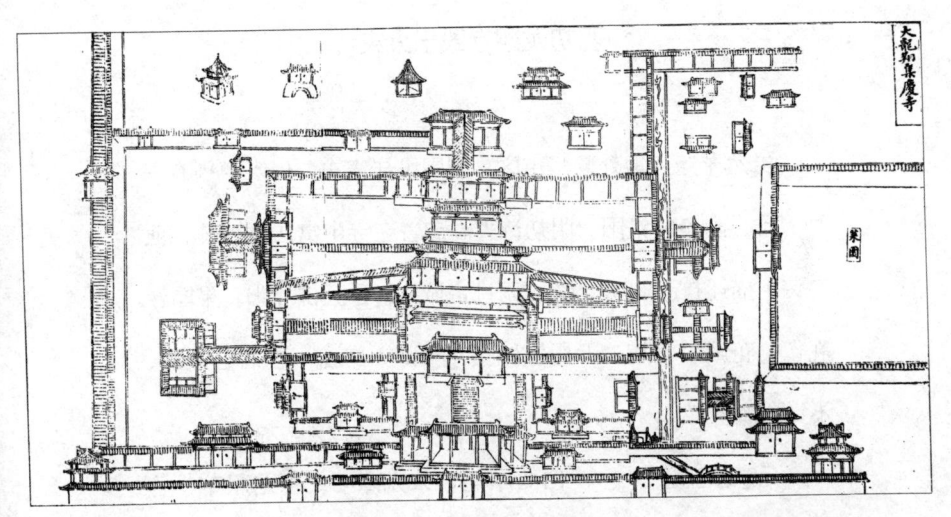

大龙翔集庆寺（《至正金陵新志》）

各有其所。缭以垣庑，辟之三门。而佛、菩萨、天人之像设，缨盖、床座严饰之具，华灯、音乐之奉，与凡所宜有者，皆致精备"。

龙翔寺住持大䜣禅师是元文宗专门从杭州中天竺寺召来的。据明代蒋一葵在《尧山堂外纪》中说，元文宗对大䜣极其恩宠，"赐以黄衣，其徒后皆衣黄"。这其实显示的是元文宗对龙翔寺的重视。

明初龙翔寺毁于火灾

虽然龙翔寺地处繁华市区，周围民居密布，但寺中别有一种清雅、幽静的氛围。明初诗人高启曾在寺中寓居过一阵，他在诗中描述自己的感受说："雨过帝城头，香凝佛界幽。果园春乳雀，花殿午鸣鸠。万履随钟集，千灯入镜流。禅居容旅迹，不觉久淹留。"

元惠宗至正十七年（1357年），朱元璋下令将龙翔寺寺名改为"大天界寺"。明洪武初在此开局修纂《元史》。当时外来朝贡的使者在拜见皇帝前要先熟悉朝见礼仪，其培训工作也是在龙翔寺中进行的。

洪武二十一年（1388年）二月，天界寺外民居发生火灾，受其殃及，天界寺被全部焚毁。朱元璋吸取教训，认为"立佛刹不宜于城市阛阓中"，下令将天界寺的重建地址改在了聚宝门外二里的凤山。新建的天界寺清朗开阔，规模不减，与大报恩寺、灵谷寺并称为明代南京三大佛寺。

第一辑　风物咏叹

天界寺旧影

探寻龙翔寺旧址

一代巨刹龙翔寺于明初被毁后,其旧址未再修建任何官府建筑,后被民居逐渐蚕食,寺庙遗迹受到损毁,如今几乎已无任何遗痕存留。由于历史资料对龙翔寺寺址未有具体明确的记载，时间既久，后人已不辨其位置所在。有说在下街口、白塔巷一带的，有说在大王府巷一带的，众说纷纭，莫衷一是。那么，大龙翔集庆寺旧址到底在哪里呢？

元《至正金陵新志》对龙翔寺位置有一个大略交代："大龙翔集庆寺，在城正北隅闪驾桥北。"闪驾桥历史上又称景定桥、会同桥，现在叫鸽子桥，位于绒庄街北端的内秦淮河（古运渎）上。该志"桥梁"中又载："太平桥，在龙翔寺西南，旧名钦化，又呼笪桥。"就是说龙翔寺位于笪桥东北。笪桥今存。《至正金陵新志》中的《集庆府城之图》上也表示有龙翔寺，其方位和上述文字表述一致。我们再结合对《大龙翔集庆寺》地图的分析，庶几可进一步确认龙翔寺的地理位置。寺庙的东部有一条南北向的河流，它应该就是南唐宫城西边的护城河——西护龙河。西护龙河南端有一座西虹桥（羊市桥），据近年考古发现，羊市桥在鸽子桥北略偏西不远处。

由以上分析，并考虑到《大龙翔集庆寺》图的纵横比例关系，我们大体可认为：大龙翔集庆寺的旧址在今木料市东侧，张府园和建邺路之间。

南京城隍庙

上海、杭州、成都等许多城市都有依托城隍庙发展起来的商业娱乐区。它们因把古代城隍庙的人文景观因素和现代商业休闲设施结合在一起而吸引了大量人气。城隍庙是古时候供奉城市的保护神城隍神的,古代大多数城市都建有城隍庙,南京也不例外,旧时建过都城隍庙、府城隍庙等,其中有的等级、规模,远远超过其他城市的城隍庙。遗憾的是如今它们都已踪迹无存了。

朱元璋大封城隍神

城隍起初是指城墙和护城的壕沟,后来被虚幻为城池的保护神。因此城隍一是指城池或城墙,二是指城隍神及其祭祀。

城隍神在演变过程中，其职司不断扩展，不仅能护城卫民、祛灾除患、惩治恶鬼、安抚厉鬼、护佑善者，还能督官儆民、体恤苍生，乃至延生注死。于是古人便把民间一些英雄人物、正人直臣尊奉为城隍神，对其仰如日月，奉若神明。

将奉祀城隍神列入典制始于南朝齐梁时期。当时有一些城市出现城隍庙，祭祀守城爱民的城隍神。唐朝时祭祀城隍神开始普遍，唐代诗人杜牧有《祭黄州城隍文》，张九龄有《祭洪州城隍文》。在奉祀较普遍的时候，国家还给各地城隍赠加封号。据南京地方志记载，唐哀帝天祐二年（905年），在今南京汉中门、水西门之间的罗廊巷口一带，曾经建有一座"古城隍庙"。清末陈作霖的《运渎桥道小志》中曾提到过它。

明太祖开国后，对城隍祭祀做了一番整饬，把祭祀城隍纳入国家祭祀体系，大大提升了城隍的地位。洪武二年（1369年）春，朱元璋大封京都和天下城隍神。各地城隍神享有不同等级的品秩，京都（今南京）、开封府、临濠府（今安徽凤阳县）、太平府（今安徽当涂县）、和州（今安徽和县）、滁州（今安徽滁县）等几个城市的城隍被封为王，各有具体封号。其中京都

城隍之神

城隍叫"承天鉴国司民升福明灵王"。此六处封为王的城隍神均为正一品秩,地位与人间的太师、太傅、太保三公及左右丞相平起平坐。其他各地城隍的级别依其所在地方的行政等级而定,府的城隍被封为"监察司民城隍威灵公"(正二品),州的城隍被封为"监察司民城隍灵佑侯"(正三品),县的城隍被封为"监察司民城隍显佑伯"(正四品)。京都城隍神管辖全国各府、州、县的城隍神。

朱元璋把各地城隍神视为冥界一定区域的守护神、管理者，城隍庙也被设置为和政府衙署并列的管理阴阳两界的系统。他规定："各府、州、县城隍庙宇，俱如其公廨，设公座、笔砚如其守令。"意思是各地城隍庙的规模大小、厅堂布置、几案摆设等，均应以现世官衙机构为摹本。

南京京都城隍起初合祀于正阳门外群神享祀之所，不久又与太岁、风雨等合为一坛祭祀。洪武三年（1370年）九月，京师城隍庙建成。朱元璋亲自撰文宣称，自己削平群雄统一天下后，"治民事神，惟稽古典，弗敢慢亵。惟京都城隍乃天下都会之神，而闾巷军民，私窃祷祈，不由典礼，渎玩滋甚，朕甚恶之。故尝更去旧号，俾称其实，去邪导正，使诸神听命于天，而众鬼神听命于神，庶天神权纲之不紊也。然祠庙卑隘，未称朕礼神之意，遂命修饰岱宗行祠，迎神居之"。

朱元璋大封天下城隍是承袭自宋朝的做法，经过仔细体味推敲后，他忽然又改变了主意，于第二年颁下一道圣旨，将各处城隍的封爵革去，统称为"城隍之神"，并要求"凡府州县新官到任，必先斋宿城隍庙，谒神与誓，期在阴阳表里，以安下民"。

　　他还下令撤去城隍的土木塑像，改为木主，置于中央之座。由于他的这一改制是利用国家权力强制推行的，没有现实的社会基础，而自古以来我国民间习惯于偶像祭拜，因此永乐以后，城隍庙中又逐渐恢复了塑像祭祀。

　　古人认为，凡与人们生活安危密切相关的事物，皆有神在。原为城池保护神的城和隍，在演变过程中被人化成了城市的守护神。后又逐渐过渡为阴间总管，责权越来越大，地方冥界的一切鬼神均由它负责监察。于是凡人力所达不到的地方，人们便祈求城隍神发挥作用。

　　早先人们祭祀城隍多是祈求晴雨，后来城隍神被赋予了越来越多的功能。人们婚丧嫁娶、看病求医找城隍帮忙，遇到冤屈无处申诉时也会向城隍磕头，甚至连皇帝无助时也有求于城隍神。有一次明太仆寺饲养的马群得了流行病。它们可是朱明王朝重要的军事力量啊，朱元璋焦急万分，急忙向城隍求救。他专门写了一篇祭城隍文，祈求道："神其有知，佑我群牧。"由此可见，城隍神几乎成了地方上权力最大的神。

朱元璋大建城隍庙还有一个重要目的，就是利用城隍神帮助他治理天下，督察官吏，震慑民众，以巩固明政权的统治基础。他曾说："朕立城隍神，使人知畏。人有所畏，则不敢妄为！"可见他把祭祀城隍制度化，正式纳入国家祀典，是有很深的用心的，并不只是为了规范建设礼仪制度。

南京府城隍庙规模巨大

明代南京不但建有都城隍庙，还有一座规模巨大的府城隍庙——应天府城隍庙。据邓旭、白梦鼐的《康熙江宁府志》记载，它是万历十六年（1588年）由应天府府尹姚思仁所建，位于西锦绣坊的府治前。府城隍庙坐南面北，与府署隔街相望，规模建置也与之相当。这座城隍庙在南京民间影响很大。入清后，应天府城隍庙改称为江宁府城隍庙。

清咸丰时太平军占据南京，排斥儒释道奉祀的神灵，焚烧庙宇，捣毁神像，江宁府城隍庙与"古城隍庙"、都城隍庙均遭厄难。

第一辑 风物咏叹

同治三年（1864年），清政府击溃太平军，恢复了对江宁的统治。为尽快重塑对城隍的信仰，临时把城南金沙井的一处太平天国官衙改建成江宁府城隍庙。同治十二年（1873年）又在府西街重建江宁府城隍庙，次年十二月竣工。

新建成的府城隍庙深殿重阁，规模宏伟。据《同治上江两县志》记载，其主要建筑有正庙、行宫、殿宇、官厅等69间，戏台1座，走廊、穿堂46间，店房并附厢房6间。殿中塑有四大金刚、十大阎罗、黑白无常等雕像，面目狰狞可怖，令人不寒而栗。清甘熙《白下琐言》介绍说，城隍庙两廊，塑有"隶

江宁府城隍庙旧影

役各四,手执缧绁之具,嬉怒笑骂,意态如生"。殿内还设置了刀山、火海、油锅、炮烙等刑具,以震慑人们心理,警示人们如果生前为非作歹,死后将会落得下油锅、遭炮烙的下场。城隍庙内还有以楹联、匾额等方式呈现的劝诫人们弃恶从善的教谕。如庙内有一副长联,以城隍神的口吻告诫人们:"非关我铁面无私,但看你享富贵,欺君王,重妻孥,轻父母,近势力,压善良,白日做事,黑夜包羞,便教你来做神明,种种罪名难放过;只要你回头是岸,依着我行孝悌,矢忠诚,戒淫邪,减杀业,安本分,学吃亏,一片好心,满腔春意,试看我权司阴骘,重重福报不须求。"

城隍庙融入世俗生活

随着社会、历史的演进,城隍神在演变过程中逐渐人格化、本土化了。明清时,南京人把文天祥尊奉为都城隍。每年清明日、七月望、十月朔,人们都要抬着城隍塑像出巡,这叫出会视察。其象征意义是请城隍神视察城池,监察人间善恶,实际上也是向人们宣扬神灵的威严，唤起人们的敬畏之心。出会那天，人们把城隍塑像从庙里请出来，由几十名壮汉抬着，穿行在大街小巷，后面跟着长长的队伍，鸣锣开道的，抬刀持棒的，还愿许愿的，游艺杂耍的，浩浩荡荡，绵延一两条街，场面极其壮观。

城隍神虽然威严，但也很亲民，因而城隍神不像其他寺庙的总是板着一副神圣、严肃的面孔。对于当时经历太多苦难、安分守己的广大百姓来说，他们不仅不害怕城隍神，还把它视作平等幸福的化身。当遭受生死、病灾、冤屈等时，人们都会去向城隍神祈求、许愿。民间的一些文化娱乐、商品贸易等活动，也常依托城隍庙而开展，极其热闹。浓郁的商业氛围使祭祀城隍的仪式变成了全民狂欢，也增添了城隍神的亲民色彩，使之融入了人们的世俗生活。

江宁府城隍庙的文艺演出在大殿之外的戏台进行。戏台位于大殿西墙之外的大砂朱巷，坐北朝南，左右各有化装室，前面的露天广场两侧均有走马楼，后有花厅，可容纳近4000人同时观戏，为当时南京最华丽的戏台之一。每逢庙会，这里便有节目表演。"三五步遍行天下，六七人百万雄兵"，一出出节目娱乐了人，庙宇应有的庄严肃穆的氛围完全被市井生活的气息融化了。

江宁府城隍庙旧址（孙素英摄）

江宁府城隍庙旧址位于今南京城南府西街 43 号，此处现已完全见不到当年的痕迹，只剩原庙内的两棵银杏树挺立在居民楼间，虽饱经人间风雨沧桑，依旧枝干苍劲挺拔。

第一辑　风物咏叹

徜徉在南都的大街上

明初定都南京后，在进行新帝都的规划建设时，对城市道路也进行了大规模的修建改造，形成了由官街、小街、巷道等不同等级道路构成的交通网络，城市道路系统发生了巨大变化。在一些地段，还依托城市街巷形成了规模不等的街市、集市，以及经营专门商品的铺户一条街，呈现出一派繁荣兴旺的景象。道路系统的完善和街市商贸的繁盛，有赖于严格的城市管理和专门的执法队伍，它们为城市的环境整洁、秩序稳定提供了可靠保证。

纵横交错的南都大街

明太祖朱元璋定都南京后，对南京城展开了大规模的规划、建设，使南京城市的框架与格局继六朝和南唐之后又发生了一次较大的变化。《洪武京城图志》序中描写明初首都南京城阙、街衢的盛大规模与恢宏气象道："紫微临金阙煌煌，黄道分玉街坦坦，城郭延袤，市衢有条。"在这一前所未有的城市改造建设中，不仅修筑了举世闻名的城墙、宫殿，还重修改建了四十余条城市道路。旧城部分以六朝、南唐时形成的道路为基本骨架，保持了原有的迂回曲折的格局；城东、城北新扩建成的皇城区、新城区的道路则构成大致成方格形的纵横交错道路网络。《洪武京城图志》中的《街市桥梁图》上，形象地描绘了明初南京城区部分街巷、商市、桥梁等的分布，图上表示的街道有长安街、洪武街、崇礼街、里仁街、存义街、时雍街、和宁街、大通街、中正街、广艺街、大市街等。

　　城市各功能区内道路自成系统，相对独立，但各等级道路又相互连通，形成了多条贯穿东西、南北的通道。其中主要的纵横长街各有7条，如横向的道路有：北安门经洪武街、清凉故道至清凉门，西华门经土街、双石鼓至汉西门，皇城西门经常府街、户部街、羊皮巷、牌楼大街至汉西门，大中桥经奇望

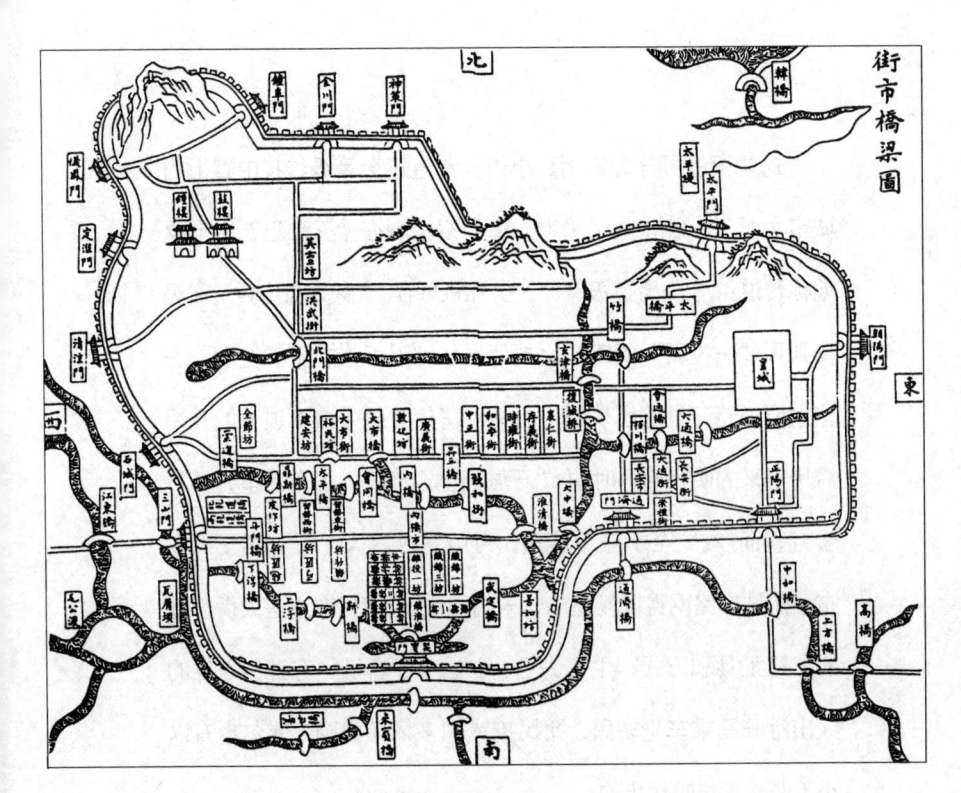

街市桥梁图(《洪武京城图志》)

街、果子行、油市大街至三山门等；纵向的道路有：香铺营经土街口、卢妃巷、内桥至聚宝门，文庙经成贤街、火瓦巷至广艺街，神策门经大树根、丹凤街、忏经楼街至北门桥，北门桥经估衣廊、塘坊桥、高井大街至斗门桥等。它们把宫城区、居民区、商业区以及水陆码头等串联了起来。

这些街巷可分为官街、小街、巷道三个等级。其中官街为城市主干道,既宽阔又平坦。晚明谢肇淛在《五杂俎》中形象地称赞说:"金陵街道极宽广,虽九轨可容。"意大利传教士利玛窦则用"一投石"的距离比拟他居住地附近崇礼街的宽度。一些主要道路还铺筑了块石、石板。清代甘熙《白下琐言》介绍沿用下来的明代街道时说:"石城门至通济门,长街数里,铺石皆方整而厚。"至于城市巷道,可能宽仅容人,但它们交织密布,是城市路网得以畅通的"末梢神经"。穿行在这些大街小巷的交通工具和方式,主要为马、驴、车、轿等。有身份地位的人出行骑马乘车坐轿舆,平民庶人则多依赖腿脚,偶尔也有以小毛驴、青布轿代步的。

出入城市的城郊道路,明代以前就有多条,如新亭大路、白马城路、小丹阳路、江乘大道等,无数的车马行人经由它们进出或经过建康城。明代,城郊又增筑了几条大道,如由宫城通往龙江关的龙江口迎宾路,由三山门通往江东市的江东大道,从燕子矶至上新河的沿江营垒连接道等。洪武年间还以南京为起点修建了八条"国道",使得都城南京通达全国各地。

南都第一街，串起宫禁、中央衙署

明南京城继承了曹魏邺城、东晋建康、唐长安等古都传统的空间布局形态，宫城、皇城、都城采用一条共同的中轴线。该线北起皇城的玄武门，南至都城的正阳门，长达2.5公里，由北而南依次排列着玄武门、坤宁宫、乾清宫、乾清门、谨身殿、华盖殿、奉天殿、奉天门、午门、端门、承天门、洪武门、正阳门等建筑。从午门至洪武门为宫城正门前直街——堪称"南都第一街"的御道。这条被围在高高的宫墙内与世隔绝的街道，是古都南京继六朝御道和南唐御道后的第三条御道。

进入皇城的南大门洪武门，首先展现在眼前的是御道的南段——千步廊，其两边建有连续的廊屋，一直向北伸展至承天门前的横街。千步廊虽是皇城正门内的通道，却人迹稀少，因为洪武门只供重要庆典出入，平时极少开放，并有重兵把守，即使到明末时期也没有丝毫懈怠。崇祯十七年（1644年）十二月十五日，天寒地冻，有一个疯和尚"夜叩洪武门"，大呼小叫自称是崇祯皇帝，要求进宫，结果被守门军士拿下。

承天门稍南的东西两侧有长安左门、长安右门两座城门，连接左、右长安街，是出入皇宫最频繁的城门。长安右门外设有登闻鼓，供臣民谏议或鸣冤。这里曾发生过一起青文胜自缢于登闻鼓下的惨剧。洪武年间，青文胜因任职的县里遭遇水灾，再三上书为民请命，但皇帝均未理睬；伏乞见驾，又被挡在皇城门口。被逼无奈之下，他"复具疏，击登闻鼓以进，遂自经于鼓下"。

千步廊的东西两侧，分布着中央官署五府六部，"六卿居左，经纬以文，五府处西，镇静以武"。东侧自北向南为宗人府、吏部、户部、礼部、兵部、工部；西侧依次是中、左、右、前、后五军都督府。五府六部的外侧，则坐落着翰林院、詹事府、太医院、通政司、锦衣卫、旗手卫、钦天监等其他一些中央重要衙署和机构。

从承天门至午门间的御道北段，两侧建有南北向宫墙。宫墙外西侧为社稷坛，东侧为太庙。祭祀土神、谷神之所的社稷坛，原位于宫城西南，有社坛和稷坛两坛，初建于洪武元年（1368年）。洪武十年（1377年）秋八月改建于午门之右，并合

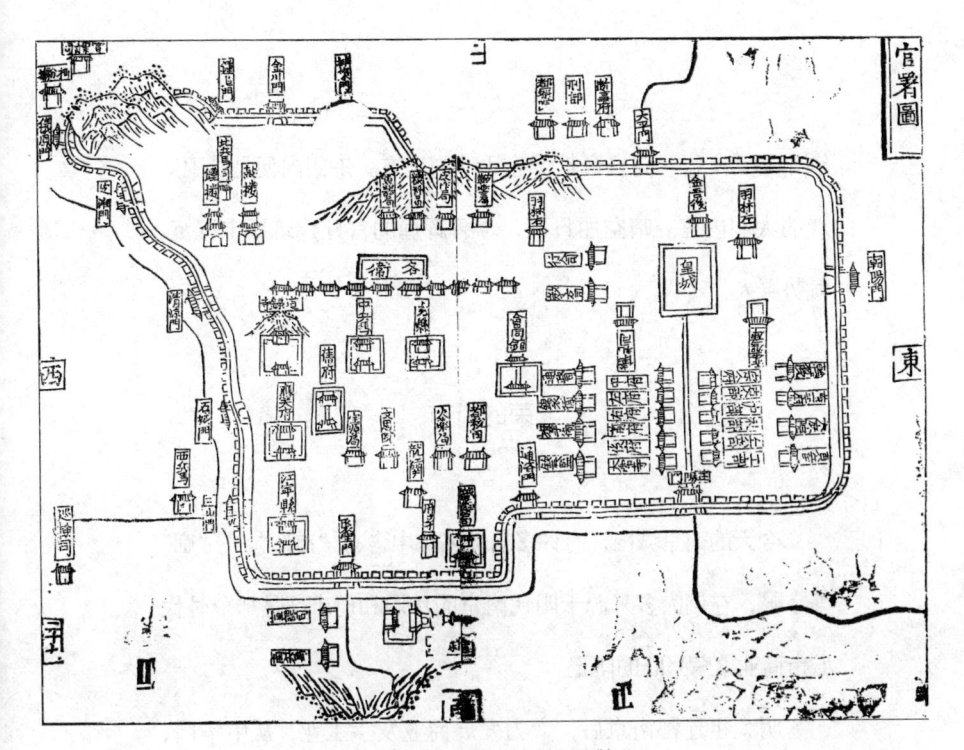

官署图（《洪武京城图志》）

为一坛。太庙初建于洪武元年，是祭祀朱元璋祖先的场所。洪武九年（1376年）朱元璋改建了太庙，形制前殿后寝，殿翼皆有两庑。寝殿9间，奉藏神主，为同堂异室之制。如今太庙遗址仅存一巨大石柱础及一口水井。

御道北端的午门是明宫城的正门。午门前是举行传达圣旨、颁布朝廷文告、向皇帝献俘等活动的地方。午门内便是禁卫森严的大明内宫。晴空丽日下,金碧辉煌的宫廷建筑殿宇沉沉,气势慑人。

繁荣的街市

今天的南京城内,有许多街巷名称中含有"市""坊""廊"等字眼,它们大多来源于明代南京的坊厢和街市,是那个时代城市商业繁荣兴旺的印记。

明太祖建都南京后,大力发展商业及手工业,从中华门、水西门、通济门到珠江路附近的大片街市,集中了十多万名手工匠人,从事各种生产。顾起元《客座赘语》说:"国初建立街巷,百工货物买卖各有区肆。"意思是不同行业有各自固定的制作和售卖聚集地。如升州路附近的铁作坊、铜作坊、银作坊,便是铁匠、铜匠、银匠作坊所在地。其他如织锦坊、颜料坊、鞍辔坊、弓匠坊、皮作坊、扇骨营、木匠巷等,都与当时不同行业手工业者的作坊有关。

第一辑 风物咏叹

南都繁会景物图卷（局部，明）

古时候"街"既是经行往来之路，又是市廛所在。南都有的大街两旁商铺密布，百货云集，一些地段还形成了规模不等的集市。其中三山街一带是商业最为繁荣的地区。反映明代南京城市经济和市民生活的《南都繁会景物图卷》中，有一段描绘从南市街到北市街的街市风貌，图上街巷纵横，店铺栉比，行人车马，肩摩毂击。店铺前或挂一块牌子，或悬一幅幌子，上面写着店名或所经营的项目，如梳篦老铺、专染纱罗、涌和布庄、画脂杭粉名香官皂、靴鞋老店、立记川广杂货、乐贤堂名书发兑等，经营项目涉及日用百货、生活服务、手工、金融、占卜、娱乐等众多行业。集市主要有北门桥市、内桥市、大中街市等，多是专门进行米麦、鱼菜、牲口、果品、竹木柴薪等生活用品的贸易，有一些集市的名称后来演变成了街巷名，如花市、驴子市、丝市、网巾市、鱼市、牛市等。

在有些交通干道和铺户集中的大街两旁，还建有连绵的木廊。《白下琐言》载："前明都会所在，街衢洞达，洵为壮观。由东而西，则火星庙至三山门，大中桥至石城门；由南而北，则镇淮桥至内桥，评事街至明瓦廊，高井至北门桥，官街极其宽敞，可容九轨，左右皆缭以官廊，以蔽风雨。"其中所提到的"高井至北门桥"是一条南北向的宽敞大街，从高井大街（今丰富路）经新街口、糖坊桥、估衣廊至北门桥，其两边均"缭以官廊"，绵延数里，一眼望去，阵势壮观。廊以木柱为支撑，上覆木板，可遮阳能避雨，既利于商家、客户交易，也方便了行人。廊街的有些地段，直接就以"廊"命名，如内桥下的珠宝

第一辑 风物咏叹

廊、健康路的裱画廊、长江路的估衣廊、香铺营的绸缎廊、璇子巷的扁担廊等，不同名称反映了它们所经营的项目。

市容整洁，管理严格

吴敬梓曾在《儒林外史》中以生花妙笔描写了明代南京的街市风貌："城里几十条大街，几百条小巷，都是人烟凑集，金粉楼台。城里一道河，东水关到西水关，足有十里，便是秦淮河。水满的时候，画船箫鼓，昼夜不绝。城里城外，琳宫梵宇，碧瓦朱甍，在六朝时，是四百八十寺；到如今，何止四千八百寺！大街小巷，合共起来，大小酒楼有六七百座，茶社有一千余处。不论你走到一个僻巷里面，总有一个地方悬着灯笼卖茶，插着时鲜花朵，烹着上好的雨水，茶社里坐满了吃茶的人。到晚来，两边酒楼上明角灯，每条街上足有数千盏，照耀如同白日。"虽为小说家言，却是真实写照，且笔端饶富地域特色，繁华绮丽里氤氲着六朝烟水气。明朝的南京城里，"街衢巷隧之列，桥道亭台之施，名贤祠屋之严邃，王侯第宅之华好，星陈棋布"。倘若我们做一次穿越,徜徉在其宽敞、平直的大街上,定会有目不暇接之感。但见道路两旁,府邸民居,严整有序;梵刹琳宫,钟磬悠扬;亭台楼阁,飞檐翘角;不时还可听到与街巷并行的河面传来的桨声棹歌……

其中坐落在街道两边的众多功臣宿将的宅邸,分外醒目。嘉靖时黄姬水在诗中描写它们的节日盛景道:"天街半是五侯家,处处燃灯斗月华。自是帝城春色早,千枝万树一齐花。"当时有些街道就以这些宅第命名。如"常府街"因开平王常遇春府第而得名,"邓府巷""信府河""李府巷"等名称分别来源于卫国公邓愈、信国公汤和、韩国公李善长的府邸。王溥所居街道则被朱元璋赐名"宰相街",以示恩宠。

街道两旁更多的建筑自然是普通民居。南京民居在明代早期的时候多为砖木结构的瓦房,矮小朴素。顾起元《客座赘语》引《建业风俗记》说:"正德以前,房屋矮小,厅堂多在后面,或有好事者画以罗本,皆朴素浑坚不淫。"当时,政府曾严禁平民之厅房超过三间,即便是地主富商,虽房屋有数十所,每所房屋之厅房亦不得超过此数,更不许使用彩梁绘栋和瓦兽屋脊等。明中叶以后，浇风日滋，人们竞相修建高大、轩敞的房屋。至嘉靖末年，且不说士大夫之家，即使庶民百姓也有费千金修三间客厅的，"金碧辉煌，高耸过倍"，有的甚至重檐兽脊，如官衙一般。

明代南京有严格的城市管理制度和专门的市吏队伍。明初制定的《大明律》里包含城市市容管理的法律条文，其《工律》"侵占街道"一款规定道："凡侵占街巷道路而起盖房屋，及为园圃者，杖六十，各令复旧。其穿墙而出秽污之物于街巷者，笞四十。出水者，勿论。"市吏"日行巷间间"，维护城市环境和社会秩序。因此虽然人口众多，民居密集，街市繁荣，但城市环境整洁，秩序稳定。晚明人沈德符在比较了南京、开封、京城等大城市后于《万历野获编》中总结说："街道唯金陵最宽洁。"

第二辑 风雅秦淮

明初国家祭祀故事

江南贡院科举趣事

国子监读书生活

谶谣故事

故都印迹：南京古代地图

白门：源自城门的别名

"扬州"曾是南京名

老地图里的南京旧影

洋人笔下的老南京

明初国家祭祀故事

"国之大事,在祀与戎。"祭祀是国家最重要的大事之一,祭祀礼仪也是古代名目繁多的礼仪中最重要的一项。而其中尤以祭祀天神、地祇、祖先三礼为重,谓之"礼之三本"。明太祖朱元璋虽是草根出生,却十分重视祭祀礼仪,开国后在南京进行了数十年的礼仪制度的创建革新和坛庙建筑的建设整合。

天地鬼神:被祀对象众多,上天具有至高无上的地位

明代的祀典里,被祀的对象包括天神、地祇、祖宗、先贤、历代帝王、英雄豪杰、山川、日月、风云雷电,甚至井、灶、旗杆等,堪称一支庞大的队伍。这些被祀对象的地位有主次之分,它们在祭祀活动中当然不可能被"一视同仁",而是被分成了大祀、中祀、小祀。据《明实录》载，明初规定祭圜丘、方泽、宗庙、社稷、朝日、夕月、先农为大祀，祭太岁、星辰、风云雷电、岳镇、海渎、山川、历代帝王、先师、旗纛、司中、司命、司民、司禄、寿星为中祀，祭其他诸神如司户、司灶、中溜、司门、司井、司马之神、泰厉、火雷之神等为小祀。大祀中的朝日、夕月、先农后来调整至中祀。其中大祀是国家最重要的祭祀活动，一般须天子亲祀，如国家遭遇大事也要命官祭告；中祀、小祀则遣官致祭。

明朝除常规的大、中、小祀，有时还会因一些特定原因如皇帝登基、巡幸、上谥、葬陵、册立、册封、营造、出师、天象异常、自然灾害等，不定期举行祭告天地、宗庙、社稷、山川等活动。

在这支由天、地、神、祖、圣、鬼及配享、从祀者等组成的庞大被祀队伍里，上天无疑是最高神，处于至高无上的地位，这仅从明人称呼天为帝、昊天、昊天上帝、皇天、皇天上帝等即可体现出来。人世间只有最高统治者皇帝才能与它匹配，因此祭天便也成了皇帝的特权。平民百姓对天可以敬仰、尊崇，但不能与之沟通，自然也就没有祭祀它的权利，否则就是渎礼僭分。不过，上天也是我国古代百姓最为崇敬的对象，他们也希望得到老天的保佑，有时会在私底下偷偷地祭拜。这种行为对皇家的特权构成了挑战，朝廷自然不会允许，曾专门颁布《禁民间祀天令》，对私自祭天的百姓加以威吓阻止。

皇家容不得民间染指天神的深层原因是，上天已成为他们用来标榜自己皇位正统性和合法性的象征。朱元璋总把自己的行为说成是奉上天的旨意行事，在言行举止上也总是装出一副谦卑恭顺、顺应天命的姿态。如他把元朝以来诏书使用的首语"上天眷命"改为"奉天承运"，把夺得天下说成是"奉天而行"，把南京定名为"应天府"，把金銮殿叫作"奉天殿"。既然他的言行是受天命安排、荷上天眷顾的，那么他自然就是"上应天命、下符百姓"的真命天子了。

洪武元年（1368年）朱元璋登基时即是这样表演的。即位之前，他将群臣拥戴之意告诸上帝，请求道："如臣可为生民主，告祭之日，帝祇来临，天朗气清；如臣不可，至日当烈风异景。使臣知之。"洪武元年正月初四，在文武大臣、百司众庶的劝进声中，朱元璋在郊坛举行了隆重的登基仪式。这天，果然"天宇廓清，星纬明朗，众皆欣悦"，他如愿举行了圜丘即位大典。

朱元璋把自己欲登帝位的心思说成是上帝的旨意，无非是欲借天威彰显自己的权威，以利于维护巩固明朝政治统治的秩序。从这里我们还可以发现，朱元璋总是把自己的欲求说成是天意所属，把自己的行为说成是受天诏命，看似对上天无比尊崇，实际上只是把上天当作一种为己所用的工具而已。

郊庙坛壝：祭祀建筑由零散分布到集中成片

明初南京坛庙建筑的修建、改造，大约分为两个阶段。从吴元年（1367年）至洪武七年（1374年）为初创时期，所建坛庙主要有：吴元年于正阳门外建的圜丘，于太平门外钟山之北建的方丘，于宫城西南角建的社稷坛，于宫城东南角建的太庙，洪武元年（1368年）于承天门外建的山川坛，洪武二年（1369年）正月于鸡鸣山南建的功臣庙，洪武三年（1370年）春正月于城东门外建的朝日坛、城西门外建的夕月坛，九月于鸡鸣山南建的京师城隍庙等。可以看出,这一阶段祭祀建筑的选址与布局比较零散。它们有的因是利用原有建筑的旧址而受到一些限制,有的布局、形制不够合理、完善。这其中的原因是:一方面,多数工程系仓促上马,其时朱元璋由草根初登皇位,急于建立一套礼仪制度与祭祀建筑,以显示自己皇权的正统合法;另一方面,他一直没有下定决心立都南京,在建设南京的同时,还在其他城市大搞建设,以作迁都的打算。

从洪武八年(1375年)开始,朱元璋因"两京一都"的设想破灭,心无旁骛的他遂集中精力在南京大搞新建、改建工程,首都坛庙建筑也随之得到了大规模的整合。洪武八年(1375年)七月,把太庙改建至午门外右侧;洪武十年(1377年)八月,把社稷坛改建至午门外左侧,把圜丘改建为大祀坛;洪武十五年(1382年)新建太学、孔庙,等等。这一工作一直持续至洪武三十年(1397年),涉及了坛庙建筑的选址、布局,礼仪制度的改革、完善等方面。

通过把原来极为分散的坛庙建筑化零为整后,在首都形成了三大坛庙区:正阳门外的郊祀区,鸡鸣山下的十庙区,承天

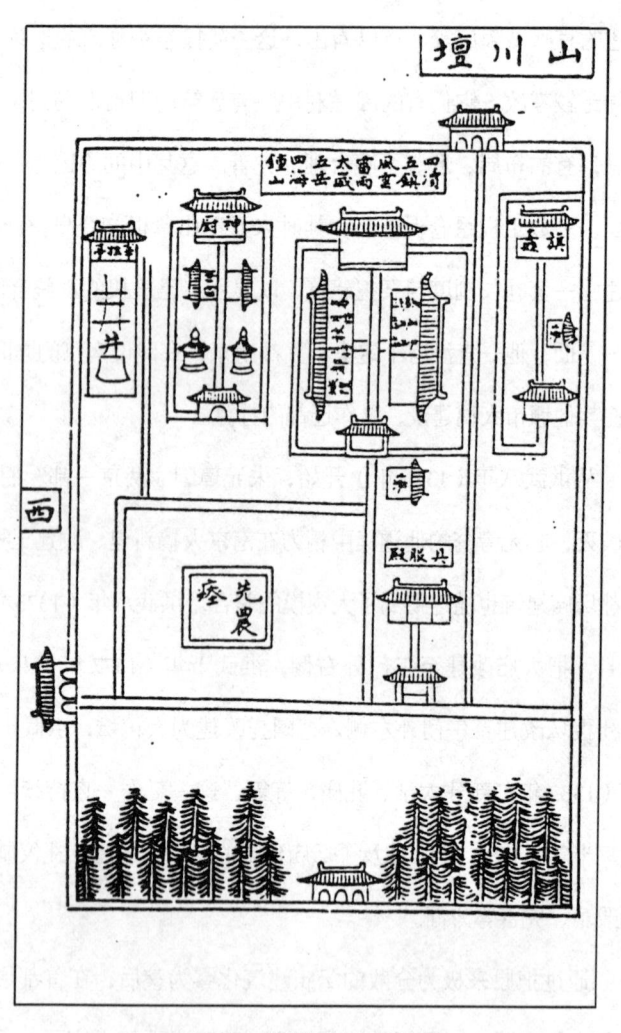

山川坛（《洪武京城图志》）

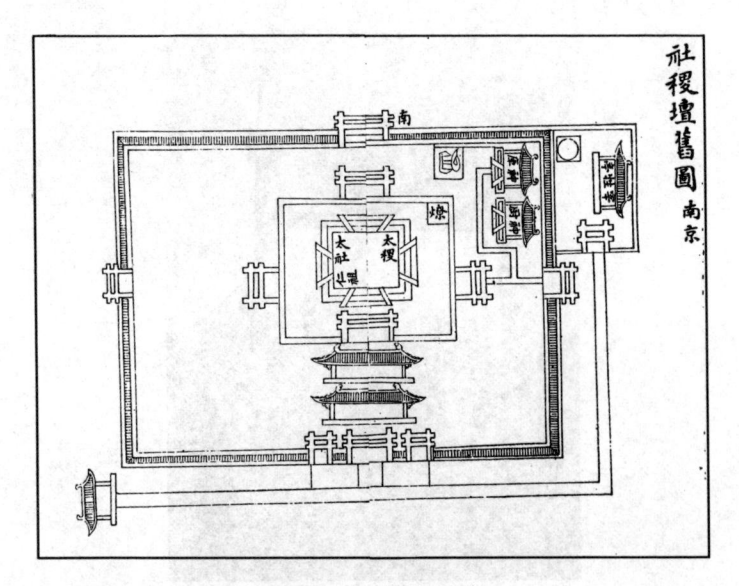

社稷坛旧图(《图书编》)

门内的"左祖右社"区。同时祭祀制度也被化繁为简,由简陋改进为庄严。如把原来太社、太稷两坛合并为社稷坛,把原来南郊、北郊天地分祀改为合坛而祀。

明太祖以布衣得天下,虽重视礼制,却不守成规,对礼仪制度做了较多的改革创新。但他的改制在有些方面显得较"任性",如把圜丘改建成覆之以屋的大祀坛,把天神、地祇合坛而

社稷坛旧影

祀，可谓国家祀典里的特例。

交接神灵：祭祀天地有九道程序，礼仪繁缛

祭祀是一件隆重的大事，前期有一系列的准备工作，包括择日、习仪、斋戒、告神祇、省牲器、有司陈设等。祭祀的前

三天,皇帝来到斋宫斋戒,沐浴更衣,其间不得食用荤腥、饮酒、娱乐等,以使自己身心洁净。

正祀之日的祭祀过程,一般包含迎神、行礼、进俎、初献、亚献、终献等程序。祭祀天地的过程最为繁缛,共有九个步骤。洪武初年于圜丘举行的祭天大典,过程是这样的。

这天清晨,皇帝的车驾来到事先搭好的帷幕(叫大次),具服整齐,然后入祭所。

祭祀开始,首先迎神、燔柴,接着行礼、奠玉帛、进俎。在完成了这些程序后,进入祭祀的高潮部分,行初献、亚献、终献三献之礼。初献先由皇帝跪在神位前上香、祭酒,然后读祝官手捧祝版,于神位右侧跪读祝文。读完后跪进给皇帝,由皇帝捧至御案篚内安放。亚献、终献的仪节与初献相同,只是没有读祝一节。终献礼完毕,祝官奉祝至燎所燔烧,表示把祝文内容告知天神。皇帝至望燎位,待焚烧一会儿,主持仪式的太常卿奏"礼毕",皇帝回大次。至此整个祭天仪式全部结束。

乐是礼制的艺术体现之一,它们有助于营造一种庄严神圣气氛。在祭祀的每一个步骤,都有相应的乐曲与之对应。祭祀音乐属于雅乐，明初改称中和韶乐。与不同等级祭礼对应的祭祀音乐等级也不一样。祭祀天地的中和韶乐规模最大，共有九章。洪武元年（1368年）圜丘祭天的迎神、奠玉帛、进俎、初献、亚献、终献、彻馔、送神、望燎过程中，演奏的乐章有《中和之曲》《肃和之曲》《凝和之曲》《寿和之曲》《豫和之曲》《熙和之曲》《雍和之曲》《安和之曲》和《时和之曲》。

祭祀舞蹈有武舞、文舞。洪武元年（1368年）规定的郊庙乐舞中有武舞生32人、文舞生32人，各排4行，每行8人。舞姿虽不复杂，但64人排列的八行八列方阵，武舞生左干右戚，文舞生左翟右龠，进退有序，动作整齐，场面颇显隆重壮观。

在使用过程中，祭祀乐舞一般会适时进行变革。但嘉靖以后，皇帝怠于政事，祭祀礼仪长期得不到改进，致使乐舞变得"祭乐多疏涩，舞容乖古制"。

牺牲玉帛：献给神灵的祭品很丰富，但大多是日常生活常见品

祭祀中少不了祭品，献给神灵的供品有玉、帛、牺牲、谷物、果品等几大类。其中最贵重的是玉，尤其是祭天所用的苍璧、祭地所用的黄琮，极为珍稀，明后期甚至连皇家举行国家祭祀都供应不上，只好用红玛瑙、黄玛瑙来替代。祭祀所用的帛是由神帛制敕局专门织造的。祭祀的对象不同，所使用的帛的颜色也不同，祭上帝（古称"上天之帝"）用的是苍色帛，祭地祇用的是黄色帛。

国家祭祀等级最高，祭品也最丰盛，不过牺牲、谷物、果品等祭品虽然用量很大，品种繁多，但大多数都是仿照人间日常用度安排的，并没有刻意选用稀有品种。其中牲主要有牛、羊、猪，高规格的祭祀还有鹿、兔等。郊祭所用牺牲品种最全，数量最多，共计牛28头、羊23只、猪34头、鹿2头、兔12只。

盛放肉、谷物、果品等供品的祭器有爵、尊、罍、簋、豆、

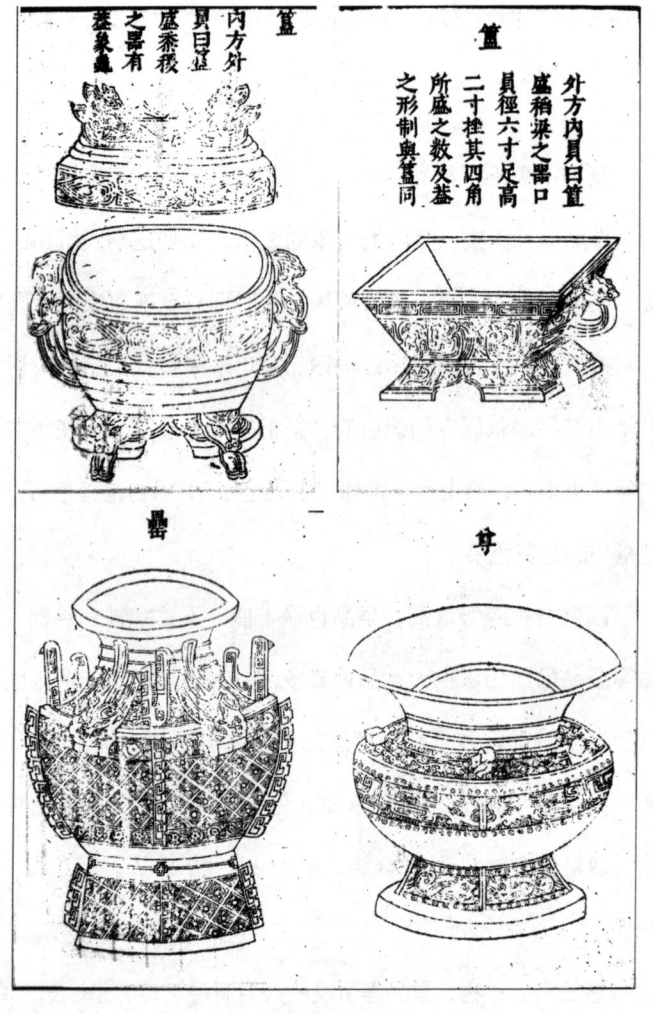

几种祭器

登、俎、簠、簋等，它们都是依照典籍仿制的复古饮食器。据《明史》记载，重要的祭祀中，正位有笾12个，各盛放形盐、薨鱼、枣、栗、榛、菱、芡、鹿脯、白饼、黑饼、糗饵、粉粢；豆12个，各盛放韭菹、醓醢、菁菹、鹿醢、芹菹、兔醢、笋菹、鱼醢、脾析、豚胉、饱食、糁食。

上述有些祭品的名称我们看上去好像较生疏，其实只是古今叫法不同而已，它们大多数都是比较常见且容易获得的，并不一定是高档珍稀的物品。

祭祀是一桩和神灵打交道的庄严而神圣的大事，朱元璋为什么在接待神灵时还这么"吝啬"？他是这样解释的，祭祀能否在神灵那儿显效，主要是看致祭者有没有诚意，而不在于贡品的丰薄，"物丰矣而诚有未至，神不享焉；物虽薄而诚至，神则享之"。实际上他这样做的目的是不想过于伤害民力。他是从社会底层奋斗上来的，比较了解民间疾苦，凡事多注意俭省。再说了，如果奢靡无度，过于勒索百姓，搞得民不聊生、民怨沸腾，很可能就会危及自家政权的稳固。作为一个经历过艰难困苦的开拓创业者，他的认识还是比较清醒的。

江南贡院科举趣事

南京江南贡院是明清时期江苏、安徽两省举子参加乡试的考场，曾为国家选拔出大量的人才。古代科举考试对考生来说是一场极为痛苦的考验，广大举子们应试时在贡院里饱尝了"矮屋"的滋味，其间发生过许多奇闻趣事。这里撷取几则，从中可以见出古代读书人实现鲤鱼跃龙门梦想的艰辛和不易。

点号炮入场

科举考试对一个梦想跃入龙门的读书人的考验，除了十年寒窗苦读的坚持，考场的煎熬也是一道难关。吴敬梓曾不无夸张地说三场考试把人变成了鬼。

进考场的大门，这似乎不是一件多困难的事，但跨过江南

江南贡院全景

贡院的大门对考生来说却是一场艰难的挑战。江南地区考生众多，常常达到一两万人，这么多人须在一天一夜之间全部通过点名、搜检入闱，因此考生入场从考试前一天的半夜便开始了。起初，江南贡院只有一个入口，进展极其缓慢，场面混乱不堪，常有人被挤倒、踩踏，甚至发生考生摸黑进入大门后，还没找到号舍就被挤入水池淹死的惨事。道光十二年（1832年），林则徐担任江苏巡抚。这年适逢壬辰科江南乡试，道光帝指派他为乡试监临官。经过调查，林则徐发现贡院在考场管理、试卷评阅、士子入场等方面都存在需要改进的地方，便向朝廷递送了一份奏折——《请定乡试同考官校阅章程并预防士子剿袭诸弊折》，提出了自己对江南贡院进行整肃的一系列设想与建议。

奏折得到皇帝批复后，他立即付诸实施。在考生入场方面，林则徐下令把进场大门由原来的一个增为三个，各府、州、县考生根据人数多少分成三个部分，分别由贡院的三个大门同时入场。入场从凌晨3点开始，以炮声为信号。之后每隔一小时放炮一响。经过分流，考生入场秩序井然，搜检工作也快速多了，到晌午时所有考生便已全部入场。

抢占号舍

乡试有3场考试，每场3天，这期间，考生的吃饭睡觉都被局限在一个高6尺、深4尺、宽3尺的号舍里。在这样一个狭窄的空间里待上几天几夜是相当难熬的。陈独秀当年进入考场时,"一进考棚,三魂吓掉了二魂半,每条十多丈长的号筒,都有几十或上百个号舍,号舍的大小仿佛现时警察的岗棚,然而要低得多,长个子站在里面是要低头弯腰的,这就是那时科

江南贡院号舍

举出身的大老以尝过'矮屋'滋味自豪的'矮屋'。矮屋的三面七齐八不齐的砖墙，当然里外都不曾用石灰泥过，里面蜘蛛网和灰尘是满满的"。

农历八月，南京常有"秋老虎"肆虐，烈日熏蒸，蚊蚋叮咬。有时却又寒气袭人。一位曾参加江南乡试的考生在《明斋小识》里记载："初八日天气微凉，人悉兼衣。及明午暴热，日如火炙，甚于三伏，又旁置红炉，后叠衣服，遂致两眼昏愦，气不能出。至二场，以单衣进。十一夜半，大雨忽来，陡然寒冷，体僵齿战，左右皆作嗒嗒声。乃向炉炽炭，更取号帘号顶油纸，尽裹于身，四肢犹然颤动。"这忽冷忽热的天气对考生也是一个艰难的考验。

更难忍的是每个号巷的尾部放置的粪桶，经暑气蒸熏后，臭味弥漫，令人窒息。清代陈祖范描写说："过犹唾之，寝处则那。呕泄昏恀，是为大瘥。谁能逐臭，摇笔而哦。"如果不幸落座在这个粪桶附近的号舍，9天的考试就更难熬了。《上古神话演义》的作者钟毓龙先生当年参加乡试时，就因为号舍挨在"粪号"附近，被熏得头晕眼花，无法考试。三场坚持下来，他

江南贡院号巷

不但没有考中，还生了一场大病，差点丢掉性命。

号舍中还有一种小号，"广不容席，檐齐于眉，墙逼于跖"，是增修贡院时新加的，因受场地限制，建得没有老号舍大。陈祖范曾24次走进号舍，一直考到黑发变白，韶颜变丑。考场上他分到的号舍十次有八九次是小号、底号、席号，备尝场屋之苦。后来他将自己的不幸和悲惨化作了一篇风趣的《别号舍文》。

可见，能不能得到一个好的号舍也是事关前途、命运的一件大事。早先考生的号座都是贡院在考前排好的，进场后只能对号入舍，能不能得到好的号舍只有靠自己的运气。清末时考纪松弛，考生可以自己抢占号舍。其方法是：陪送考生的家属先将竹制的空考篮放置于贡院大门外，等到龙门一开，立刻快步冲入院内，将考篮放在号舍案头，表示此号为己所有。

准考证引出的风波

现在参加考试时会有一个准考证，上面贴有考生的相片，监考老师可据其验明考生正身，以防替考。清朝时考生的履历表上也有个"面貌册"，类似于现在的准考证。在还没有发明摄影技术的时候，面貌册上是用文字简要描述考生的特征的，如考生的身高、长相，有无胡须、胎痣等。考生入场时，监考官就根据面貌册上的描述与考生进行比对，两者相符方可进场。如果对描述文字的理解发生分歧，那可就有热闹看了。

钱泳笔记《履国丛话》中记载了这样一件趣事。有一次，朝廷视学胡希吕到南京巡视考务。这个书笃头是一个死读书的学究，做事只知其一，不解其二，有时甚至死钻牛角尖。他认为严肃考务，把好面貌册的检验关是至关重要一环，于是亲自上阵参与校核。他把脸上有少量胡须而面貌册中填为"微须"的人一概视为假冒，不许进场。他熟读的朱熹所注《四书》中说过：微，无也。那么"微须"自然就是"无须"。

有个叫沈廷辉的常熟微须考生，吓得赶紧去找学书帮他修改面貌册。偏偏学书不在，他只好往理发店将那一撮胡须剃去。他不知道，就在这期间，与他交好的学书已帮他把面貌册上的"微须"改成了"有须"。这真是弄巧成拙，沈廷辉即便不是假冒也无法让人不生疑了。胡希吕当然不许他进场。如此情景可急坏了其他"微须"考生，他们很不服气，有一个考生斗胆同胡希吕争辩起来。

考生问："大人为巡考官，难道不知'微'字有'细小'、'轻微'等多种含义吗？"

胡希吕仍然固执己见，大声怒斥考生："汝等读书断文，竟不知'微'作'无'解耶？"

考生听了暗自好笑，反问道："依您之见，《论语》中'孔子微服而过宋'，是不是该解释为孔老夫子脱得赤条精光？当今乾隆爷曾几次下江南'微服私访'，请问，这个'微'也作'无'解吗？"

胡希吕被问得哑口无言，一脸尴尬，只得同意让那些"微须"考生进入考场。

俞正燮试卷未被批阅却中榜

俞正燮是清代经学大师，有"经师人表"之称，年轻时就以学问、文章名播大江南北。可是他的科场之路却颇为困顿，屡次铩羽而归。

道光元年（1821年），他又一次赶赴南京参加江南乡试。江苏巡抚魏元煜任这科江南乡试的监临官，主考官是汤金钊，副主考官是熊遇泰。开考前，魏元煜把16位阅卷的同考官召集起来叮嘱道，有某字号的一份卷子请诸位一定留意，务必录取。

阅卷时魏元煜交代的那份某字号的卷子，被一位阅卷官发

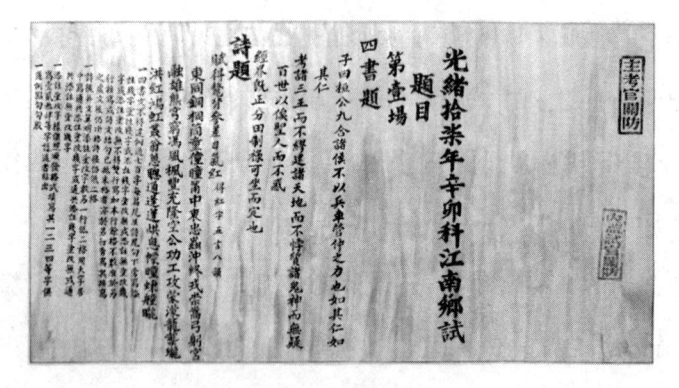

江南乡试试卷

现了,他没有批阅就直接呈给了熊遇泰,并强调了魏元煜的意思。熊一听顿时发火道:"他人受贿,却让我来背恶名。我怎么会干这种事呢!"遂把卷子扔在一旁,愤愤道,看他拿我怎么样。

待到填榜这天,监临、主考各官齐集至公堂。魏元煜问两位主考官,某字号的卷子录取了吗?汤金钊说自己没有看到这份卷子,一旁的熊遇泰则诡秘一笑,说:"那是一份徽州的卷子。考生是盐商的儿子吧!"那个时候,徽州盐商多很富有,常有盐商花钱买通考官为赴考的子弟走后门。熊遇泰的言外之意是,这次你也收受了盐商不少银子吧!

魏元煜当然听出了熊遇泰的话外音,正色道:"我虽没那么高尚,但还不至于在国家抡才大典中做出这种见不得人的事。你们可知,这名考生是安徽黟县的俞正燮先生。如此饱学之士,有几个考生能比得上!不录取他还录取谁?"听他这么一解释,熊遇泰知道自己错怪人了,赶忙在拟录取的试卷里酌情撤出一份,把俞正燮的卷子插了进去。

俞正燮的试卷从交给监考官到他被录取,自始至终都没有被考官批阅,堪称科举考试中的一桩奇闻。

状元乡试曾交白卷

马世琪是清初的学者和诗人,顺治十八年(1661年)辛丑科状元。有一次他参加江南乡试时,竟然交了一份白卷。但他是"以工制举文名于江南"的才子,对自己的实力极度自信。事实也确是如此,在后来的江南乡试与会试、殿试中,他接连奏捷,大魁天下。

马世琪字章民，号汉仙，别署匡庵，后来改名马世俊，江苏溧阳县人。他幼时便父母双亡，由兄长抚养长大。他聪慧好学，文章、书画在江南一带很是有名。

顺治十一年（1654年）槐花黄举子忙的时节，马世琪来到南京江南贡院参加乡试。考试题为"渊渊其渊"，才思敏捷的小马不知怎的竟被这个题目弄蒙了，一时卡了壳，苦思冥想未得要领，不知从何下手。到考试结束的信号发出时，他的试卷上仍未落下一字。

眼看其他考生纷纷走出考场，再要答卷已来不及了。郁闷不已的马世琪这时忽然来了灵感，快速口占一首打油诗题在试卷上："渊渊其渊实难题，闷煞江南马世琪。一本白卷交还你，状元归去马如飞。"虽然交了白卷，但他眼里仍只有状元，"平生不以第二人想"。

后来，马世琪果然乡试中式，得偿夙愿。并在顺治十八年（1661年）的会试中考中贡士。随后的殿试中，他阐述的主张受到皇帝赏识，又顺利摘得状元，独占鳌头。

据说他在北京参加会试时，因经济拮据，生活陷入窘困。

还是左都御史、著名文学家龚鼎孳资助了八百两白银,才使他得以安心备考。龚对他非常欣赏,称其为"真才子也"。事实证明他没有看走眼。

顺治年间的江南科场案

清顺治十四年(1657年)八月,江南乡试发生了一起重大舞弊行为,震惊全国,也惊动顺治皇帝,酿成一场牵连极广、影响深远的"江南科场案"。

该科乡试由礼部遴选的二十名考官主持,主考官为方犹,副主考官为钱开宗。临行前顺治专门召见方、钱二人,叮嘱他们秉公选才,并警告道:"倘所行不正,决不轻恕。"

然而这些考官一到南京就把圣谕丢到脑后去了,在监考录取过程中大通关节,徇私舞弊。世间没有不透风的墙,尚未发榜,各种舞弊消息便已传得沸沸扬扬。录取名单公布后,传言果然得到证实。一些不学无术之徒榜上有名,而不少饱学之士却名落孙山。于是许多落第士子聚集在江南贡院门前,抗议主

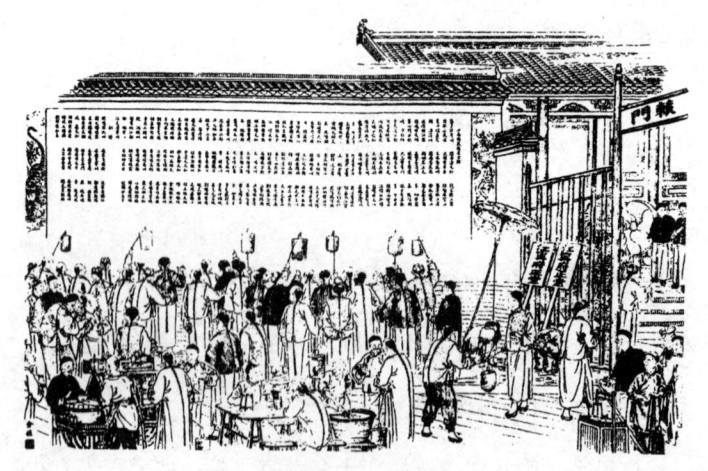

南闱放榜（《点石斋画报》）

考官不公。

有人借题发挥，作一首《黄莺儿》词加以嘲讽："命意在题中，轻贫士，重富翁。诗云子曰全无用。切磋欠工，往来要通，其斯之谓方能中。告诸公，方人子贡原是货殖家风。"

还有一无名氏撰出一《万金记传奇》，于江宁书肆刻印，讥讽考官行贿通贿之状。"万"是"方"字去一点，"金"是"钱"

字去半边，暗指方犹、钱开宗二位主考官。未被录取的著名才子、戏剧家尤侗，也编写了一部戏剧《钧天乐》，影射此事。剧中说，江南才子沈白、杨云进京应试，结果名落孙山；而三个纨绔子弟贾斯文、程不识、魏无知，却通过作弊，分别考中状元、榜眼、探花。

江南科场舞弊的消息，在社会上越传越广，最后传入宫禁，引起了顺治皇帝的注意。当年十一月，工科给事中阴应节就此事拟就一道奏章，认为江南主考官员弊窦多端，请求皇上立赐提究严讯。

大清开国以来尚未举行几科科举考试，就传出如此丑闻，这考试以后还如何继续？而且，当年顺天、河南等多个考场也都发现舞弊行为。如果听之任之，科举考试制度将会被腐败行为葬送掉！顺治当即准奏，下旨将方、钱及十八名同考官全部处死，对江南乡试中式举人进行复试，以鉴真伪。

复试于次年三月在紫禁城内举行，顺治帝亲自主持。考场气氛肃杀，令人畏惧："试官罗列侦视，堂下列武士，锒铛而外，黄铜之夹棍，腰市之刀，悉森布焉。"同时，"每举人一名，命护军二员持刀夹两旁，与试者悉惴惴其栗"。有的考生被如此阵势吓得竟"战栗不能握笔"。尽管如此，仍有九十八人过了关，只有十四人被除去功名。

这场复试不分青红皂白，把所有的考生都视为嫌疑犯。有一个来自江苏吴江的考生吴兆骞，不堪受此侮辱，曳白而出。结果被加以不恭之罪，革去功名，籍没家产，充军宁古塔。

国子监读书生活

明代国子监是国家最高学府,南京、北京各有一所,并称"南雍""北雍"。明初国子监地位极高,学生待遇优厚,毕业后往往能直入官场。后来,随着国子监门槛降低,科举入仕成为主流,监生的前景大不如前。下面我们就走进国子监,了解一下监生们的读书生活吧。

师资精简,教学管理有编制的人员只有数十名

南京鸡鸣山南的国子监原是位于夫子庙秦淮河边的国子学。由于国子学规模不够大,而且周围空间有限,难以扩展,朱元璋便将它移至城北鸡鸣山南的空旷之地重新修建。工程自洪武十四年(1381年)夏季开始,次年五月竣工。新校建成后改称

国子监，其范围东至小教场，西至英灵坊，北至城坡土山，南至珍珠桥，占地广大，"延袤十里，灯火相辉"，是当时世界上规模最大的高等学府之一。

新建成的国子监主体建筑有教学楼7座，藏书楼1座，学

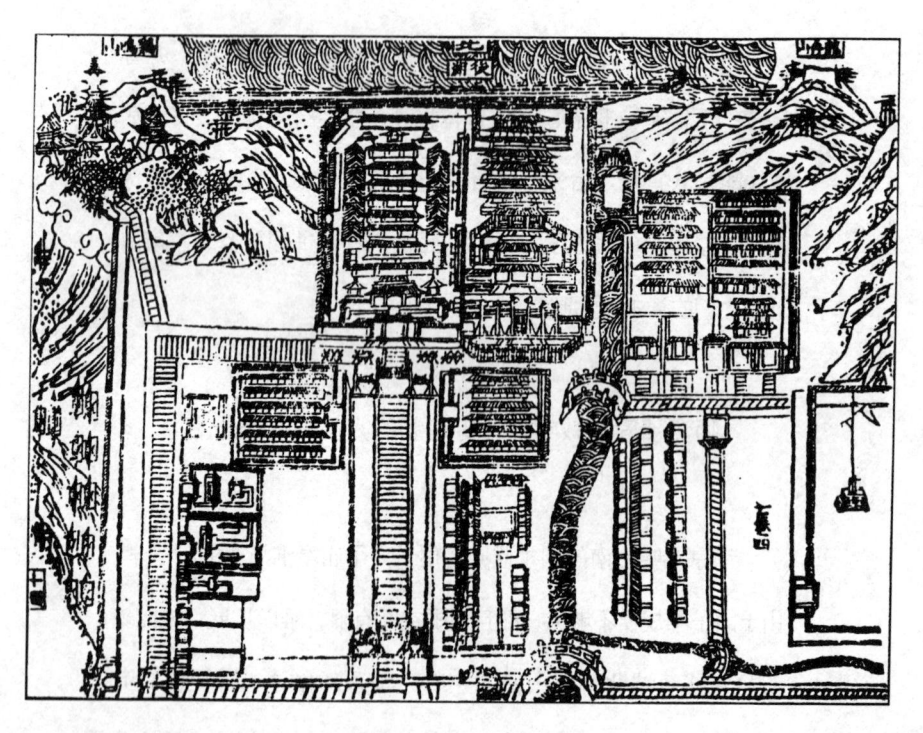

南雍总图（《南雍志》）

生宿舍约 2000 间，琉球留学生宿舍光哲堂 1 所，馔堂（食堂）2 所，太庙 1 座；其他还有射圃、仓库、酱醋房、水磨房、晒麦场、菜圃和疗养所等设施。

7 座教学楼包括 1 座正堂、6 座支堂。正堂名叫彝伦堂，为会讲场所。彝伦堂往北依次排列着 6 座支堂，分别叫率性堂、修道堂、诚心堂、正义堂、崇志堂、广业堂。这些支堂是监生学习的地方，每堂均有 15 间，各还有东西厢房 3 间，供助教、学正、学录等使用。正义堂、崇志堂、广业堂为刚进监的生员学习的地方，相当于初级班，修道堂、诚心堂为中级班，率性堂则为高级班，也即毕业班。

太庙又称文庙，位于国子监的东部，是敬祀孔子的场所，洪武十五年（1382 年）五月与新建的国子监同时落成。朱元璋在国子监里建文庙的目的，是欲以圣贤之德作为学子的楷模。文庙规模巨大，殿宇宏伟。主体为大成殿 3 间，两掖台高 1.29 丈，宽 1.16 丈。东西斜廊各 5 间，露台高 0.947 丈，宽 7.12 丈。东西还有两庑共 62 间。其他建筑还有大成门、棂星门及神厨、神库。各殿宇间植有杉、桂、桧、柏等树木，崇宏肃穆。太平

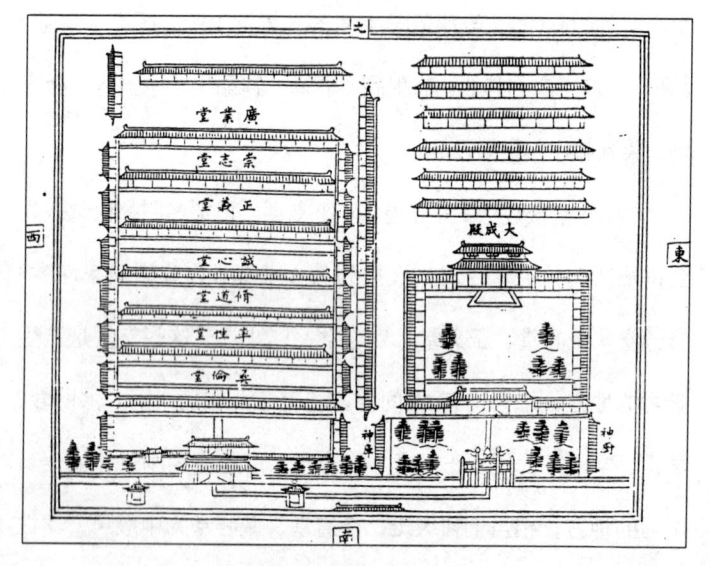

国学图（《洪武京城图志》）

军占领期间这里成为杀猪宰羊的场所。清同治四年（1865年）文庙随江宁府学被移建至朝天宫侧。

明初国子监监生虽数以千计，但机构设置极其精简，管理和教学人员员额增设不常，不过人数始终很少。《明史》中记载，洪武二十四年（1391年）全校所设管理教学人员为：祭酒（校长）1人，从四品；司业（教务长）1人，正六品；绳愆厅

第二辑　风雅秦淮

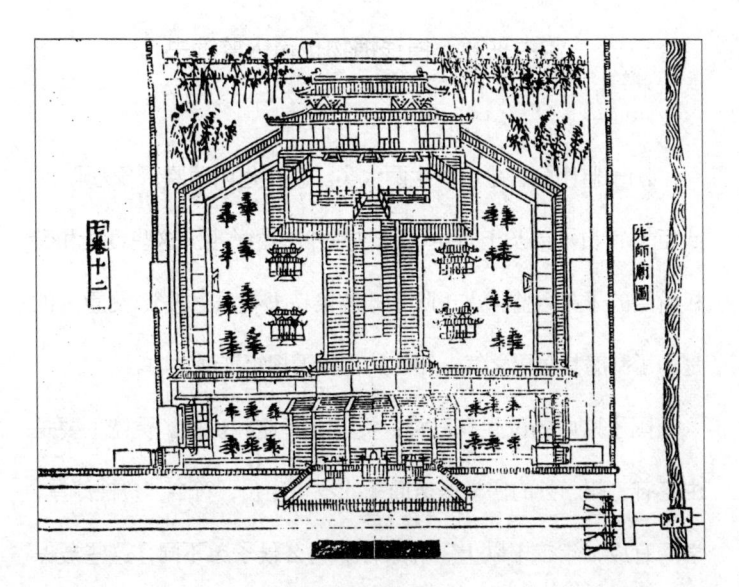

先师庙图（《南雍志》）

监丞1人，正八品；博士厅五经博士5人，六堂助教15人，均为从八品；学正10人，正九品；学录7人，典簿厅典簿1人，典籍厅典籍1人，掌馔厅掌馔2人。其中国子祭酒、司业、博士均由"当代学行卓异之名儒"担任。这么几十个人就把这座国家最高学府运转起来了，不要说吃空飨，即使人浮于事估计也不可能。

监生来源：捐钱捐物也可入监读书

国子监生分官生和民生两大类。官生也叫荫监，多为勋臣、武臣等官员子弟及土官生，还包括外国留学生。这些贵族和特权阶层的子弟入监读书，除了"濡染诗书礼乐之教"，更重要的是为了刮磨其骄慢之气，知约其言行于规矩准绳之中。

国子监中的民生有三种：贡监、举监和例监。贡监主要是由各府、州、县的儒学保送而来的岁贡生员，符合"资性淳厚，学问有成，年二十以上"等条件。与公侯子弟不同，这些被保送而来的岁贡生员至京城后还必须参加入学考试。不过国子监的入学考试非常简单，因此大部分人都不会被淘汰。

举监是科举考试落榜后愿意入监读书的学生。

例监则是那些自己捐纳钱财、物资换取国子监入学资格的学生。《儒林外史》中的那个吝啬鬼严监生的身份就是用钱捐来的。不过明朝时向监生收取的多非钱财，而是国家短缺的粮食、马匹等。例监始于景泰时的纳粟入贡。据《明史·选举一》记载，景泰元年（1450年），以边事孔棘，"令天下纳粟纳马者入监读书，限千人止，行四年而罢"。然而此风既开，就欲罢不能了，后来凡是遇到国家缺钱财、闹饥荒等事，政府便会拿出一些国子监监生的名额来换取钱物。景泰年间（1450—1456年）最高纳粟者捐了800石米换得一个监生名额，捐得少的也达300石米。800石的数字是学生家主动提出来的，相当于现在的5万公斤，这一手笔有些过大，远远超出了一般富裕家庭的承受能力，后来这一数字不断走低，至成化年间（1465—1487年）降到了只有100石。

国子监大约可以容纳2000名学生，但它对各年入学人数并没有严格限制。开初时它只有五六百名学生，到洪武二十六年（1393年）达8124名，永乐二十年（1422年），更增至9972名。后来，随着明朝政治中心北移，南京国子监的学生数量逐渐减少，但仍有上千人。

明朝国子监还招收一些留学生，主要来自高丽、日本、暹罗（泰国）等国，明政府给他们的待遇较丰厚。他们可以参加中国的科举考试。据《南雍志》记载，洪武初，金涛等四名高丽学生入国子监读书。洪武四年（1371年）他们参加了科举考试，金涛名列廷试三甲第六名，考取了中国的进士。明朝授予他县丞的官职，但他没有贪恋官位，而是与其同学一起回去报效祖国了。

学制四年，不少人需十多年才能毕业

国子监对监生奉监规而课以明体达用之学，以孝悌、礼义、忠信、廉耻为之本，以六经诸史为之业，"务其各以敦伦善行，敬业乐群，以修举古乐正成均之师道"。为达到这一目的，国子监监生们就需要刻苦学习儒家经典，包括基础课《大学》《中庸》《论语》《孟子》，专业课《易》《诗》《书》《春秋》《礼记》等。虽然是经典，但其中有朱元璋不能接受的内容。因此教材须经过他的审定修改。其中改动最多的是《孟子》，孟老夫子的"民为贵，社稷次之，君为轻"等不少言论非常令他反感。刘向的《说苑》也是必读教材，朱元璋认为其中的言论具有劝戒作用。"朱皇帝语录"《御制大诰》是朱元璋自己拟定的训词，监生们务必也要熟读熟记。监生们的其他学习内容还有律令、书、数等。

国子监生每天的课程就是听会讲、背书、复讲，并写一幅"端楷有体，合于法度"书法。如果背书、写字完不成任务或达不到指标，将会受到痛决惩处。平时定期测验当然少不了，"每月试经、书义各一道，诏、诰、表、策论、判、内科二道"。

国子监生的学制为四年。一般来说，被录取的岁贡生员进校后，"凡通《四书》，未通经者"，皆被编入"初级班"即正义堂、崇志堂、广业堂学习，每人自选一种。经过一年半的学习，达到"文理条畅"者，可升入"中级班"即修道堂、诚心堂学习。再经过一年半的深造，若达到"经史兼通、文理俱优"的水平，便可升入"高级班"率性堂学习一年左右的时间。以上三个阶段的学时总共约为四年。

对于升入毕业班率性堂的学生，学校采用"积分法"进行考核。具体做法是，"孟月试本经义一道，仲月试论一道，诏、诰、表、内科一道，季月试经史策一道，判语二条。每试，文理俱优者与一分，理优文劣者与半分，纰缪者无分。岁内积八分者为及格，与出身，不及者仍坐堂肄业"。意思是说在一年内的所有考试中，如果能拿到8个积分就可以毕业，获得出身，给予做官资格；不及格者就先别想着做官了，还得回炉——继续坐堂。

虽说国子监的学制是四年，但能在四年里完成学业的人可是不多的。有的人长期顶着监生的名头混日子，如一个叫赵铠的监生至其36岁染病身亡，已为国子监生13年了，尚未毕业。据孙承泽在《春明梦余录》中说，大部分监生需10年以上才能取得出身。洪武二十九年（1396年），令监生年长者分拔诸司，历练政事。这种论资排辈的做法挫伤了监生们的学习积极性，有的监生不再努力于学业，而是熬年头等机会。后来，拔历又改为以入监或坐堂时间长短为依据。成化以后，监生"以存省、京储、依亲、就学、在家年月，亦作坐堂之数"，有的人干脆连学校也不去了，以种种理由赖在家里，直到快拔历时才赶回监里。

如此造成的后果是，国子监里积压的学生越来越多。朝廷有时不得不下令对在监时间过长者加以清理。明宣德四年（1429年）九月皇帝就下旨要求：南北国子监生年五十以上者，学无成效及老疾者二百五十三人，令还乡为民。

国子监学业结束后，监生们还要经历一个"历事"即实习阶段，到官场学习怎样做官。因为监生们专习书史，未谙吏事，待到真正做官时，很可能会因不熟悉工作要领，而被那些狡猾的小吏戏耍玩弄。历事分正历、杂历。到政府部门协助处理政务的历事为"正历"，在内府及各衙门做些文书写作、题本奏章誊写、档案整理、账目清理等工作的称"杂历"。历事制度初行于洪武五年（1372年），起初属于临时性的举措，洪武二十九年（1396年）被作为一种制度确立下来。实习生历事三个月后，由所在部门根据他们的能力与表现，按照勤谨、平常、才力不及、奸懒四个等级进行考核。如被评为"勤谨"，则送吏部上选簿（任官名册），仍令历事，遇有缺官，挨次取用；若被评为"平常"，还得继续实习；"才力不及"者，送还国子监读书；如被评为"奸懒"，结果就很不妙了，不但官做不了、书读不成，还得罚充吏役。

建文二年（1400年），对监生历事考核法做了修订，规定历事时间为一年，考核等级为上、中、下。获上等者，由吏部正式分配工作，授给官职。中、下等者再历事一年，其后若考核仍为下等者则回监继续学习。

历事制度培养和锻炼了毕业生的实际工作经验和能力，有利于他们踏入官场后迅速进入状态。然而英宗正统三年（1438年），因监生日多，出路困难，且历事又增冗滥，便将这一制度取消了。

纪律严苛，曾有监生被枭首示众

国子监生读书期间可以获得廪膳等优厚的生活待遇，政府"广为号舍以居之，厚其衣食而养之"，他们还享有免役权利。有时皇帝还会赏赐一些布帛之类的物品给监生的家长或妻子。例如，洪武十二年（1379年）赐诸生父母帛各4匹，洪武三十年（1397年），赐监生家属每人2尺夏布。

待遇固然优厚，但学规的约束也很严格。明初的时候国子监制定颁布的管理制度尚只有8条，后来经过不断增扩补充，达56条之多，包括学生出门要请假，不准穿校服以外的衣服，不得有各种越轨言行等，对监生可谓是做了全方位的限制。监生如果违反纪律，初犯者由监丞记在记过本——集愆册上，再犯者则被带到绳愆厅受刑。倘若犯有诸如"毁辱师长""生事告讦"等严重错误，则"杖一百，发云南地面充军"。这还不算最重的惩罚，掉脑袋的事在国子监里都曾发生过，如赵麟被枭首案。事件的缘起是这样的：

国子监的第一任祭酒叫宋讷，此人本是一名元朝降臣，为

宋讷像

了讨好朱元璋，他执行监规"极意严刻"，逼得监生有的饿死，有的吊死，监生们还不敢公开表达愤恨。洪武二十七年（1394年），有一个叫赵麟的监生战战兢兢地贴出了一张没头帖子，即匿名小字报，偷偷地发泄了一下心中的不满。朱元璋得知此事龙颜大怒，严令追查。倒霉的赵麟未能躲得过去，落得人头落地——不是落地，而是被砍下高挂在国子监前的长杆上示众。

事过多年，朱元璋对此事仍耿耿于怀，在一次对国子监全体师生训话时，用他那乡土味十足的凤阳方言恶狠狠地警告道：

恁学生每听着：先前那宋讷做祭酒呵，学规好生严肃，秀才每循规蹈矩，都肯向学，所以教出来的个个中用，朝廷好生得人。后来他善终了，以礼送他回乡安葬，沿路上著有司官祭他。

近年著那老秀才每做祭酒呵，他每都怀着异心，不肯教诲，把宋讷的学规都改坏了，所以生徒全不务学，用著他呵，好生坏事。

如今著那年纪小的秀才官人每来署著学事，他定的学规，恁每当依著行。敢有抗拒不服，撒泼皮，违犯学规的，若祭酒来奏著恁呵，都不饶！全家发向烟瘴地面去，或充军，或充吏，或做首领官。

今后学规严紧，若无籍之徒，敢有似前贴没头帖子，诽谤师长的，许诸人出首，或绑缚将来，赏大银两个。若先前贴了票子，有知道的，或出首，或绑缚将来呵，也一般赏他大银两个。将那犯人凌迟了，枭令在监前，全家抄没，人口发往烟瘴地面。

朱元璋的这通训话还被刻在国子监里的石碑上以儆效尤。后来北京国子监也把这一祖训复制了过去，至今仍保存在其旧址。

不过如此严苛的学规主要还是对监生的言行加以钳制，而学业方面的管理似乎渐趋松弛，以致后来大多数监生都不能按期学成毕业。

监生前途：从直接做官到科举入仕

明初时国子监监生的官运非常好。那时政权新创，官员严重缺乏；同时，朱元璋大肆杀戮，使得大批官员灭失，又不断造成官位空缺。另一方面，朱元璋于洪武三年（1370年）下诏开科取士，发现选出的人才"能以所学措诸行事者甚寡"，未能达到他的期望，便将其暂停了，改从国子监中选拔官员。因而国子监生们往往一出校门就能幸运地戴上乌纱帽，"其时布列中外者，太学生最盛"。洪武十九年（1386年）朱元璋因认为"天下郡县，多吏弊民蠹，皆由杂流得为牧民官"，更是让祭酒、司业一下挑选了千余名监生，送吏部授予知州、知县等官职。

明成祖迁都北京后，新建了北京国子监，南京国子监的地位开始下降。而景泰时实行的纳粟入贡，更带来了极其恶劣的后果，一些十三四岁仍不知句读、四十岁左右全无学识者，甚至连一些流氓无赖都混进了国子监，造成生徒质量大为下降。曾担任南京国子监祭酒的顾起元感叹道："我朝国初，太学之制犹有汉、宋遗风，自景泰以后，纳粟之例开而古法荡然尽矣。以考德、讲艺、释奠、视学之地，一变而为西园、鸿都卖官鬻爵之区。谁秉国成，为斯作俑？可叹，亦可恨也！"明谢肇淛更是抨击此举"遂使首善贤士之关，翻为纳污藏秽之府"。南雍祭酒郭正域万历时曾经奏罢纳赀入监之例，然而国子监风气日下的局面已是无可改变了。

正统以后，"进士日益重，举贡日益轻"，明初选人的多种途径逐渐归于科举一途，各级官职，上至六部七卿，下至知县、教谕，几乎都是"非甲科不授"，举监授官主要只是州县儒学教官之职，少数干得好的一般也只能升至知县之类的职位，以致后来几乎所有官学学生都须经过科举考试才能获得满意的官位。科举地位的上升，更降低了国子监在人们心目中的地位。"能文之士率由场屋进以为荣"，监生中有才能者都努力去走科举入仕之途了。

谶谣故事

谶谣是古时候的一种以隐语形式出现的谣谚式预言,预测社会、历史、人事、灾异等事件的演变、进程、结局,具有神秘、朦胧的色彩,有时被人们称为"妖妄之辞"。谶谣很早的时候就出现了,如西周时的"檿弧箕服,实亡周国",战国时的"楚虽三户,亡秦必楚"。两汉时它们曾发展为与五经并驾齐驱的"谶纬之学"。隋唐以后谶谣逐渐式微。虽然它们在如今的现实生活中已不存在,人们对其也已较陌生,但它们在历史上数量很大,其中有一些谣辞我们可能还有点熟悉,如秦末的"大楚兴,陈胜王",董卓专权时的"千里草,何青青;十日卜,不得生",东汉末年的"苍天已死,黄天当立;岁在甲子,天下大吉",元末的"塔儿黑,北人做主南人客;塔儿红,朱衣人做主人公",清末的"不用掐,不用算,宣统不过二年半",等等。

谶谣在政治活动中尤其活跃，每当历史上发生改朝换代、人事变动等重大事件时，谶谣便盛极一时。南京是十朝古都，政权兴亡、朝代更替的大戏曾一幕幕在这里上演，不同时期尤其是六朝时候产生的谶谣自然很多。在各种事件的演变过程中，满街传唱的谶谣为事件发展增添了扣人心弦的节奏和神秘莫测的悬念。这些谶谣及其背后的故事，奇特诡异、精彩有趣。本文便说说其中几则。

诸葛恪之死

吁汝恪，何若若？

芦苇单衣篾钩络，

于何相求常子阁。

此谣流传于东吴孙亮初诸葛恪死前，预言了他的人生结局。

诸葛恪是诸葛亮的侄儿，效力于东吴。因受孙权信任，在孙权临终时，被委以托孤重任，与孙峻共同辅佐孙亮。诸葛恪的才华、能力堪与伯父孔明一比，但这人情商不高，"气凌其上,意蔑其下",身边的人几乎都被他得罪光了。

他大权在握后,行事独断,刚愎自用。东吴会稽王建兴二年(253年),一意孤行的他征调20万大军攻打魏国,结果损兵折将,祸及百姓。当初极力向孙权推荐他的孙峻失望至极,乘机与孙亮合谋,摆下一局鸿门宴,设伏兵把他诛杀了。据说诸葛恪被害那天,临出门时家犬两次衔住他的衣服,似乎要他别去赴宴。

诸葛恪死后,被以苇席包裹尸体,束以篾丝,抛弃在建业城外的石子冈。后来他的一个旧日部下获准收葬他,便以此谣为线索在石子冈找到了他的尸体。此谣所言至此全部应验。谣中"芦苇单衣"指诸葛恪被芦苇裹尸,"篾钩络"意为以苇篾捆扎尸体,"常子阁"是"石子冈"的反切语。

东晋兴起

五马浮渡江,

一马化为龙。

西晋末期，朝政腐败，宗室内讧，朝廷元气大伤。周边胡族趁机乱华，袭扰中原。西晋眼看着已是日薄西山。晋怀帝永嘉元年（307年），琅琊王司马睿用王导之谋，与一批司马家族的子孙东渡长江来到江南，图谋创建根据地，中兴晋祚。晋愍帝建兴四年（316年），西晋灭亡。次年司马睿在建康称晋王。晋愍帝遇害后，司马睿建立起了新的晋朝政权，史称"东晋"。

"五马浮渡江"说的就是司马睿东渡的故事。"五马"指五位司马家族的王，分别为琅琊王司马睿、西阳王司马羕、南顿王司马宗、汝南王司马佑、彭城王司马纮（一说为其兄司马雄）。当时与司马睿一同过江的并不只有"五马"，但这五王为皇室嫡系或近系子孙，其中琅琊王司马睿为司马懿之弟司马孚的曾孙。早在"八王之乱"时，洛阳就流传有民谣"五马浮渡江，一马化为龙"，司马睿率五马渡江正好应验了这一谶语。"一马化为龙"指司马睿承接晋之大统登上皇位。

南京幕府山北麓的长江岸边有一个地名"五马渡"，传说这里就是"五马浮渡江，一马化为龙"的地方。明清时这里被列为"金陵四十八景"之一，即"化龙丽地"。历代文人墨客如李

化龙丽地（徐上添《金陵四十八景》）

白、王安石等对五马渡多有吟咏。

庾公歌

庾公上武昌，翩翩如飞鸟。

庾公还扬州，白马牵旒旐。

这是一首预测庾公命运的谶谣。庾公即庾亮，是东晋大名鼎鼎的人物。他是晋成帝司马衍的舅舅，成帝继位后辅佐幼主。因欲征苏峻入朝，引发了一场叛乱。苏峻之乱平定后，自己觉得无脸再在京城混下去了，只好请求外任。

庾亮离开石头城去上任时，百姓们心中都很高兴，一齐来到长江岸边"欢送"，唱道："庾公上武昌，翩翩如飞鸟。庾公还扬州，白马牵旒旐。"当时还有一首童谣意思与此类似："庾公初上时，翩翩如飞鸦。庾公还扬州，白马牵旒车。"

庾亮在外的数年中，朝廷多次征招他回来任职，都被他以种种借口推辞了。他虽出镇在外，但朝政仍被他掌控着，加之他又"据上流，拥强兵"，一些见风使舵者都投奔了他。据《世说新语》载，丞相王导对此心中不平，遇风起扬尘，以扇自蔽曰："元规尘污人。"元规是庾亮的字。王导把庾亮的权势比作大风带来的灰尘，反映了他对庾亮位高权重、气焰熏人的不满。

晋成帝咸康六年（340年），庾亮于武昌去世。归葬建康时，皇帝为他送葬。应了"庾公还扬州（当时扬州指南京），白马牵旒旐"之谶。

苏峻反叛

恻恻力力，放马山侧。

大马死，小马饿。

高山崩，石自破。

此为晋明帝太宁初出现的一首童谣，记载在《晋书·五行志》中，言苏峻反叛之结局。

晋明帝太宁二年（324年），王敦作乱。临淮内史苏峻在平叛过程中立下大功，声望日渐高涨。拥有精锐部队和精良武器的他，遂生不臣之心。

晋明帝去世后，年幼的司马衍继位，是为晋成帝。其舅舅庾亮辅政。庾亮认为苏峻是一个隐患，欲削夺他的实力，便打算把他招入朝中加以控制。这一做法如同引狼入室，大家都不同意，但庾亮还是一意孤行。苏峻清楚他若回到朝中便是虎落平阳，因此不但拒不应招，还加紧联合镇西将军祖约起兵造反。

次年苏峻攻入京城,庾亮扔下皇帝外甥,逃之夭夭。

小皇帝被苏峻迁至石头城,因膳食供应不足,在忍饥挨饿中度日。这就是谣中说的"大马死,小马饿":大马(明帝)去世,小马(成帝)挨饿。后来各地勤王部队齐集建康,同心勠力,击败了苏峻。"高山崩"言苏峻战死,"高山",峻也。苏峻卒后,其弟据石头,旋亦被破,应了童谣的最后一句。

东晋隆和年间改年号

升平不满斗,隆和那得久!

桓公入石头,陛下徒跣走。

"升平"是晋穆帝司马聃的年号,"隆和"是晋哀帝司马丕的年号。升平五年(361年),穆帝驾崩,哀帝即位,改元"隆和"。民间预言,"升平"这一年号用了不到十年就结束了("升平"年号共使用了五年,因十升为一斗,故说"不满斗"),年号"隆和"也不会长久的。这反映了百姓对社会现实的不满。"桓公入石头,陛下徒跣走",是说桓公(桓温)进入都城建康时,皇帝陛下恐怕连鞋都来不及穿,光着脚丫就逃走了。

当时桓温功大权盛,擅专国政,眼睛时刻盯着帝位,准备废晋自立。东晋王朝岌岌可危。据《晋书》记载,晋哀帝听到这首童谣后,心里极其不爽,但又无计可施,便想通过更改年号祈求太平,遂于隆和二年(363年)改年号为"兴宁"。谁知民间又传唱开了:"虽复改兴宁,亦复无聊生。"意思是说你虽然把年号改为兴宁,其结果还是不得长久。事情果然如此,晋哀帝即位仅三年便一命呜呼了,年号"兴宁"自然也随之终结。

海西公太和六年(371年),桓温废司马奕为东海王。司马奕离开都城时,边走边哭道:"没想到'桓公入石头,陛下徒跣走',竟应验在了我身上啊!"

海西公结局

犁牛耕御路,

白门种小麦。

这是东晋海西公司马奕太和年间出现的一首童谣。

东晋哀帝时权臣桓温任大司马,至海西公司马奕当政,全国军政大权已尽落其手。桓温一心欲代晋自立,为积累资本,贸然率兵北伐前燕,结果吃了败仗。

为了挽回自己的声望,他便诬称司马奕不能生育,并以此为借口将他废掉,另立其弟司马昱为帝。司马奕被迁出皇宫,徙居吴县。

海西公被废后,百姓耕其门前以种小麦。"犁牛耕御路,白门种小麦"说的就是这件事。

同一时期,建康城里还流传着一首《御路杨歌》:"青青御路杨,白马紫游缰。汝非皇太子,那得甘露浆。"桓温废掉司马奕后,本应由其儿子继位。但桓温硬说司马奕没有生育能力,他的几个儿子都不是他亲生的,即不是司马氏的后代,还命人将他们一齐缢死在御路旁的杨树上。"白马紫游缰"意思是司马奕的儿子是混杂在司马皇族中的异姓,被用马缰缢杀了。"汝非皇太子,那得甘露浆"是指三个皇子死后的第二天,南方献来甘露,他们既然不是皇太子,自然没有见到祥瑞的福气。

东晋之亡

晋祚尽昌明。

东晋简文帝司马昱在擅行废立、独揽军政的桓温控制下做皇帝委实不易,虽高踞尊位,却常惧废黜,在位不及两年,便忧郁而亡。司马昱死后其子司马曜继位。不久桓温归天,这给了司马曜一个振兴晋室的好时机。然而这家伙早先尚有"人主之器",却未能善始善终,后来便沉溺酒色、崇尚浮屠,致使政局陷入一片混乱,"左右近习,争弄权柄,交通请托,贿赂公行,官赏滥杂,刑狱谬乱"。一次司马曜酗酒过度,和后宫张贵人开了一个致命的玩笑,结果命丧宫女之手。其后皇位传到了他的儿子司马德宗手里。

晋安帝司马德宗,关于他的状态,各种史籍的记载如出一辙,《晋书·安帝纪》称"帝不惠,自少及长,口不能言,虽寒暑之变,无以辩也",因此他虽然做了23年皇帝,但只是一个傀儡。其时刘裕在消灭桓玄等人的过程中发迹起来,代晋时机已趋成熟。安帝义熙十四年(418年),刘裕控制朝政后令人缢杀（一说鸩杀）了司马德宗，另立司马德文为帝，两年后终于以禅让之名篡夺了东晋政权。

其实，晋宋更迭之势早就形成了，只是刘裕没有立即称帝。当时流传着这样一首谶谣："昌明之后，尚有二帝。""昌明"是司马曜的字。不知刘裕是否受其影响，也许他对符命之说是宁信其有的。

虽然司马曜后东晋政权仍残喘了二十余年，但从实质上说，东晋的国祚，自司马曜之后就已经断了。

桓玄结局

长干巷，巷长干。

今年杀郎君，明年斩诸桓。

东晋权臣桓玄经多年经营，控制了长江中上游的大部分地区，东晋政权影响所及仅剩三吴地区。朝廷心有不甘，于晋安帝元兴元年（402年）主动出击，以司马元显为大将军、刘牢之为前锋，领兵征讨桓玄。桓玄强力迎战，势如破竹，击败晋军，占领了首都建康,杀了司马元显等人。元兴二年(403年),桓玄废掉晋安帝司马德宗,自己披上龙袍,在建康建立了一个叫"楚国"的政权。他的父亲桓温一辈子都想坐上帝位的愿望在他这里实现了,他自然要好好地过一把皇帝瘾,整日游宴无度,骄奢淫逸,搞得国事日非。

次年,刘裕等起兵攻进建康,桓玄战败,逃之夭夭。后在逃往四川途中被人诛杀。安帝义熙元年(405年),东晋军攻入桓玄根据地江陵,尽灭桓氏。谣中"明年斩诸桓"即指此。"今年杀郎君"中的"郎君"则是那个被桓玄所杀的大将军司马元显。

晋安帝时还有一首谶谣说:"草生及马腹,乌啄桓玄目。"预言了桓玄的下场。桓玄在亡命途中被诛杀的时候,正是五月草木繁盛的季节,江边的草长得高及马腹。他被抛尸草丛后,眼珠被凶禽啄走了。

国舅之死

一士不可亲,

弓长射杀人。

宋明帝刘彧是谋杀了前废帝刘子业登上帝位的，别人会不会效仿自己呢？他时刻提防着。特别是想到诸皇子尚幼，自己身后那些重臣会不会谋反？为消除隐患，他终于动手了，找出种种理由把大功臣吴喜、寿寂之以及自己的兄弟等一一铲除了。最后尚有实力的人只剩下两个了，一个是国舅王景文，一个是老将张永。

虽如此他心里仍不踏实，便自造谶谣曰："一士不可亲，弓长射杀人。""一士"即"王"，指王景文；"弓长"则是指老将张永。王景文时任扬州刺史，谶谣传到他耳中，他感到十分惊惧，为避祸端，主动上表请求辞职。可是刘彧不同意，让他不要担心会有什么祸患发生，还话里有话地劝他说，与其用尽心机避祸，不如好好做事。

宋明帝生活荒淫无度，过早损害了自己的健康。也许预感到自己的时日不多了，他不免越来越多地考虑起刘宋的江山大事来。一旦自己归天，皇后便会临朝听政，王景文是皇后的老哥，很可能将出任宰相，如此一来，王家势力就坐大了，到时候他们会不会生出二心，篡夺走刘宋家的天下？他不敢再往下想了。

南朝宋明帝泰豫元年（472年）初春以后，刘彧病势转重。他终于下定决心，遣使把一副毒药送给了王景文。为了保全全家百余口人的性命，王景文毅然仰药而卒。

明帝死后他的儿子刘昱继位。但刘昱只做了四年皇帝，便为萧道成所杀。随后继位的刘准，两年后也被萧道成所废，皇位落入其手。

倘若当初宋明帝把王景文与诸重臣保留下来，萧道成还能如此顺利地连续除掉两个皇帝篡夺走刘宋家的江山吗？

南齐兴起

年历七七水灭绪，

风云俱起龙麟举。

这是南朝刘宋末年，建康及京口（今镇江）一带民间流传的一句谶语，隐指刘氏将灭，萧氏将立。

南京小传

刘宋末年，禁军将领萧道成逐渐掌握了军政大权，图谋篡宋自立，于刘宋后废帝元徽五年（477年）谋杀了刘昱，另立刘准为帝，是为顺帝。两年后的顺帝升明三年（479年），萧道成又废掉了顺帝，自己做了皇帝，立国号为"齐"。

南朝刘宋以"水"为德，称"水德"。"年历七七水灭绪"是说经历七十七年后水德要灭了。刘宋自武帝永初元年（420年）开国至顺帝升明三年（479年）政息，加上刘裕自晋安帝义熙元年（405年）执掌朝廷大权至晋朝灭亡，共历义熙十四年，元熙二年，永初三年，景平一年，元嘉三十年，孝建三年，大明八年，永光一年，泰始七年，泰豫一年，元徽四年，升明三年，合计七十七年，故曰"七七"也。

为向世人证明自己的天命，篡宋的萧道成动用了各种造谣手法，比如歌谣、刻石、地名、人名、梦兆等，在他的时代谶谣比其他哪个时候都多。再举一例："欲知其姓草肃肃。谷中最细低头熟。鳞身甲体永兴福。""草肃肃"，自然是"萧"字；"谷中最细"是五谷中的稻，谐音"道"；"熟"，"成"也。"鳞身甲体"，是说萧道成体有斑驳成文的龙鳞。凡做皇帝的人出娘胎时身上都长有龙鳞这些玩意儿，人们认为这是做人主的先兆。此类奇闻史书上多有记载。这首谶谣话虽说得曲里拐弯，意思却很明了：有个叫萧道成的人，将来是要做皇帝的。

尽管萧道成的实力和能力决定他能取得天下，但他却没有轻视舆论宣传工作的重要性，并费心尽力忙活了几十年。

梁武帝被俘

荧惑入南斗，

天子下殿走。

梁武帝中大通六年（534年）夏四月丁卯，荧惑运行到南斗星区，并一连逗留了六七十天。这时民间传唱开了："荧惑入南斗，天子下殿走。"人们听了惊恐不已，议论纷纷，不知天下要发生什么大事。

"荧惑"即火星，"南斗"是二十八宿之一。在古人的经验里，火星是一颗特殊的星星，"荧惑守南斗"，是乱贼丧兵之兆，若其停留时间过长，则可能会丧权亡国。如吴大帝赤乌十三年

梁武帝像

(250年)夏五月,"荧惑入南斗,三月吴王死";明正统十四年(1449年)秋,荧惑入南斗,次年发生"土木堡之变"。

梁武帝中大同二年(547年),一场给国家和都城带来巨大灾难的浩劫——"侯景之乱"爆发。侯景原是北魏的一名将领,此人朝秦暮楚,阴险狡诈,在与同僚的争斗中落败,欲投靠梁武帝。这时的梁武帝埋首佛经,不理国事,对众人的反对全然不顾，居然接纳了他，并封他为南豫州牧。侯景没有感恩梁武帝，反而在梁武帝的养子萧正德的暗中支持下宣布造反。很快，他的队伍就打进建康城，一口气攻到台城下。经过几个月的围困，台城陷落，皇帝与太子均成了俘虏。被俘的梁武帝表面上还保留着皇帝的名分，实际上却毫无自由，甚至连吃口饱饭都无法如愿，最后终于支撑不住，撒手西去，终年八十六岁。

侯景之乱，不只是造成"天子下殿走"，更给都城建康及附近地区带来惨重劫难，曾经繁华富庶的江南地区被蹂躏得十室九空，满目疮痍。

陈后主亡国

独足上高台，盛草变为灰。

欲知吾家处，朱门当水开。

陈后主陈叔宝是南朝最后一个朝代陈朝的末主。他即位时，篡夺北周建立了隋朝的杨坚，眼睛早已盯着江南的半壁江山了。陈叔宝这个昏君的登基，给国家统一的实现增添了砝码。

陈后主尚在东宫的时候，有一天，一只不知从哪里飞来的仅有一条腿的鸟儿，独立在东宫的庭院里，用长喙在地上划拉着，接着一行行文字显现了出来："独足上高台，盛草变为灰。欲知吾家处，朱门当水开。"

起初，人们并不解其意。直至后来陈后主被俘国亡，人们方才揭开它的谜底。"独足"喻指陈后主亡国时独行无众；"盛草变为灰"是说陈朝政治荒秽，隋承火运建国，"草遇火，则变为灰矣"，所以陈被隋灭是顺理成章的事；"朱门当水开"是指陈后主成为俘虏后被送到隋朝都城，全家被安置在都水台，门适临水。

这首谶谣应该是一则在民间流传的预言，把它说成是鸟嘴划出来的，无非是为了增添它的神秘色彩，显得更有天意罢了。

李昪登基

东海鲤鱼飞上天。

南唐因出了一位名传千古的帝王诗人李煜而在五代十国中

最为有名，当然它的实力之强、地域范围之广，在当时诸国中也是首屈一指的。南唐的都城是南京，南京继六朝后在这一时期又得到了一次较大的发展。

南唐的开国君主为李昪。李昪出身贫寒，少时流寓在濠泗间，后被南吴丞相徐温收为养子，改名徐知诰。南吴君主杨行密死后，因其子辈皆平庸，大权旁落到了部下徐温手中。徐温有着远大的理想，一心惦记着南吴杨氏的君权，可是未能等到得手便病死了，而他的几个亲生儿子能力又不及养子徐知诰，南吴大权最后便落到了徐知诰手中。

吴天祚三年（937年），徐知诰篡夺了南吴国的君位，建国"大齐"。第二年，他把都城从广陵迁至金陵，改国号"唐"，史称"南唐"，自己也恢复了本姓"李"，改名"李昪"。

李昪建立南唐前，江南地区流传着一句童谣："东海鲤鱼飞上天。"李昪的称帝，使这句谶语得到了应验。"东海"指李昪，他的籍贯是东海郡，"鲤"即李，"飞上天"即成龙登帝位。当时流传的此类谶谣还有"盟津鲤鱼肉为角，濠梁鲤鱼金刻鳞。盟津鲤鱼死欲尽，濠梁鲤鱼始惊人""横排三十六条鳞，个个圆如紫磨真。为甚竿头挑着走，世间难得识鱼人"。乍看扑朔迷离，不知所云，随着李昪的建国登基，所有的谜团一一得以解开。实际上，这些到处流传的谶谣都是李昪为坐上皇位所做的宣传攻势。

李煜荒淫误国

索得娘来忘却家，后园桃李不生花。

猪儿狗儿都死尽，养得猫儿患赤瘕。

一天，南唐后主李煜听人报告说，金陵街头有一群儿童正传唱着一首莫名其妙的童谣，他感觉这首童谣有点神秘，但一时又无法弄明白其中的含义。

当时，李后主刚娶了一位美妃周氏，接着又把她扶为皇后。自此以后，他便沉湎于美色，整日与周后形影不离，一应国家大事全被抛到九霄云外去了。童谣中说的"索得娘来忘却家"即指此。"娘"即"娘子"，指周后。

与此同时，取代了后周的北宋正厉兵秣马，准备统一全国。

第二辑　风雅秦淮

李煜像

宋太祖开宝八年（975年），北宋大军在曹彬的率领下攻克金陵，俘获李煜。南唐灭亡，李氏从此绝统。童谣里的后三句也一一得以应验。

"后园桃李"，指李氏后代，"不生花"指绝统。"猪儿、狗儿"是以生肖代指年份，即戌年和亥年，"都死尽"意思是戌年和亥年全部完蛋。公元 975 年乙亥年南唐灭亡。"猫儿患赤瘕"，意为猫儿眼瞎，寓指看不见鼠，即见不到鼠年——乙亥年后的丙子之年，这时的南唐疆土已被纳入大宋境域了。

燕王警告建文帝

莫逐燕，

逐燕日高飞，

高飞上帝畿！

明太祖朱元璋在位时，为巩固朱氏皇权，大封藩王。这一举措实际上埋下了威胁中央政权的隐患。朱元璋死后，他的嫡长孙朱允炆即位，年号建文。建文帝上台后，隐隐感受到了来自叔叔们的压力。但他未考虑到自己是年少嗣位，尚需韬光养晦几年才能有大作为，在齐泰、黄子澄等一帮大臣的撺掇下，贸然采取削藩措施，一连废除了周王、齐王、代王、珉王等几个势力较小的藩王，然后把锋芒对准了燕王朱棣。朱棣在诸王中势力最大，又骁勇善谋，当然不会坐以待毙。

在这剑拔弩张的紧要关头，一个疯疯癫癫的道士出现在南京街头，边跳边唱："莫逐燕，逐燕日高飞，高飞上帝畿！"

当时没有人在意这个"疯"道士唱的是什么，也没有人把它当一回事。建文帝的削藩继续进行。燕王被逼无奈，只好率"靖难之师"以"清君侧"为名大举南下。建文四年（1402年）六月，燕王军队攻克南京，建文帝下落不明，朱棣登上皇位。

我们再来看那道士唱的歌谣，"燕"实指燕王，即朱棣。"高飞上帝畿"，是说如果燕王被逼急了，将可能入据京城。结果正是这样，似乎很神奇。其实，这则谶语不过是当时某位对时局看得比较清楚的人以特殊形式给建文帝提出的忠告，也可能是朱棣给朝廷的一个暗示或警告。但朝廷里却没有人把它当一回事，一意孤行，结果"逼"得燕王只好"高飞上帝畿"。

金川门挖出预言碑

此路变成铁，

大清江山灭。

清光绪三十三年（1907年），两江总督端方自下关修筑了一条入城铁路，称宁垣铁路或宁省铁路。它全长7.3千米，起于下关江边，向南跨惠民河，经栅栏门、三牌楼、丁家桥、无量庵、北极阁、督署衙门东，直至中正街（今白下路）。

当年在筑路的金川门施工现场，曾发生过一件令人惊异的怪事。据徐珂《清稗类钞》记载："在门外开沟筑路，浚泥至七尺许，发现石碑，四旁剥蚀，长可六尺，阔四尺。谛视之，石有二，上下对合。匠人以铁镞劈开，下方石面刊有隶字云：'此路变成铁，大清江山灭。'旁有'诸葛武侯书'五字。"此事很快被端方知道，他命人把石碑抬到两江总督署里，秘而不宣。他清楚，若是此事传到朝廷里，上面追查起来，不定会有多少人人头落地。

宣统元年（1909年）该铁路建成。随后不久，辛亥革命爆发，大清王朝灭亡。石碑上的预言得到应验。这块预言石碑作伪的痕迹太明显了，应是某位反对筑路的人假托诸葛武侯的名义所埋的。

金川门旧影

谶谣看起来奇特诡异，具体体现在出现时机、表现形式、传播渠道等方面。它们多假借儿童、僧道之口传唱出去，或在某一不同寻常的场合出现，造成天意使然的假象，但它们的用语比一般童谣艰深、隐晦。

谶谣能广为流行、传播，离不开所谓的准确性，即能与后来发生的事件吻合。其实，它们所谓的准确，要从多方面分析。

比如，它们多用双关、谐音、拆字等手法来组织韵语，言辞表意模糊，在解释上弹性幅度大，有很大的发挥空间和回旋余地，极易被附会、曲解。像秦始皇时那句著名的"亡秦者，胡也"，搅得始皇帝寝食不宁，为确保自家江山万世永传，他征调大批军队、民工，逐匈奴、修长城，谁知最后秦却是亡于二世胡亥，而不是胡人（匈奴）。

当然，由于世事的发展趋势和走向有一定的可预测性，若根据真实条件、事物发展规律进行正确的分析判断，也不能排除有些社会历史经验丰富的人，能对事件发展趋势作出准确的预测。将这样的预言故意借助谶谣的神秘形式表示和传播出来，它们具有灵验性便一点也不奇怪了。还有些谶谣恰好与事件的发展结果一致，它们的所谓灵验完全是一种巧合。历史上产生的谶谣不计其数，只有那些所谓灵验的极少数部分流传了下来，我们对谶谣的了解与认知基本上都是来自这部分谶语，这也是谶谣为什么灵验的一个重要原因。

也有大量的谶谣是一些人为了特定的目的而编造出来的。如刘宋明帝时的"一士不可亲，弓长射杀人"，陈胜吴广等人伪造的"陈胜王"鱼腹丹书,韩山童等人所埋的"莫道此物一只眼,挑动黄河天下反"石刻,都是假借天意为自己的行为所造的舆论。如果编谶人的行动成功,他们所造的谶谣自然也就"灵验"了。

故都印迹：南京古代地图

作为一座有着两千多年建城史的历史文化名城，南京自宋元以来留存了数量不少的古代地图。这些地图承载了丰富的城市自然、历史、人文等方面的信息，形象、直观地描绘了这些信息在不同历史时期的空间分布，从一个新颖的角度构建了古代城市的景观序列，演绎了城市发展变迁的历史脉络，是珍贵的历史文化遗产。

现存最早的南京古代地图

地图的绘制工艺复杂，难以像文字那样大量复制；与其他文物相比，地图较易损毁；地图政治性强，传播、使用往往受官方严格限制。诸如此类的原因致使我国古代地图保存下来的数量很少，宋代以前的更是屈指可数，只有甘肃天水放马滩秦墓、长沙马王堆汉墓等处出土的寥寥几幅。宋元时期，我国开始有一定数量的地图传世，南京现存最早的古代地图就是出自这个时期。

南京历史上留存至今最早的地图之一，是南宋《景定建康志》中的地图。《景定建康志》刊印于宋理宗景定二年（1261年），是今天所见到的最早的南京地方志。该志"援据赅洽，条理详明，凡所考辨，俱见典核"，为传世的南京地方志佳作。书中包含《皇朝建康府境之图》《府城之图》《沿江大阃所部图》等19幅南京地区地图，约可分为行政区划图、城市平面图、军事图、水系图等几类，具有较高的史料价值。

元顺帝至正四年（1344年）刊刻的《至正金陵新志》，是又一部现存较早的南京地方志。《至正金陵新志》十五卷，张铉纂，元刻本今存。其中含有《南台按治三省十道图》《金陵山川封域总图》《皇朝建康府境之图》等21幅地图，也是保存至今较早的南京古代地图，包括政区图、城市图、衙署图、历史沿革图等图种。其制作表示手法比《景定建康志》地图有一定的进步。图上多数地理要素采用符号表示，各种要素通过分类分级加以区别，符号的设计既注重清晰、简明，又注意与地理要素的分类分级相适应。

我国宋元时期虽有一定数量的地图传世，但数量极少，许多历史文化名城最早也只有明代地图留存。南京现存的40幅左右宋元时期的地图，洵属珍贵，其中有十余幅被选入《中国古代地图集》。

从上文我们看到，《景定建康志》和《至正金陵新志》中都有一幅《皇朝建康府境之图》。其实这两幅图不只是图名一样，它们的内容也几乎完全一致。前者右上角有"方括十里"四个字，"方括十里"是古代地图上标注的比例，意为一个方格边长相当于实地十里，说明该图原来绘有方格网——按一定比例绘出用以控制图上地物的距离和方位的网格。但图上现已不见方格网，据推测可能是后来翻刻时被省略了。后者图上仍保留着方格网，人们分析认为，它可能是前者的原貌。若果真是如此，那么它就是我国现存最早以计里画方方法绘制的地图之一。"计里画方"是我国传统的一种重要制图方法，它视大地表面为平面，

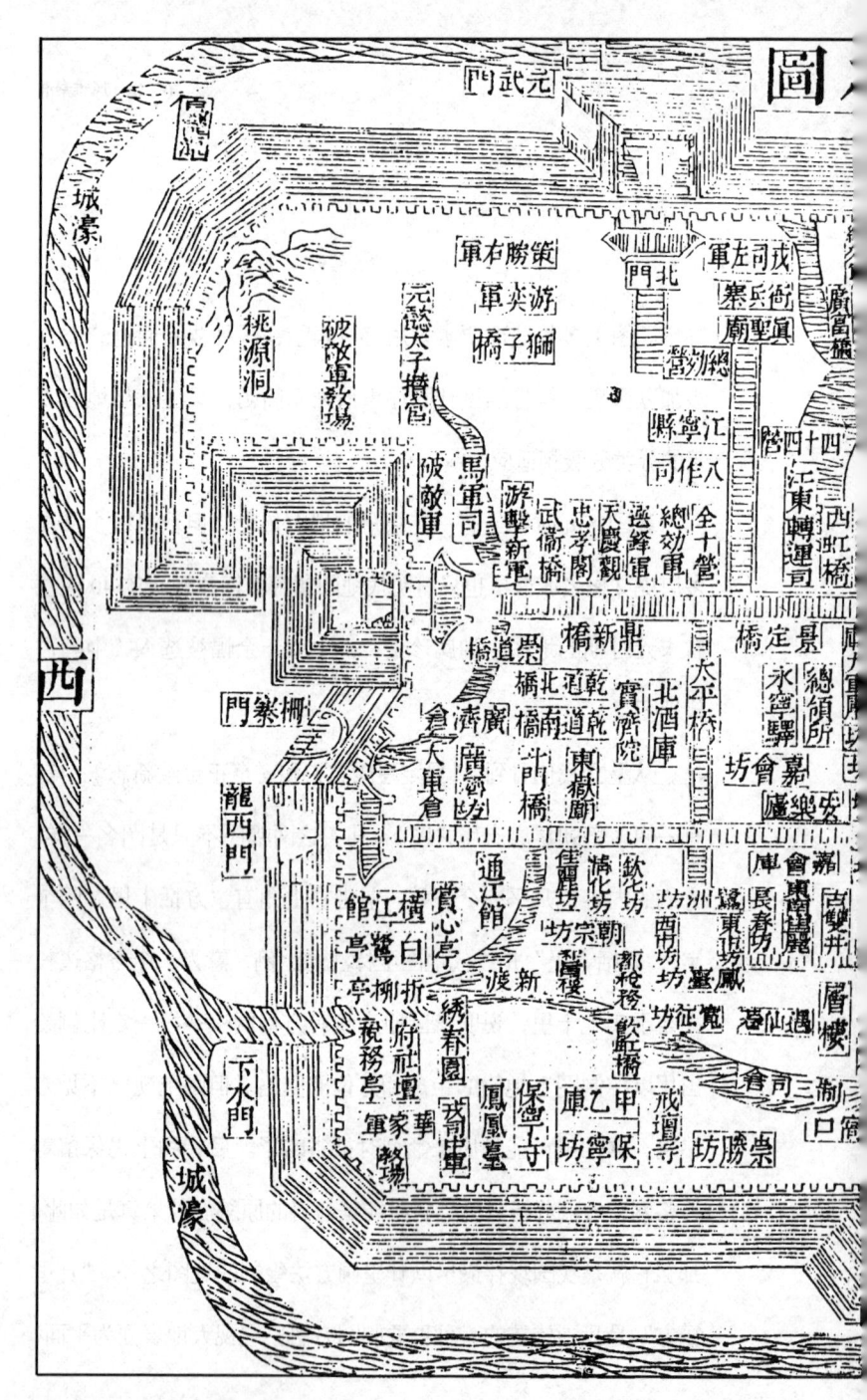

府城之图（《景定建康志》）

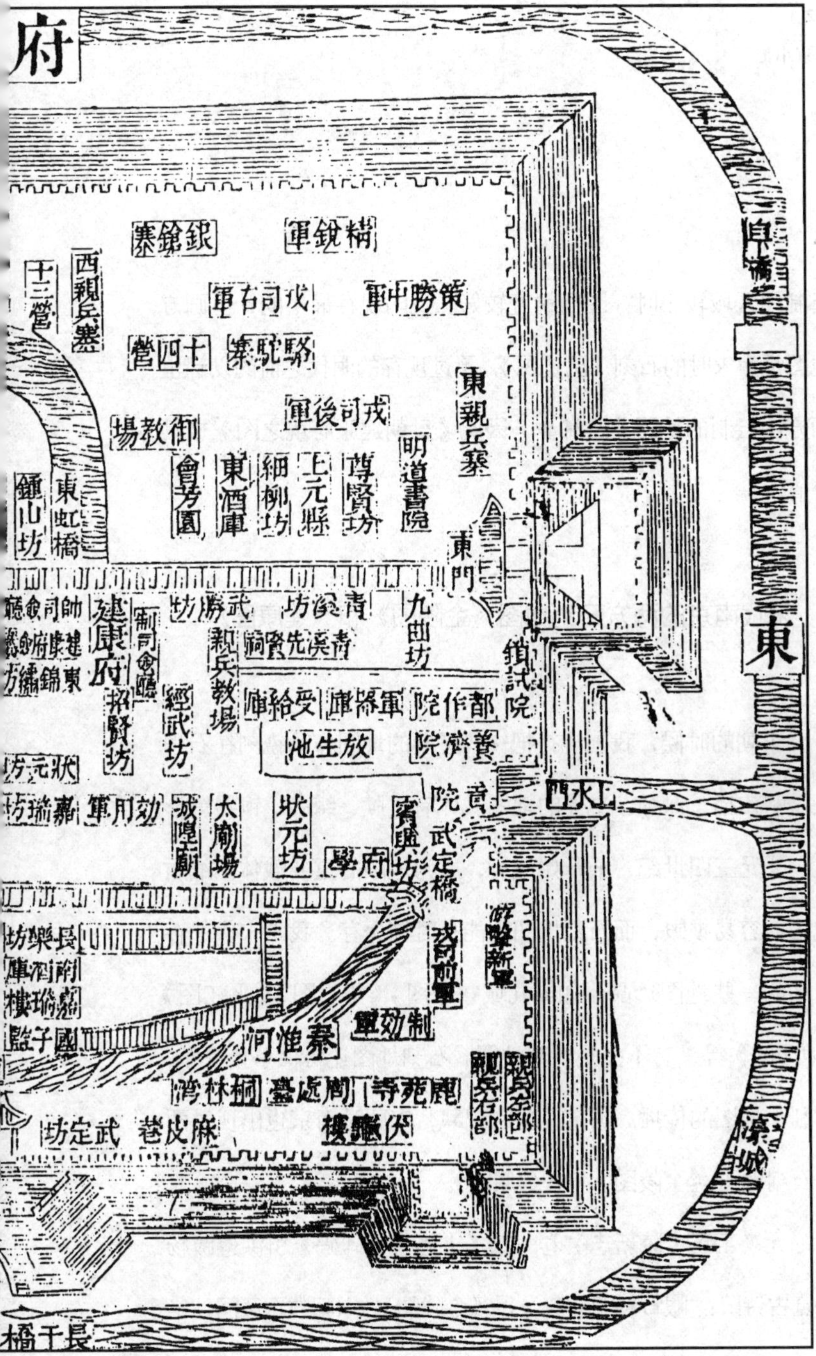

府
銀鋭寨
精鋭軍
西親兵寨
十三營
戎司右軍
策勝中軍
十四營
駱駝寨
東親兵寨
御教場
戎司後軍
明道書院
鍾山坊
東虹橋
會芳園
東酒庫
細柳坊
上元縣
尊賢坊
東門
皁橋
東
帥司僉廳
建康府僉廳
東錦繡坊
建康府
制司僉廳
武勝坊
青溪坊
九曲坊
親兵教場
青溪先賢祠
鎖試院
招賢坊
經武坊
受給庫
軍器庫
部作院
放生池
養濟院
狀元坊
嘉瑞坊
効用軍
城隍廟
大廟場
狀元坊
府學
賓興坊
貢院
武定橋
水門
遊擊新軍
戎司前軍
長樂坊
國子監
秦淮河
制効軍
親兵右部
親兵左部
桐林灣
閱武臺
鹿苑寺
伏龜樓
武定坊
麻皮巷
長干橋

当制图区域较小时，图面精度较好。我国现存最早的计里画方地图是南宋时的石刻《禹迹图》，不过现存的明代之前的以计里画方法绘制的地图非常稀少，因此《皇朝建康府境之图》极具价值。

宋代南京的两方石刻地图《金陵图》和《建康图》

宋朝的时候，我国流行把一些重要的地图作品镌刻在石碑上以利传播、保存。早先的地图载体有木牍、缣帛、铜器等形式，公元三四世纪，纸开始风行，成为地图的重要载体。纸质地图很容易损毁，而石刻地图则能长时期保存。我国宋代保存下来的一些地图珍品，如《九域守令图》《华夷图》《平江图》《地理图》等，有不少是石刻地图。石刻地图还可供摹拓复印，有利于地图的传播。据宋元史料记载，宋朝时南京也出现过两方石刻地图：《金陵图》和《建康图》。

元《至正金陵新志》卷一二《古迹志·碑碣》引洪遵跋杨备览古诗曰："暇日料简故府，得《金陵图》，六朝数百载间，粲然在目。又以今日宫阙、都邑、江山为《建康图》,并刻石以献,上称善。"洪遵是宋孝宗乾道年间建康府的一名官员。

从这段跋文可知,《金陵图》是原先就有的一幅旧图,表示六朝时期南京城市的形态与结构;《建康图》则是其时新绘制的一幅地图,表示建康城最新的地理信息。当时两图还被刻成石碑献给孝宗皇帝。这两幅图在《景定建康志》卷十九《山川志三》、卷二十一《城阙志二》、卷三十三《文藉志一》等多处提及。然而它们至编修《至正金陵新志》时好像已不在人世,只有拓片在流传了。

宋代摹写城市平面形态的石刻《平江图》《静江府图》等如今尚在。《平江图》是宋理宗绍定二年(1229年)刻石的苏州城区平面图,纵274厘米,横142厘米,描绘了宋代平江城的轮廓与布局,极具史料价值。碑刻地图的幅面要比书籍附图大得多,能容纳更多的地理信息,如果南京的这两块石刻地图保存至今,那么,六朝特别是宋朝时期南京城市的景观细节因为易置变迁而留下的疑问、谜团,可能许多都能找到揭开的线索了。地图勒诸贞珉的目的之一就是为了便于保存,不知《金陵图》

《建康图》是什么时候失传的,失踪的原因是什么。它们是早已损毁了,还是仍埋藏在某处地下一直未被发现呢?

除《金陵图》《建康图》外,宋代及其以前南京还有一些佚失的地图,尤其是图经,在史籍中多有记载。图经又称图志、图说、图记,是附有文字说明的地图,为早先地图的一种主要形式。"图"即地图,多为一个地区的政区图、疆域图,"经""志""说""记"等是指文字说明,主要介绍地图所表示的区域情况。南京古代的图经有《丹阳郡图经》《建康图经》《金陵图经》《祥符江宁图经》等,可惜这些早期的地图如今都已失传,我们只能从其他引用过这些图经的文献中获取它们的片段信息。如《丹阳郡图经》被《昭明文选》卷二十《乐游应诏诗》李贤注引用过。李贤注成于唐高宗显庆年间(656—661年),可见该图经完成时间不晚于唐显庆时期。《建康图经》在《太平寰宇记》卷九十《江南东道·昇州》中引用过,据此可认为,该图经成书应不晚于《太平寰宇记》的撰写时间即宋太宗太平兴国时期(976—984年)。

清代《江宁省城图》地物载负量远超以前的地图

和我国现存古代大多数地图的分布时段一样，如今能见到的南京古代地图也主要是明清时期的作品。这一时期的南京地

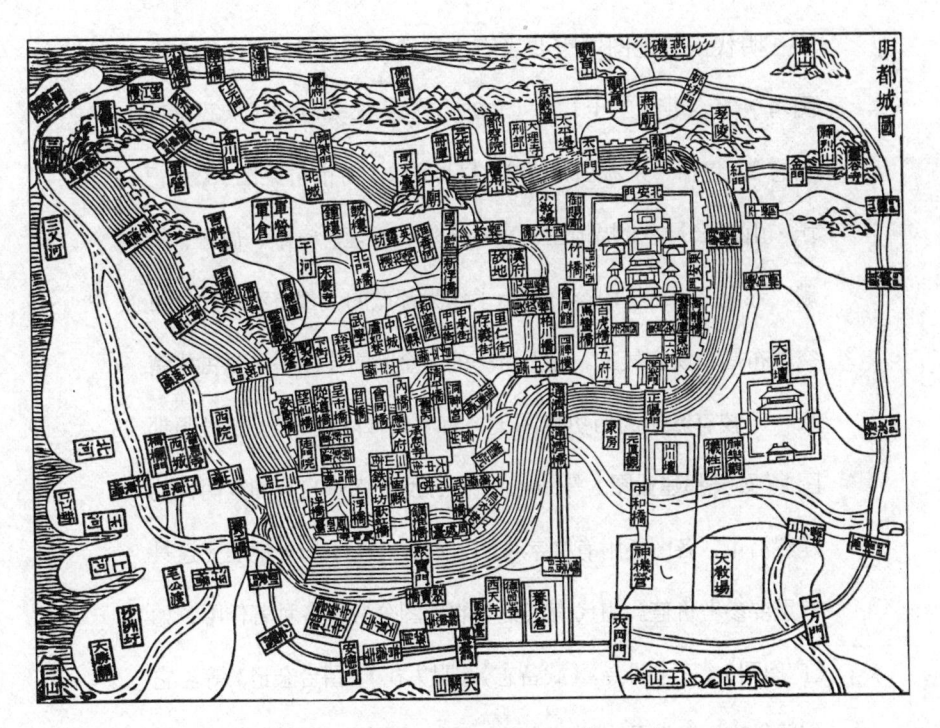

明都城图（《金陵古今图考》）

图数量大，涉及题材广泛，制图手法以我国传统的计里画方和形象描绘法为主，清末时开始采用经纬度法测绘地图。清后期南京开始出现大比例尺、大幅面的城市地图，表示的城市地理信息远比以前的地图详细，地物要素的位置及相对关系也随着测绘技术与手段的进步表示得更加准确、合理。

明代南京地图中重要者有《洪武京城图志》《金陵古今图考》等。洪武二十八年（1395年）礼部纂修的《洪武京城图志》，包括《京城山川图》《皇城图》《街市桥梁图》《大祀坛·山川坛》等8幅地图，表示自然、城垣、宫殿、衙署、坛壝、寺观、衢市等内容，展示了作为都城的大都市南京的城市空间布局和恢宏气象。陈沂所纂的《金陵古今图考》是古代南京一部较有影响的历史地图集，有《秦秣陵县图》《汉丹阳郡图》《孙吴都建业图》等16幅地图，反映南京自战国至明代的建置沿革，各图还附有文字说明，对研究南京历史地理变迁具有重要参考价值。明代南京更多的地图分散在各种著作中，如《广舆图》《三才图会》《武备志》《明集礼》《留台杂记》等。它们题材广泛，涉及山川、政区、城垣、宫殿、衙署、坛壝、衢市、寺观、名胜、江防等众多内容，由于这些地图大多附属在书籍中，受开本限制，幅面不可能太大，因而城市地理信息的细节难以得到充分详尽的展示。

清代南京地图的种类更加多样，如政区图、衙署图、城市图、名胜图、历史沿革图、土地清查图、贡院号舍图、园林图、古迹图以及近代地形图，等等。这时期，南京出现了表示得"细致入微"的大幅面城区地图，图上地物载负量大大增加。如清咸丰六年（1856年）兴化袁青绶据家藏旧刻本《金陵省会城垣街巷图》刊印的《江宁省城图》，是一幅大比例尺的南京城市图，纵61厘米，横112厘米。清同治年间姑苏（苏州）尹德纯也据旧版刊印过该图。尽管其绘制年代不详，但肯定不会迟于咸丰六年，在此之前如此大幅面的南京古代地图极其罕见。该图制图区域为江宁城（南京）及其附近地区，方位以北为上，以传统的形象与平面相结合的手法，描绘了清代南京城内官署、城墙、城门、府学、街坊、道路、桥梁、寺观、古迹、山丘和水道等要素的平面布局以及各种职能机构的位置，近郊的山川、建筑也有表示，内容详备程度远超以前的地图。图中附有说明文字，介绍了相关的建置沿革、名胜古迹，图左下角的作者题记则交代了地图重刊的缘由、图板收藏的地点等事项。

光绪末年至宣统初年余成勋、仇曾庆绘制的《测绘金陵城内地名坐向清查荒基全图》，光宣年间虎邱（苏州）唐继淙制作的《金陵省城图》、光绪二十六年（1900年）邓启贤编制的《江宁城图》及宣统元年（1909年）陆师学堂毕业生测绘的《陆师学堂新测金陵省城全图》等，也都是幅面较大、地理信息丰富的地图作品。《测绘金陵城内地名坐向清查荒基全图》比例尺约为1∶5000，主要表示清末南京城内官荒、民荒以及官民未分界线荒地的分界、范围，另外还表示了大量的其他地形地物。该图虽是用传统的计里画方法完成，但其精度极高，对研究清末南京城市土地利用状况及城市平面布局、空间结构形态极有参考价值。

清末时期随着测绘教育的发展，全国兴办有中央和地方测绘学堂。光绪二十二年（1896年）张之洞在南京创办陆师学堂，光绪三十一年（1905年）两江督练公所在南京设立两江测绘学堂。《陆师学堂新测金陵省城全图》就是由陆师学堂毕业生绘制完成的一幅南京城市图，比例尺为工部尺一万分之一，城区部分主要表示城郭、道路、街区、山川、桥梁、园地等内容，是一幅较早的用新式测绘法绘制的内容翔实、信息准确的南京城区地图。

方志地图也是南京古代地图的组成部分。南京及其属县历代编纂了许多府县志，留存至今的仍有数十部，它们多数是明清时的著作，如《万历应天府志》《康熙江宁府志》《同治上江两县志》等。这些志书中大多含有数量不等的南京及其属县地图。南京古代编修的各种专门志书数量也不少，如《南京刑部志》《南京都察院志》《南京太仆寺志》《金陵梵刹志》《金陵玄观志》《南畿志》《后湖志》《龙江船厂志》等，有的书中也附有一些专题地图。

明清时期出现了不少写实性的绘画和胜景图，如《南都繁会景物图卷》、《康熙南巡图》、朱之蕃的《金陵四十景图像诗咏》、高岑的《金陵四十景图》、清佚名的《江南名胜》等，它们和形象山水画法地图有接近之处，对了解、研究当时南京的历史地理也有一定的参考价值。

古地图演绎城市变迁

南京古代地图题材广泛，涉及政区范围、城市形态、城郭宫室、官府衙署、郊庙坛壝、街衢桥梁、学宫书院、梵宇琳宫、名胜古迹、历史变迁、山川湖泊、风水形势等众多方面的内容，反映了古代南京城市的形态、功能、结构及变迁，揭示了城市历史文化的丰富含义与历史文脉的源远流长，是城市文史资料的重要组成部分。

南京在历史上屡经磨难，几番盛衰起落，发展历程充满曲折。追溯南京历史文化以及自然环境的演变轨迹，我们固然有大量的文字史料、考古实物等可资凭依，但古代地图在这方面有着自己独特的价值。《嘉庆江宁府志》说，地之"袤正曲直广狭长短之形，非图不能明"。古人一直重视地图的作用，西晋左思写作《三都赋》时，"其山川城邑，则稽之地图"。地图有的内容可弥补文字史料的不足，或和文字史料相互补充、印证，有的有助于对文字史料的阅读、理解。而它们形象性、直观性、一览性的优势，更是文字史料所不具备的。把它们汇集在一起，通过不同时期地图的比较研究，我们还能形象直观地看到南京的历史文化、城市形态以及自然环境的发展演变，探究城市变化发展的历史规律。从不同时代地图内容与形式的变化，则可发现其中反映出的人们对自身生存环境认识能力的变化。

古代地图在线划、符号、文字注记的背后，还隐含着丰富的"言外之意"。例如，《金陵古今图考》《六朝故城图考》《洪武京城图志》等图集中，包含了较多不同朝代的皇城、宫城及坛壝、国子监、衙署等元素；《洪武京城图志》中的《京城山川图》这幅表现自然地理环境的地图上，"皇城"二字比其他注记大得多。这种于地理要素的选择、符号与注记大小的设计等方面的不同寻常处理，体现出古代地图具有的政治色彩和象征意义。古代地图还蕴含了古人独特的地理观念、思维方式、生活理念、审美趣味等社会文化信息。地图背后的这些信息与密码同样值得我们重视。

柳诒徵先生在评论《洪武京城图志》时说："不唯治史者得以研索明都，即今日经营建设，亦宜研阅。"在今天的南京城市规划建设与历史文脉承续中，对南京古代地图的内涵和外延进行深入的解读与分析，从"图里图外"探究、挖掘它们承载的城市历史地理客观信息及隐含的社会文化信息，将有助于探索南京城市建设与城市文化演进的轨迹及城市发展前进的规律。

白门：源自城门的别名

南京历史上使用过的数十个名号中，有一个叫作"白门"。白门原为六朝都城一座城门的名字，后被借用为南京的别名，是南京唯一一个源自城门的名号。白门如今已很少被使用，但作为一个被涂抹了伤感、萧索、冷寂等色彩的文学意象，它在古诗文中出现得颇为频繁。

六朝建都南京，其都城称建康（业）城，该都城南面共有三座门，最西一座叫陵阳门，后改称广阳门，最东一座叫开阳门，正中的一座为宣阳门，正对宫城的大司马门。白门即宣阳门的俗称。

白门最早建于第一个定都南京的孙吴政权时期，是当时都城建业城南面唯一的一座城门。其早期的正式名称没有流传下来。东晋初年都城沿袭了孙吴都城的规制与框架，都城门名被

南京小传

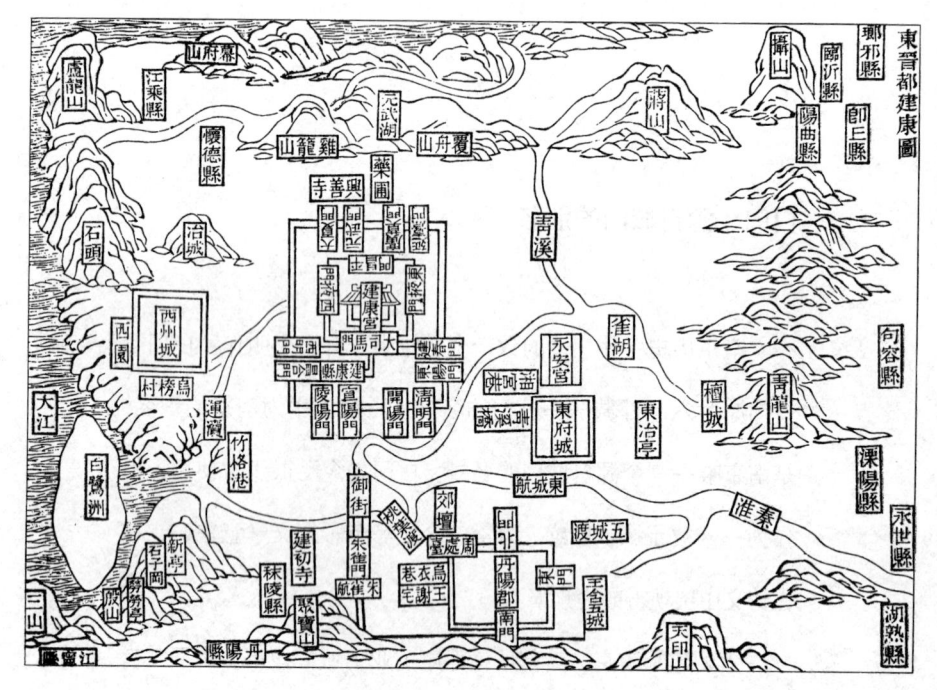

东晋都建康图（《金陵古今图考》）

改为"宣阳门"。宣阳门一名承袭自魏晋洛阳城的城门名，这应该与东晋的皇帝们是从中原过来的有关吧。东晋成帝时，依魏晋洛阳城模式大规模改造都城，在原有宣阳门的基础上新辟五座城门，其中南面增开了陵阳门和开阳门。东晋、南朝时，宣阳门一直俗称白门。

　　白门从孙吴至南朝刘宋时一直是一座篱门，直至南齐高帝萧道成时，它才被改建为砖门。《南齐书·王俭传》中载："宋世外六门设竹篱。是年初，有发白虎樽者言：'白门三重门，竹篱穿不完。'上感其言，改立都墙。"不过改建的过程并不顺利，这倒不是说工程难度多么大，而是遇到了很大的人为阻力。朝中大臣王俭、褚彦回、王僧虔等人认为，篱门没什么不好的，无须大兴土木之役，于是联名劝谏皇帝，想让他打消念头。不过他们并未能成功劝阻萧道成，萧道成不但改建了城门，顺带还把台城的竹篱笆围墙也改筑成了砖墙，从此结束了建康宫二百多年竹篱环绕的历史。

　　那么，白门这一称谓是如何得来的？一种说法是，由其所处方位而来。古人把天地八方分为八门，其中西南方叫白门。西汉刘安的《淮南子·坠形训》就载："西南方曰编驹之山，曰白门。"高诱注道："西南，月建在申，金气之始也。金气白，故曰白门。"宣阳门为建康城的西南门，因此被叫作白门。

　　还有一种说法认为，白门的得名与其早期的门墙饰白有关。

白门（文伯仁《金陵十八景》）

但这一说法似不太靠谱。早先的城门、城墙都是竹篱的，有涂饰的必要吗？更令人生疑的是，六朝时有丧家涂白门之习俗，宫门涂以白色，岂不是太不吉利了？南朝宋明帝刘彧就因忌讳这一点，还曾不许人们称呼该名。据《南史·宋本纪下第三》记载，刘彧"末年好鬼神，多忌讳"，因此人们言语文书，凡祸败凶丧及疑似之言，均须予以回避。"白"字即属其类。有一次，尚书右丞江谧因口误而说出"白门"二字，立即遭到明帝斥责："白你家的门！"

白门门楼高大崇宏，"门三道，上起重楼，悬楣上刻木为龙虎相对，皆绣栭藻井"。它还是建康城御道的起点，"南对朱雀门，相去五里余，名为御道，开御沟，植槐柳"。因此它算得上是早期南京城里的一座地标性建筑，地位非同一般，在人们的心目中有着特殊的分量。

早先的时候，民间常将白门用于表示爱情发生的美好地方，南朝民歌里就以"白门"指代男女幽会之地。如有一首南朝乐府民歌《杨叛儿》，其辞曰："暂出白门前，杨柳可藏乌。欢作沉水香，侬作博山炉。"写一对有情人在白门前分别，相互许下美好的愿望。诗中即以白门代称爱情的场所。这首歌唱白门前爱情的民歌很是动人，但它的名称却颇为奇特。该名起源于一段宫廷淫逸之事，在《南史》和《旧唐书》里都有记载。杨珉是一个宫中女巫的儿子，因长相俊美，被皇后何婧英喜欢上。民间童谣戏谑道："杨婆儿，共戏来所欢！"杨婆儿即杨珉，后来被讹传为"杨叛儿"，并演变成了女子口中情人的雅称。唐代诗人李白有一首著名的拟乐府《杨叛儿》,即以此民歌为典。

后世诗文中,多有以白门代指南京者,取其古意。如唐代李白诗《金陵酒肆留别》:"白门柳花满店香,吴姬压酒唤客尝。金陵子弟来相送,欲行不行各尽觞。"唐代韩翃诗《送冷朝阳还上元》:"落日澄江乌榜外,秋风疏柳白门前。"宋代王安石诗《谢公墩》:"走马白门下,投鞭谢公墩。"明代于若瀛诗《秋日登清凉台》:"雄压白门丽,峻掩金川秀。"清代方裕曾诗《游永济禅寺》:"薄雾远沉瓜步雨,疏林近带白门秋。"

白门一词在使用过程中,逐渐演变成了一个文学意象,被涂抹上了一层特殊的色彩:悠远、冷寂、苍凉。后世以其代称南京的诗文中,多数是表达伤感、怀旧主题的。如清代汪中的《白门感旧》:"秋来无处不销魂,箧里春衫半有痕。到眼云山随处好,伤心耆旧几人存。扁舟夜雨时闻笛,落叶西风独掩门。十载江湖生白发,华年如水不堪论。"将心中郁结的往事寓于眼前之飘零景物中,深沉悲凉,令人不忍卒读。

白门和柳结合而成的"白门柳"或"白门秋柳",也是一个常在诗文中出现的文学意象。白门在乐府民歌中是指有情人约会的美好地方，白门柳有时也被用作爱情的代称，其中凝结了感人的柔情、深切的思念。明末清初诗人龚鼎孳的一部词集，以 59 首词联章的形式记录了他与秦淮名妓顾媚的旷世情缘，即取名《白门柳》。不过在多数情况下，白门柳的色调、情绪与白门是相似的。如王士禛的"白门柳色残秋雨，玄武湖波淡夕阳（《登鸡鸣寺》）"，赵翼的"不到金陵廿六年，白门烟柳故依然（《金陵》）"，都充满了萧瑟、沧桑的意蕴。

  白门柳还有一个特殊的含义，即代指秦淮妓女。清末图书《白门新柳记》《白门新柳补记》《白门衰柳附记》中，"白门新柳""白门衰柳"就是指秦淮烟花女子。当代一部写秦淮名妓柳如是事迹的著名小说，也是以"白门柳"命名的。

"扬州"曾是南京名

南京在历史上先后使用过数十个名称，如金陵、秣陵、建业、建康、丹阳、扬州、江宁等。其中"扬州"一名从三国至唐初使用了四百多年。南朝梁殷芸的《小说》里有一句著名的话"腰缠十万贯，骑鹤上扬州"，句中的"扬州"，就是指南京。由于"扬州"后来成为江苏另一个城市的名称，以致人们经常将唐朝以前的扬州与今天的扬州混为一谈。如扬州史可法祠有一联便说："骑鹤楼头难忘十日，梅花岭畔共仰千秋。"

三国时期，天下分裂，魏国和东吴分占扬州，各设治所，吴扬州州治设在南京。西晋时魏吴扬州合并，治所仍设于南京，后历东晋，南朝宋、齐、梁、陈等朝代。由于这数百年间扬州治所一直位于南京，因此这段时间的扬州就是指南京，现今的扬州市那时还不叫扬州，而是称"广陵""江都"。唐高祖武德八年（625年）年底，扬州郡治从南京迁往江都，此后"扬州"这一名称才与南京无缘，为今天的扬州市专用。

"扬州"一名出现得很早。它最初不是一个有一定范围或具体地点的地名，而是指天下九州之一。传说上古时候禹分天下为九州。我国古代地理名著《尚书·禹贡》记载，九州为冀、兖、青、徐、扬、荆、豫、梁、雍。这里的"扬州"不是指今天的南京，更不是指今天的扬州，而是一个相当大的自然区域。《尚书·禹贡》中说："淮海惟扬州。"意思是淮河以南、大海以内均为扬州之地。其范围大约相当于今天的江苏、安徽的淮河以南部分，上海、浙江、江西、福建大部以及广东、湖北、河南部分地区。

"扬州"之名的来历，历来有着多种说法。有的认为是源自江南多水，东汉刘颐就说："州界多水，水波扬也。"有的认为是与这里离太阳较近有关，《尔雅疏》引《太康地纪》称："以扬州渐太阳位，天气奋扬，履正含文，故取名焉。"有的则说是因区域内多杨柳而得名，唐许嵩《建康实录》引《春秋元命苞》说："地多赤杨，因取名焉。"古代扬、杨通用。

扬州最早作为行政区划名称出现是在汉朝，其前身是西汉时设置的扬州刺史部。西汉元封五年（前106年），汉武帝刘彻为加强中央集权，将京师长安和京畿七郡外的郡国划为十三个刺史部，俗称十三州。"扬州"为其中之一，其余十二州为豫州、兖州、青州、徐州、冀州、幽州、并州、凉州、益州、荆州、交趾、朔方。起初十三州并不是行政区，只是行政监察区，且没有固定的治所，其长官刺史为监察官。扬州刺史监察的范围相当大，包含庐江、九江、会稽、丹阳和豫章五郡及六安国，大约相当于今安徽淮河以南部分，江苏长江以南部分，上海、江西、浙江、福建全部，以及湖北、河南部分地区。

汉末时天下大乱，州长官逐渐取得了行政权，转变为行政长官，称州牧，掌管一州的军政大权，位在郡太守之上。州遂成为地方最高行政机构。

扬州从监察区至汉末转变为行政区后，设立了扬州州治。汉时扬州治无定所，在历阳（今安徽和县）、寿春（今安徽寿县）、合肥（今安徽合肥西北）等多地迁来迁去。

三国鼎峙时扬州地域被魏吴分占，各置州治。因而扬州实际上被分成了两部分。小部分地区由曹氏政权控制，范围为原九江、庐江两郡的部分地区，治所位于寿春；大部分地区由孙氏政权控制，地域包括今江苏与安徽南部、湖北东部及上海、浙江、江西、福建全部，所辖政区历多次增益，治所设于建业。

孙吴后主天纪四年（280年），晋武帝派兵攻克东吴首都建业。晋武帝太康二年（281年）把原治于寿春之曹魏扬州与孙吴扬州合并，治所设在建业。西晋永嘉年间（307—313年），王敦为扬州刺史，在建邺（晋太康三年时由秣陵县析置）创立州城西州城。西州城位于东吴冶城之东，运渎之西，因其位置在台城之西而得名。西晋时期，扬州范围包含了整个长江中下游地区。

永嘉之乱后，晋宗室携公卿士大夫南迁江东。公元317年三月，司马睿即晋王位于建康（西晋建兴元年因避晋愍帝司马邺讳，改建邺为建康），改元建武。年底晋愍帝遇害，次年司马睿建立东晋王朝。扬州治所仍设于此处，其后一直延续至宋齐梁陈时期。

自西晋以降，扬州辖地就不断被分割。如南朝宋武帝永初三年（422年）分淮东为南豫州，南朝宋孝武帝大明年间（457—464年）再割扬州江南之淮南、宣城二郡归南豫州，使得扬州的地域越来越小。晋安帝义熙十四年（418年），扬州尚统辖丹阳、宣城、吴郡等十一郡，至陈后主祯明二年（588年），其属郡已只剩下四个了。其实不只是扬州，其他州的地域也多有分割，汉时全国一共只有十多个州，至隋时其数量已达数百个。

虽然扬州范围不断缩小，但它一直是各个朝代的政治、经济中心，为国家根本之所在，备受统治者重视，地位要高于其他州。东晋谋臣刘穆之说，扬州根本所系，不可以假手于人。从晋元帝大兴元年（318年）以后，扬州长官扬州牧多由宰相、宗室成员兼领。如谢安曾兼任扬州牧达二十二年。

与东晋、南朝相对峙的北方政权，亦设置过叫扬州的行政区。不过时立时废，没有稳定的建置。

隋文帝开皇九年（589年），隋朝大将韩擒虎等攻破陈朝首都建康，结束了南北分裂的局面。隋统一全国后，将陈朝的扬州改为蒋州，又将隋的吴州（州府在广陵）改为扬州，但扬州总管府仍设在丹阳（今南京）。这个时候，扬州一名才与如今的扬州市有了关联。不过，未及两年，扬州又被改名江都。

唐灭隋后，唐王朝于高祖武德三年（620年）废丹阳郡，以江宁、溧水二县改置扬州。武德八年（625年）十二月，将扬州州治和扬州大都督府从江宁县一并移往江都（今扬州市）。唐玄宗天宝元年（742年）扬州一度改为广陵郡，唐肃宗乾元元年（758年）又改回扬州。此后，扬州之名便为广陵专用，未再变易。

老地图里的南京旧影

一座充满了古老回忆和传统气息的城市，随着时光的流逝，它的昔日容颜、旧时景观，会变得苍老而斑驳。而曾经几番毁兴起落的南京，虽然"到处都有些时代侵蚀的遗痕"，但它早先的模样，我们更是几乎只能凭借其所剩的零星古迹、典籍资料、历史痕迹去勾画描摹或悠然遐想了。

老地图也是一种独具特色的记录城市旧影的珍贵史料。作为一种独特的载体，它们摹绘城市容貌，勾画城市形态，镌刻城市印迹，记录城市兴衰，具有形象、直观、一览的特性，这是文字史料无法比拟的。

南京从宋代开始留存了一定数量的老地图，如《景定建康志》《至正金陵新志》《洪武京城图志》《金陵古今图考》等，它们从独特的角度演绎了城市地理环境、历史文化的变迁。现

吴越楚地图（《金陵古今图考》）

存展现南京城市最早形态的地图是《吴越楚地图》，这是明人陈沂绘制的一幅历史地图。吴越楚时期，一个诸侯争霸的时代，如今的南京主城区部分，那时还是一片没有开发的鄙野之地，从图上我们看到，除了几个山形图案，几乎一片空白。今天市域内最早的两座古城池棠邑和濑渚邑，都远在它的南北两端，南京地区较早兴起的城镇丹阳、秣陵、溧阳等，也都位于今城区的外围地区。其时，那些地方更适合人们耕作、生活。公元221年，雄才大略的东吴大帝孙权把都城由武昌迁至建业，为南京城市的发展带来了空前的机遇。古城南京在"金陵王气"的笼罩下，从此开启了十朝古都的征程，其后东晋、宋、齐、梁、陈、南唐、明朝、太平天国、中华民国相继在此建都。

古城的脚步迈入明朝时，它首次成为全国一统政权的首都，又获得了一次大规模的建设发展机遇，城市的格局与面貌发生了巨大的变化，人烟稠密、街市兴旺。西方人盛赞道："南京的宏伟壮丽超越了世界上任何一座城市。"这里我们暂且把目光投向那些与市民生活息息相关的厢坊街市吧。铁作坊、铜作坊、鞍佩坊、颜料坊、锦绣坊……这一个个街坊名字的后面，蕴藏着一篇篇传奇、一段段往事。当我们经由这些名字穿越时空，来到明代南京的街市上，仿佛身临其境，市人摩肩接踵，建筑鳞次栉比，耳边是喧嚣的市声，眼前是飘拂的市招。这些街坊后来大多演变成了城市的街巷，构成城市最细腻的肌理。它们是最具市民生活气息的地方，人们生活在古旧、宁静、闲适、安逸的街巷里，演绎了无数人间故事。这些纵横交错的街坊是如何分布的,是怎样相互连通的?从文字史料中我们很难厘清头绪。但在清咸丰年间刻印的《江宁省城图》上,它们的分布、走向、相互关系却呈现得一目了然。当我们的视线穿行在这些街巷里,仿佛有一种悠远、一份馨香,透过图上描绘的这些熏染了悠悠岁月烟火气、陪伴过人们忧乐悲欢的寻常巷陌、斑驳砖瓦、老宅天井,从岁月的深处袅袅浮现出来。

南京在古代相当长的岁月里,是政治重镇,文化渊薮,军事要地,经济中心。当我们从老地图里发现一座座城郭宫室、官府公署、郊庙坛壝、街衢桥梁、学宫书院、梵宇琳宫时,眼前似乎迭现出琼楼玉宇的宫殿、门楼高大的衙署、书声琅琅的学宫、钟磬悠扬的梵刹、侯门深深的府第,还有秦淮河上的桨声灯影、石头城头的星河横空、乌衣巷里的堂前燕子、朱雀桥边的夕阳野草。它们共同构成了南京人的集体记忆,令人情不自禁从心底生出一种温暖、亲近之情,从而对自己生活的这座城市产生深深的依恋。

南京在历史上经历了太多的磨难、沧桑,老地图里也刻录

第二辑　风雅秦淮

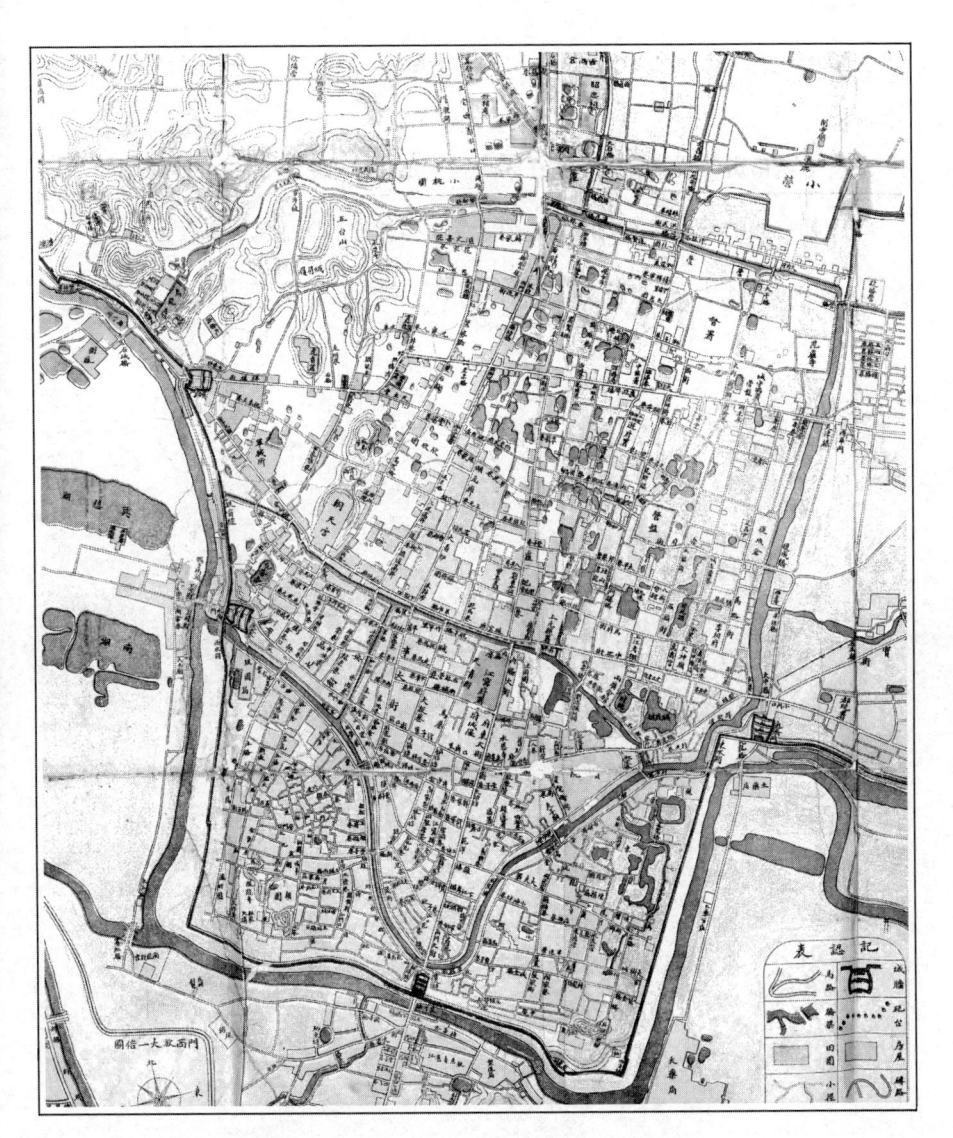

清末南京老城区（《陆师学堂新测金陵省城全图》局部）

了城市斑斑驳驳的记忆。在宋代《景定建康志》的地图上，六朝宫殿已不见踪迹；清末地图上，金碧辉煌的明故宫、享誉世界的大报恩寺塔在漫长历史中只剩下一片遗址。

洋人笔下的老南京

南京自六朝建都开始,就不断有外籍人士造访。他们远涉重洋来到这座古老的城市,在这里生活、学习、工作、旅游、修行,并用自己的语言把对它的印象和感受记录下来。

早先来到南京的外国人多是使臣、学者,他们在国书、诗词中写到南京,主要表达对它的热爱之情。

自 16 世纪西方传教士进入南京起,来这里的洋人数量骤增,他们有传教士、外交官、旅行者、作家、记者、学者,也有商人、探险家甚至军人、雇佣军、间谍等。这些人怀着不同的目的来到南京,然后以散文、随笔、诗歌、日记、游记、书信、报告、新闻、访谈、回忆录、学术著作、传记以及摄影、绘画等形式记录自己在南京的见闻、思考。这些文字和图像作品有的包含在他们的作品集中,如意大利传教士利玛窦的《利玛窦中国札记》、罗马尼亚作家米列斯库的《中国漫记》、英国阿裨尔的《中国旅行记1816—1817——阿美士德使团医官笔下的清代中国》，更多的作品则散落分布在不同文献资料中。这些作品观察细致，视角新颖，既有表面印象的记录，也有深层思索的结晶。当然，其中也不乏片面、偏颇，甚至偏见、歧视之处。

风物清嘉

意大利人利玛窦是较早进入我国并把南京介绍给西方的传教士之一。他于明万历年间曾三次来到南京。那时，中西交流较少，中国这个东方文明古国还不太为西方人了解。南京这个做过明初首都的世界性大城，使初来乍到的利玛窦感到震惊，他发现这里"到处是殿、庙、塔、桥，欧洲简直没有能超过它们的类似建筑"。

不只是利玛窦有这样的赞叹，那时许多洋人写南京的文字都流露出艳羡的神情。英国人马戛尔尼就说南京是一个"像

第二辑　风雅秦淮

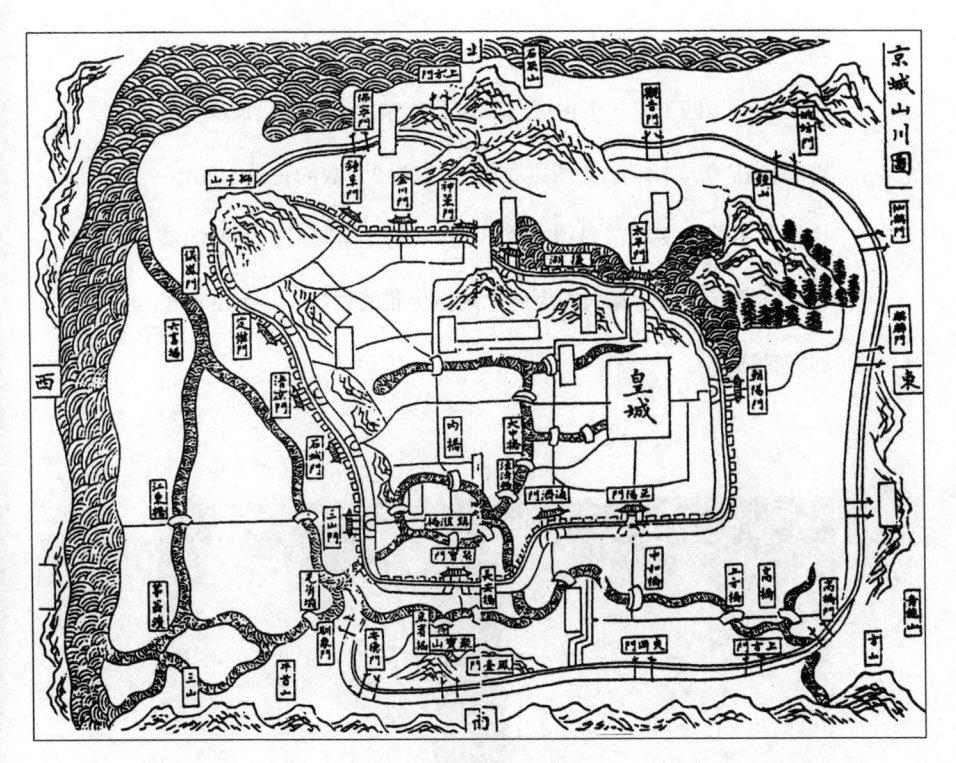

京城山川图（《洪武京城图志》）

天堂的地方"，这里"天空朗朗，空气清新，流水清澈，四季温和，清风徐徐，土壤肥沃"。他甚至不无嫉妒地认为，"所有气候、物产等方面的优点都被大自然毫不吝惜地过多地赐予了南京"。

明万历四十五年（1617年）来到南京的葡萄牙籍耶稣会士曾昭德在《大中国志》中则称赞南京有"无数的宫殿、庙宇、楼塔及桥梁，使城市显得非常壮丽""它是全国最大最好的城市，优良的建筑，宽大的街道，风格优雅的百姓，及丰富优良的种种物品"。

洋人笔下的大报恩寺塔

法国天主教耶稣会传教士李明特别关注到了南京的文化事业："南京的图书馆林立，书籍都是一流的，印刷精美，工人更灵巧，言语更爽，语调比任何其他地方的更悦耳。"

南京历史遗存丰富，名胜古迹众多，其中大报恩寺塔、明孝陵、城墙等尤为洋人们感兴趣，差不多到过南京的洋人都会写到它们。如曾昭德的《大中国志》中就提到琉璃塔："它（南京）还有一座结构精美的七层塔，布满偶像，好像用瓷制成，这座建筑物可以列入罗马最著名的建筑。"

德国人约翰·尼霍夫1655年随荷兰东印度公司使团前往北京，他负责描绘沿途景象。次年五月九日抵达南京，十一月从北京返回时又经过南京。他在文字中对大报恩寺塔做了详细生动描绘："（塔）有九层共一百八十四个阶梯，里外都有漂亮的塔廊，所上的釉在黄色和红色中透着绿色。在楼台上有通气孔和铁栅窗，各个塔檐的檐角都挂着铜铃，随风飘动，铃声不断。"这些文字似乎还不足以表达他对这座神奇建筑的惊叹，便又写了一首诗抒发自己炽烈的情感："虽然这骄傲的建筑堪比七大奇迹，它们都是远古时代对这新世界的挑战，你那金殿的辉煌却令我战栗!"另外他还在南京创作了多幅写生风景图画,被认为是第一个用画笔描绘南京的外国人。

李明也认为报恩寺塔"肯定是东方最匀称、最坚固、最宏伟的建筑物,临塔顶远眺可见整个南京城"。19世纪40年代参加侵华战争的英军军官奥克特洛尼则感叹:"眼前精美绝伦的景象远远超出了我最生动、最精妙的想象。"

有些洋人描绘南京时笔触相当细腻生动,精雕细刻到甚至琐碎的程度。这些极其珍贵的城市细节记录,不但在我们的正史中看不到,在我国文人的随笔小品中也很难见到。如李明不厌其详地介绍大报恩寺塔"这座塔是八边形,宽约40法尺,所以每面为15法尺""塔身共九层,各层在窗子起始线处修有挑檐,并以相似的屋顶以区别于走廊的屋顶,它们几乎不怎么向外突出,因为屋顶没有第二座塔支撑着,随着塔的升高,变小,它们也同时变得更小了""各塔层均以横置的粗梁搭成,并构成一个小房间""高层的墙壁上凿了许多小佛龛,里面有偶像和浮雕"。

随舰参加远征南京之役的英国海军军官威廉·达拉斯·柏

纳德则通过对报恩寺塔的结构、材料、色彩、尺寸的详细描述，生动地勾绘了它的形象。

　　李明还对塔的附属建筑做了描绘：报恩寺建造在一个砖砌的高台上，"用作庙堂的大厅进深长 100 法尺，建在高 1 法尺的大理石地基上，地基四周突出形成一个宽 2 法尺的长凳。庙的正面装饰着一个有几根柱子的长廊。按照中国的习惯，房顶有两层，一个顶是从墙上伸出来，另一层盖在上面。房顶都是用闪闪发亮的绿色琉璃瓦盖的。露在里面的房架是油漆的，上面架着不计其数互相交错的木条，这对中国人来说算是个不小的装饰。的确，这森林般的梁架、系梁、山墙、搁栅到处伸展着，具有某种难以名状的奇特和惊人的东西，因为人们想象得出这样的工程要花费多少人力和财力"。

城市生活风俗

　　利玛窦曾来过南京三次，在这里的遭遇和经历颇多曲折、"意外"。但这些似乎没有影响到他对南京的好感。谈到对南京的印象，他在文中热情赞美道，这里"空气清新，温度适宜，土地肥沃，百姓精神愉快，他们彬彬有礼，谈吐文雅，稠密的人口中包括各个阶层：有黎庶，有懂文化的贵族和官吏"。

约翰·尼霍夫对南京人的印象也颇好："南京城的居民看起来比其他地方的人老实，正直而又有礼貌，在学识和艺术造诣上都超过他们所有其他地方的同胞。我们在此看见很多显要人物的服饰都很整齐，看来该城的汉人比别的地方的人自由得多。"

著名作家赛珍珠则从南京人"无拘无束，顺其自然"的生活心态中得出她对中国人生活态度的看法："正是抱着这样的心态，中国人调整自己适应了当下的环境和失败的局面，专注于自己繁忙的生活，关注那些可能会打破他们平静生活的新奇事物。"

对于南京街市景观，约翰·尼霍夫有过细致观察。他这样描写17世纪50年代南京最繁华的"商业街"："大街有28步宽，中央铺筑方形青石板，两侧铺筑砾石……每一个店铺前都竖立着一个标明店名和业务的金字招牌。牌子旁边是一根直立的长竿，一直高过店铺；长竿上是标明每个店铺所卖商品的各式各样的旗子与横幅。"

清末时期，南京居民主要集中居住的城南一带，拥挤混杂。法国人盖拉蒂为我们描述了当时这里的情形："在城市东南部，这是一个现代汉人城，和它的拥挤的、狭窄的、气味混杂的商业街。有外面竖着不同的涂金招牌的商店，招牌辞藻华丽；有穷人的破房子；人们休息的混杂的房子，里面不透气，没有光线，没有水，也见不到绿色。这里呈现嘈杂的繁忙景象。里面有烦扰不休的帮闲、流浪汉或风雅之士；有未老先衰的黄包车夫；也有驴队、轿列和搬运工。"盖拉蒂，法国传教士，巴黎人，曾在南京石鼓路天主堂布道，其间对南京城市地理做了详细调查，于1898年绘制了一幅《江宁府城图》。

那时的南京城区北部还未怎么开发，从盖拉蒂的文字中我们看到，那里如同乡村，一派田园景象："田野风光令人愉悦，茂密的树林、灌木丛，摇曳的竹林，稻田，靛蓝植物，芹菜、辣椒、大蒜、黄瓜、花生、白薯、蚕豆和其他可榨油的豆类，还有那些不知名的蔬菜、玉米、麦子、芝麻、小麦、油菜……

在这些蔬菜作物中间,还有茶叶和烟草,错落交织的桑树和荆棘丛生、杂草繁茂的小山丘。池塘里面躺满了睡莲和菱角,山冈树木繁茂,丘陵上有不计其数的坟墓。"

这一地区进入民国后似乎仍保留着乡野气息。日本作家芥川龙之介坐着黄包车从下关进城后一路看到:"余晖流溢的城市,在夹杂着西式建筑的民居后面,可以看到麦田、蚕豆田,还有浮着鹅的水塘,城内五分之三的地方都是旱田和荒地。"只是他的笔下带有一点诗意。

民国时期,南京虽曾为首都,也进行过十年的建设,但城市的命运极其坎坷曲折,时建时毁,饱经沧桑,其市容街景并不像我们有些人说的那样充满时尚气息,尤其是广大的普通民众所生活的地区,环境几乎和清末没有太大差别。从美国记者史沫莱特笔下我们看到:"中山路广阔的碎石路以南一带的街道又窄又不卫生,两边没有人行道。街上行人、驴子和车辆争先恐后,混乱不堪。市内沟渠纵横交错,有些是露天的污水池。一排排临街的一层楼木房门前不是摆摊就是开铺。天黑以后,店里就亮起一盏昏黄的电灯或一盏灯笼,那微弱的灯光使店里

现出一点发红的光亮,这些店似乎整天开业,也没有星期日";

"你越往南京城内的南面走,环境就越加原始。小巷里是泥土路,两边是用破洋铁皮、蒲草和破布连起来像狗窝一样的小土屋。小土屋的门前妇女或姑娘们在钉纽扣或缝鞋底——这些是从大商店里承包来的,一天只能挣几个铜板的活计。他们的丈夫大多是拉人力车、推独轮车或干其他重活的苦力"。

民国时期的南京建康路

在统治阶层的盘剥勒索和侵略者的疯狂屠戮、劫掠下，民国时的这座古老城市，虽为国家首都，市容市貌从整体上看仍是极其落后的。

沧桑与磨难

清末时政治动荡，国家衰弱，这个时候的城市面貌是什么样的呢？德国人骆博凯因帮助建设两江学堂，曾在南京生活过两年时间，他在家书中多次谈到对当时南京诸方面的感受。如"南京城的道路，大多是古代修建的，石子路面都已破碎不堪，谁需要一块砖头或泥土，干脆就在路上挖，留下众多坑坑洼洼"；"城内道路大多是石板路面或石子路面的狭小通道。我房前的那条路只有两三米宽。就有卖肉的、做面包的、木匠、鞋匠、铁匠或是挑着流动厨房到处卖食物的，都在这里挣钱和营生。一句话，所有的手工工人在这里的房子边上摆摊设点，叫卖他们的商品。由此原本就不宽的道路只留下中间狭窄的一条，使交通更加困难"。

城市破败落后，社会底层劳苦大众的生活状况极其悲惨，其情境简直令人触目惊心，从英国基督教浸信会传教士李提摩太的笔下，我们看到晚清冬天南京穷人的生活惨景：他们住的是草棚子，"盖着一点稻草和一个草垫子，垫子是用来当床睡觉的，唯一的家当是一口下面烧着火的铁锅，还有曾经是被子的一堆烂棉絮。这样的严寒，老人们抵挡不了多久，食物的贫乏又使年轻人饥饿的身体衰弱多病"；"他们的皮肤冻得发紫，有的地方冻裂了，结了一层白色的疮痂"；轿夫们的情况稍好一些，但也是"穷得穿不起鞋袜，在没过脚踝的冰冻的泥浆里，他们艰难地跋涉着"。

第三辑 风度翩翩

六朝美男的风姿

南京唐代名诗人冷朝阳

萨都剌金陵怀古

朱元璋点状元

明武宗南巡逸事

商人凌濛初

陈铎描绘市井风俗画卷

石涛长干接驾

不见题诗纪阿男

刚烈之花葛嫩娘

说书巨匠柳敬亭

王小余：袁枚的厨师知音

南京古代状元

库司坊里的阮大铖

六朝美男的风姿

魏晋南北朝时期,"容貌举止"开始从伦理道德中脱身而出,获得了独立的地位。在此时流行的品藻人物风气中,外表、风仪、容止等,成为品评男子的重要指标。史料中关于这方面的记载也突然大增,以至于后人称羡道,江山代有美男出,六朝时期尤其多。如卫玠"美如珠玉"、潘安玉树临风、嵇康"风姿特秀"、曹植"神清骨秀"、裴楷"粗服乱头皆好"、王恭"濯濯如春月柳"等。曾有个人去拜访太尉王衍,发现安丰侯王戎、大将军王敦、丞相王导在座,来到另一间屋子,又见到王诩、王澄,个个都是美貌惊人,如同满眼珠玉。一个家族竟然有这么多美男子,这人惊讶极了,回去反复对人夸耀说,今日一行,真乃大开眼界!

刘义庆的《世说新语》,专门辟有一门"容止",品鉴魏晋男人之美，记录了许多有关这方面的趣闻逸事。

西晋人卫玠，白皙如玉，风神秀异，是美男子的样板。当他乘坐白羊车在大街上行走，远远望去，如同一尊白玉雕成的塑像。时人称之为"玉人"。卫玠的舅舅也是个美男子，可是与美如珠玉的外甥在一起时，他却生出"珠玉在侧，觉我形秽"之感。每当卫玠走到公众面前，总是"观者如堵墙"。岂料这个玉人太过于脆弱了，一次在街头被围观，竟劳累过度，一病不起，年纪轻轻就魂归了西山，留下一则"看杀卫玠"的典故。宋代诗人杨备叹息道："年少才非洗马才，珠光碎后玉光埋。江南第一风流者，无复羊车过旧街。"

掷果盈车的潘安，小字檀奴，姿仪秀美，更是美男子的代名词，就连"檀奴""檀郎""潘郎"等也都成了人们口中俊美情郎的代称。如李贺《牡丹种曲》："檀郎谢女眠何处，楼庭月明燕夜语。"罗隐《七夕》："应倾谢女珠玑箧，尽写檀郎锦绣篇。"而"才过宋玉，貌赛潘安""连璧接茵""潘安再世""子建才、潘安貌"等成语、典故，也都与这位美男子有关。

东晋时苏峻因屡立战功而威望渐著。庾亮为防范他作乱，欲征其进京任职，惹得阴险而多疑的苏峻率军反叛。受命平叛的陶侃和温峤在武昌倡议讨逆，闯了祸的庾亮因与温峤关系较好而投奔于他们。人们都认为陶侃会杀掉庾亮以安抚苏峻。庾亮虽非常害怕，但还是硬着头皮去向陶侃承认错误。这时奇迹发生了，庾亮的"风姿神貌"一下就把一代名将陶侃征服了。失去了脾气的陶侃立马改变态度，不但不再提诛杀庾亮的事，还挽留他与自己一同吃饭。

六朝时"美男"一词不是一个含糊的概念，它是有一些硬性的品评标准的。其中首要一条是皮肤白皙。玉人卫玠不消多说，裴楷有"玉人"之称，自然也达标。王衍是肤色晶莹如玉，王敦把众人中的他比作"似珠玉在瓦石间"，每当在论辩场合，王衍总是手持白玉柄麈尾，其手的肤色和白玉的颜色浑然一体。有一年春节，群臣给宋武帝贺年，外面大雪飞扬，貌美肤白的谢庄身披一身雪花而来，如同"肌肤若冰雪，绰约若仙子"的姑射神人一般。皇帝见了喜不自禁，忙要各位大臣赋诗，以纪其美。"美姿仪，面至白"的何晏，喝醉后"傀俄若玉山之将崩"的嵇康，也都是肤白貌美。

美男子的身材也有要求，标准是清秀瘦削、修身细腰，即所谓的"秀骨清像"。如王羲之"风骨清举"，温峤"标俊清彻"，嵇康"风姿特秀"，王衍"岩岩秀峙"等。魏晋时期绘画作品中的人物造型，也多是秀骨清像。南京西善桥宫山大墓出土的南朝模印砖画《竹林七贤与荣启期》中，八位名士均形象清瘦，削肩细腰，宽衣博带。

美男子的外貌固然是天生的，但适当的妆容修饰也少不了。男子的妆饰手法主要有敷粉、熏衣、剃面。《魏书》中说，何晏虽"面至白"，仍"动静粉白不去手，行步顾影"。《颜氏家训·勉学》中载，梁朝全盛之时，贵游子弟"无不熏衣剃面，傅粉施朱"。

美男子除了须有漂亮的外表，气质神韵同样重要。夏侯太初"朗朗如日月之入怀"，李安国"颓唐如玉山之将崩"，王恭"濯濯如春月柳"，王右军"飘如游云，矫若惊龙"，李元礼"谡谡如劲松下风"，嵇康"萧萧肃肃，爽朗清举"。他们哪一个的外形少得了神韵的衬托呢？嵇康的不凡风度，更是惹得好友山涛的妻子整夜偷看。

有人可能发现，上述所说人物似乎多是魏晋时期的。事实确是如此。随着审美风尚的滑坡，进入南朝后，人们对男性的审美要求，几乎只剩外表了。何炯"白皙美容貌"，王茂"洁白美容仪"，到溉"眉目如点，白皙美须髯"，梁简文帝"方颐丰下，须鬓如画，直发委地，双眉翠色"。据当时审美习尚，除了肤色白皙、外表清秀外，若再带点病态化、女性化的特征那就更好了。如"梁世士大夫，皆尚褒衣博带，大冠高履，出则车舆，入则扶侍，郊郭之内，无乘马者……及侯景之乱，肤脆骨柔，不堪行步，体羸气弱，不耐寒暑，坐死仓猝者，往往而然。建康令王复性既儒雅，未尝乘骑，见马嘶歕陆梁，莫不震慑，乃谓人曰：'正是虎，何故名为马乎？'其风俗至此"。而放浪任性的尚书左仆射周颛甚至连走路都得要人搀扶。《世说新语》载，周颛"雍容好仪形。诣王公，初下车，隐数人，王公含笑看之"。

宋孝武帝曾挑选王彧、谢庄、阮韬、何偃为侍中。这四人皆以美貌著称于世，被时人讥为"以形骸为官"。当时许多走上仕途的美男子都沾了貌美的光，如"姿表瑰丽，须眉如画"的王茂,"容止颓然,有过人者"的庾信,"美风姿,善容止"的王峻,"容貌美丽,状似妇人"的韩子高等。褚渊因"美仪貌,善容止,俯仰进退,咸有风则",宋明帝甚至称赏说,凭他的仪表风度可以做到宰相。

相反,某人若缺少一副锦绣皮囊,仕途则要艰难坎坷得多。陆慧晓"历辅五政,治身清肃",齐明帝曾"欲用为侍中",可终因其身材矮小而作罢。萧子范和他的两个弟弟萧子显、萧子云俱有才名,子显、子云因"伟容貌"、善举止,官封吏部尚书、侍中、大中正、国子祭酒等,而"风采容止不逮"的萧子范却"历官十余年,不出藩府"。这是怎样没落、病态的一种社会风气啊!

当然,不能说到美男子,就认为他们都仅仅只有一副好看的外表。也有许多美男子并不完全是靠姿色外貌行身立世的。潘安是西晋文学的代表人物,善缀辞令,长于铺陈,造句工整,"善为哀诔之文";沈约自幼"笃志好学,昼夜不倦","博通群籍",是一位著名的史学家,多次奉敕纂修国史,著有《晋书》120卷、《宋书》70卷;何晏著有《道德论》《无名论》《无为论》《论语集解》等大量作品，是魏晋玄学的代表人物之一。其实，对许多真正的美男子来说，若仅仅仰赖天生丽质、敷粉熏香，是根本造就不出他们那种"神清骨秀""爽朗清举""谡谡如劲松下风"的俊美神韵来的。

南京唐代名诗人冷朝阳

　　金陵曾为六朝都城，在隋灭陈时遭毁灭性破坏。曾经的建康雄都，"霸气尽而江山空，皇风清而市朝改"，吸引了大量文人士子来此凭吊怀古。在唐朝这个诗歌鼎盛的时代，王勃、张九龄、王昌龄、李白、常建、杜甫、储光羲、崔颢、皇甫冉、刘长卿、卢纶、刘禹锡、张籍、孟郊、杜牧、李商隐、温庭筠、许浑、杜荀鹤、陆龟蒙、皮日休、韦庄等著名诗人接踵而来，徜徉徘徊，歌咏吟唱。唐代虽有大量文苑英才来到金陵，但在统治阶层的刻意打压贬抑下，金陵文化事业的发展受到抑制，本土所出诗人不多。明代文人周晖在《金陵琐事》中列举了几位唐代的金陵诗人，如庾抱、徐延寿、孙处立、冷朝阳、许恩、孙革、陈羽、项斯等，其中只有冷朝阳稍为有名。冷朝阳所存诗文不多，他之所以有一点名气，不只因其作品，还因其在

《红线传》中扮演了一个角色。

冷朝阳生卒年不详，家住金陵乌榜村。乌榜村为南京旧时的一个地名。元代《至正金陵新志》云："按《图经》：初立西州城，未有篱门，立乌榜与建康分界，后名其地为乌榜村。在天庆观西。"随着时间的推移，后来其具体位置已无法实指。清末陈作仪《凤叟八十年经历图记》即云："余幼时读韩翃（翙）《送冷朝阳还金陵旧宅诗》：'落日澄江乌榜外，秋风疏柳白门前。'乌榜村名，虽不能实指其处，总不离汉西门西州桥一带。"

冷朝阳于唐代宗大历四年（769年）考中进士，大历五年至七年间为相卫节度使薛嵩幕客，唐德宗兴元元年（784年）任太子正字，贞元中官至监察御史。他的生平事迹史籍无载，我们只能从一些诗文中略窥其行迹。

冷朝阳考中进士后，未待朝廷任命即回金陵省亲。行前，京城长安的一些朋友，如韩翃、钱起、李嘉祐、李端等设宴为他送行，气氛热烈。宴间韩翃等还赋诗赠言。韩翃《送冷朝阳还上元》写道："青丝绋引木兰船，名遂身归拜庆年。落日澄江乌榜外，秋风疏柳白门前。桥通小市家林近，山带平湖野寺连。

别后依依寒食里,共君携手在东田。"钱起也作《送冷朝阳擢第后归金陵觐省》:"莱子昼归今始好,潘园景色夏偏浓。夕阳流水吟诗去,明月青山出竹逢。兄弟相欢初让果,乡人争贺旧登龙。佳期少别俄千里,云树愁看过几重。"

冷朝阳擅诗,工五律,在一些典籍中被列为"大历十才子"之一。冷朝阳作品多已亡佚,《全唐诗》录其诗十一首,《全唐诗补编》存其诗一首,《全唐文》存其文一篇。其诗作包括《同张深秀才游华严寺》《中秋与空上人同宿华严寺》《登灵善寺塔》《送唐六赴举》《送远上人归京》《代薛嵩送红线》等。冷朝阳诗作以自然景物为主要题材,元代辛文房《唐才子传》称其"在大历诸才子,法度稍弱,字韵清越"。其《立春》写道:"玉律传佳节,青阳应此辰。土牛呈岁稔,彩燕表年春。腊尽星回次,寒余月建寅。风光行处好,云物望中新。流水初销冻,潜鱼欲振鳞。梅花将柳色,偏思越乡人。"冬去春来,冰消雪融,处处风光好,满眼景色新;梅红柳绿,惹人情思,家乡隔千里,亲人可安好?

《代薛嵩送红线》为冷朝阳最著名的一首诗,是他在薛嵩宴别红线时，应其所请而作。薛嵩乃唐高宗时名将薛仁贵之孙，"安史之乱"中委质逆徒，仆固怀恩率军东收河朔时，降于王师。他宴别红线的故事，出自唐代翰林学士袁郊的《红线传》。

薛嵩任潞州节度使时，田承嗣为魏博节度使。田承嗣原为安禄山部将，后降唐。此人骄横跋扈，野心很大，对他人地盘虎视眈眈。薛嵩日夜忧虑，计无所出。

薛嵩府上有一青衣叫红线，《唐诗纪事》载："潞州节度薛嵩，有青衣善弹阮咸琴，手纹隐起红线，因以名之。"红线见主人忧愁，表示愿为分忧。一个夜晚，她潜入重兵把守的田府，从田承嗣卧室盗走了装有官印的金盒。正当田承嗣惊慌失措时，薛嵩的使者送来了金盒及一封信。信中告诉他，昨天有人从您床头取了一个金盒给我，我不敢留下，特派人送还给您。田承嗣大吃一惊，知道薛嵩身边有高人，不能打他的主意，忙回信示好。薛嵩原来担忧自己的地盘被田承嗣占去，如今红线出手相助，帮他保住了领地。

红线为薛嵩解除危机后，辞行欲去。薛嵩挽留不住，召集宾朋为她饯行。席间，他以歌送红线酒，并请冷朝阳作送别诗。

冷朝阳被宴席气氛所打动，作《代薛嵩送红线》道：

采菱歌怨木兰舟，送客魂销百尺楼。

还似洛妃乘雾去，碧天无际水空流。

诗句借景抒情，语言清丽，情韵悠长，耐人回味。俞陛云《诗境浅说续编》评曰："有美一人，菱歌罢唱，高鬟拥雾，罗袜凌波，驾莲叶轻舟，乘风竟去，剩有销魂者。倚百尺高楼，望流水悠悠，碧天无际耳。诗不专写离别之情，而拟以洛妃之灵迹，情韵殊长。"

据云，冷朝阳吟罢此诗，薛嵩不胜其悲，情难自抑。红线也边哭边致礼，然后悄然离开，不知去往了何处。

唐懿宗咸通年间，袁郊撰辑了一部传奇小说集《甘泽谣》，《红线传》即其中的一篇。后人据《红线传》敷演创作出了许多戏剧、小说，如梁辰鱼的《红线女夜窃黄金盒》、李既明的《金盒记》、胡汝嘉的《红线记》、程守兆的《金盒记》等，扩大了红线故事在民间的影响。冷朝阳也因《红线传》而闻名。

萨都剌金陵怀古

　　萨都剌是元代诗坛的一位出色作家。在经商、做官的过程中，他的足迹踏遍大江南北、长城内外。他曾两度到南京任职，经商、旅行也几次经过南京，写作了许多关于南京的诗词，有山水诗、记游诗、登临怀古诗等，其中多首是脍炙人口的名篇，记录了那个时代南京的自然风光、城市风貌、社会变迁等。

身世行状，留下重重谜团

　　萨都剌，字天锡，别号直斋，本为西域答失蛮氏。其家族在随蒙古西征大军东返时迁至内地，入居中原。有资料说萨都剌的先辈以世勋镇守云州、代郡，定居在代郡，他即出生于此，代郡（山西代县）古称"雁门"，因此他是雁门人。但萨都剌在

萨都剌像

诗文中多自署"燕山萨都剌","燕山"即北京。

萨都剌虽出身将门,但至他少年时,家道业已中落。青年时期,作为家中长子,支撑家庭的重任落到他的肩上,他只得经商做买卖,以维持全家生计。元泰定帝泰定四年(1327年)萨都剌考中进士,这时他已五十多岁。萨都剌取得功名后,授镇江路京口录事司达鲁花赤,后来还担任过江南行台掾史、燕南河北道廉访司照磨、福建闽海道廉访司知事、翰林应奉、江浙行中书省郎中、江南行台侍御史、淮西江北道廉访司经历等职。晚年他流寓东南,后不知所终。

萨都剌是元代诗坛一位出色的英才，与元朝著名诗人虞集、杨维祯齐名，也是我国历史上为数不多的用汉语写作而取得非凡成就的少数民族诗人。其作品关注现实，题材多样，风格独特，具有风流俊爽、流丽清婉的特色。他还兼通书画，可谓多才多艺。诗人生活的年代差不多与元代相始终，作为一个终生蹭蹬于社会下层的低级官吏，对这个内忧外患不止、铁马干戈不息的时代有着真切的感受，他在作品中较多地记录了民间疾苦，揭露了官吏残酷。他还写有许多山水诗与怀古诗。在经商、做官的过程中他的足迹踏遍大江南北、长城内外。比起货物金钱，水光山色于他更有吸引力，每一处的山水风光，都使他迷恋、陶醉。

萨都剌是进士，又属身份仅次于蒙古人的色目人，诗文成就也不凡，其生平按理应会在史籍中留下文字，然而由于他一生官沉下僚，担任的多是八九品小官，因而他的事迹在正史中未有什么记载，也未见碑刻流传，关于他的籍贯、生卒年、行踪、作品等，都存在种种不同说法，留下重重谜团，他的身影在历史中颇多模糊不清之处。不过，他在经商、做官、旅行过程中写作了大量诗词，记录了自己的旅途行迹、思想脉搏，后人凭此可大略勾勒出他的行状。

酷爱山水，遍访金陵胜迹

萨都剌曾于元文宗至顺二年（1331年）至元顺帝元统二年（1334年）、元顺帝至正六年（1346年）至至正八年（1348年）两度在南京任职，经商、旅行也几次经过南京。南京山川形胜，虎踞龙盘，古迹众多，内涵丰富。六朝古都的江山胜迹、沧桑经历激发孕育了他的灵感、情思，他写作了许多关于南京的诗词，有山水诗、记游诗、登临怀古诗等，其中多首是脍炙人口的名篇，记录了那个时代南京的自然风光、城市风貌、社会变迁。

萨都剌年轻时在南方经商，主要活动在长江下游至中游的江苏、安徽、湖北等地，其间曾到过南京。南京是他喜爱的地方，他多次梦想来到这座古城。当有一天真的前往南京时，可以想象诗人是多么的激动、欣喜。在第一次前往南京的路上，虽然天空下着丝丝细雨，但他轻松愉悦的心情丝毫未受影响，一路上溪水、野花与他相伴而行，这些溪水、野花似乎也与诗人的心情一样充满了喜悦、欢快。他在《金陵道中》五首诗中记录了旅途的见闻与感受："平生梦想金陵道，此日偶然身自来。应是山云喜诗客，野花满路雨中开"；"梦想江南今日到，肩舆过处落花风。行人五月金陵道，石竹花开白雨中"。

后来步入官场在南京任职期间，他广交各界朋友，体察风俗民情，遍访名胜古迹，对古都南京做了更全面的了解，认识也成熟深刻了。南京在历史上屡经兴废，其沧桑变迁极易触发诗人吊古伤今的情绪，如"吴宫花草埋幽径，晋代衣冠成古丘""人世几回伤往事，山形依旧枕寒流""六朝旧事随流水，但寒烟衰草凝绿"。萨都剌在南京和好友薛昂夫、张翥等人登赏心亭，访景阳宫井、周处读书台，沿青溪夜行，游长干寺、铁塔寺、龙潭紫薇观。有的地方他不止一次前往，比如凤凰台，便曾"几回惆怅此中行"。元顺帝元统元年（1333年），他与南台御史大夫易释董阿登凤凰台，在凤去台空的古迹前，他触景生情，思绪万千：

凤凰台（高岑《金陵四十景图》）

六朝歌舞豪华歇，商女犹能唱《后庭》。

千载江山围故国，几番风雨入空城。

凤凰飞去梧桐老，燕子归来杨柳青。

白面书生空吊古，日陪骢马绣衣行。

从诗人留下的作品看,萨都剌寻访较多的地方是石头城、钟山。星空辽阔的夏日之夜,他登石头城游目骋怀:"星河下平地,风露满空山。犬吠松林外,灯明石壁间。"雪满江天的冬日,他和朋友在石头城下泛舟江中:"著我扁舟二三友,江上雪槎泛牛斗。"

清凉山(《南巡盛典》)

有时不愿远足，他就去青溪道院里坐坐，享受"孤舟横野水，门外雪晴初"的宁静时光，或和李孝光、观志能等朋友去城西光孝寺里品品茶、斗斗诗。

萨都剌作品以诗为主，另还写过一些词。虽然其词流传数量不多，但大都为人们耳熟能详。其中写南京的就有《念奴娇·登石头城》《念奴娇·登凤凰台怀古》《满江红·金陵怀古》等，兼具清婉秀丽与豪迈慷慨的风格。《满江红·金陵怀古》，是一篇人们争相传诵的名篇：

六代繁华，春去也、更无消息。

空怅望、山川形胜，已非畴昔。

王谢堂前双燕子，乌衣巷口曾相识。

听夜深、寂寞打孤城，春潮急。

思往事，愁如织。

怀故国，空陈迹。

但荒烟衰草，乱鸦斜日。

玉树歌残秋露冷，胭脂井坏寒螀泣。

到如今，惟有蒋山青、秦淮碧。

古往今来，人事代谢，唯有青山绿水长存。诗人通过山川风物依旧而六朝繁华不再的对比，抒发了对古今沧桑巨变的感慨，意境苍莽远阔。

官沉下僚，空怀一腔抱负

萨都剌年轻时家境贫困，生活处于一种"家无田、囊无储"及"家口相煎百忧集"的窘境，靠做小本生意维持家庭衣食。热爱诗书的萨都剌并不愿成为一个商人，他也不擅长经商，因而经商只勉强维持了他和家人的基本生活需要，未能使他的生活得到改善，贫穷与苦闷一直伴随着他。重阳佳节，人们饮酒赏菊，而他却流落天涯，虽思念家中亲人，却"无钱沽得邻家酒，不敢开窗看菊花"。他本质上是一个读书人，"心求安乐少思钱"，对金钱并不看重，也不想在追逐财富中度过一生，一心希望通过诗书赚取功名。他也胸有济世之志，可是尽管怀有满腹经纶，却没有施展抱负的机会，因为元朝建立后将唐宋以来的科举选士制度停废了数十年，堵塞了读书人进入仕途的通道，他只得在商贾生涯中漂泊、沉浮。

元仁宗时，朝廷开科取士，为无数读书人改变自己的人生命运点燃了梦想。萨都剌在人过中年后，终于等到期盼了几十年的机会，元泰定帝泰定四年（1327年），他"试丁卯阿察赤榜，赐右榜第三甲进士"。这时诗人虽已五十多岁，但锐气却没有被艰难的生活磨蚀掉，他雄心犹在，希望能大展宏图，为国效力："小臣涓滴皆君赐，惟有丹心答圣明。"

元文宗天历元年（1328年），他来到镇江就任京口录事司达鲁花赤。这是一个掌管一方狱讼、钱谷、工役等公务的官职，在任上他为民做主，解民所困。他到任的第二年即天历二年（1329年）四月，江南发生灾荒，"民嗷嗷饥甚"。上司命出粟平粜，但百姓无钱购买。敢于为民请命的萨都剌问道："民命危在旦夕，即使斗米三钱，百姓钱从何出？"上司觉得他言之有理，采纳了他"尽发仓廪"的建议，拿出库中粮食赈济饥民，使几十万灾民免于饿毙。

元文宗至顺二年（1331年）至元顺帝元统二年（1334年），他调任江南行台掾史。江南行台即江南诸道行御史台，为中央御史台的派出机构，统辖江浙、江西、湖广三行省及江东、江西、浙东、浙西、湖南、湖北、广东、广西、福建、海南十道共450县。其职掌是于辖区内纠察百官善恶、政治得失，亦兼按刑狱。元顺帝至正六年（1346年）至至正八年（1348年），他又来到南京担任江南行台侍御史。在官场上萨都剌克己奉公、廉洁善教，不过由于他官职低微，他于江南行台任职期间的事迹未见流传。

萨都剌有着远大的抱负，曾借伞抒怀，希望"但操大柄常在手，覆尽东南西北行"，可是他的职位一直很低，只是一个位卑言微的八九品小官，欲有作为却无法施展，始终处于"自笑江南无用客，一春无事只题诗"的窘境。他也信奉以诗歌反映时事，希望自己的声音能传入宫廷，为改变社会现状尽一份力，然而社会现实的残酷和百姓生活的艰辛却使他大失所望。

晚年致仕以后，萨都剌贫困潦倒，流寓东南。"白发词臣多感慨,长歌对酒向谁斟?"社会的动荡、现实的沉重、生活的艰难,使诗人的作品充满了伤感。这时的他已无力兼济天下了,只得迷恋山水,隐居避世。明代徐象梅在笔记中记载了他最后的时光:"每风日晴美,辄肩一杖,挂瓢笠,脚踏双不藉,走两山间,凡深岩邃壑人迹所不到者,无不穷其幽胜。至得意处,辄席草坐,徘徊终日不能去。兴至则发为诗歌。"

朱元璋点状元

朱元璋夺得江山后，认为治理国家还得靠读书人，于洪武三年（1370年）开始实行科举考试，举行了开国后的第一届乡试。洪武四年（1371年）殿试，他以貌取人点取吴伯宗为状元，明朝第一个状元诞生。随后，他却把科举考试停掉了。洪武十七年（1384年）他又重新开科取士。从吴伯宗至洪武三十年（1397年）春榜录取的陈䢿、夏榜录取的韩克忠，朱元璋一共封了七位状元。

状元虽是殿试的第一名，但皇帝从一众候选人中圈点状元时，并不完全是依据殿试成绩，其中受多种因素影响。朱元璋点状元也是如此，那些魁元并非都是殿试成绩最优者，各自的状元帽里有着不同的奇闻趣事。

朱元璋像

以貌取人

　　吴伯宗自幼聪颖，十岁即能为文。洪武三年（1370年）乡试名列第一，获得解元；翌年参加礼部会试考中第二十四名。

殿试时考官原拟郭翀为第一，但他颜值太低，与大明朝开国的新兴气象不相协调，而吴伯宗却相貌堂堂、器宇轩昂，其殿试答题也洋洋洒洒，应对自如，洪武帝遂将他点为状元。吴伯宗获得状元虽有运气的成分，但作为明朝的第一个状元，朱元璋对他青睐有加，不但赏赐了一堆冠带袍笏，还封他为从五品的礼部员外郎。这种超常的高规格安排，显示了明太祖对他的重视。

吴伯宗，名祐，生于元顺帝元统二年（1334年），江西金溪人，出生于一个书香门第。吴伯宗为人不错，看似性格温厚，实质外柔内刚，不依附权势，不迁就他人，哪怕遭受挫折也在所不惜。不过这种个性却也使得他仕途曲折起伏，颇不顺利。

吴伯宗刚入朝的时候，正值左丞相胡惟庸当权弄政。胡氏结党营私，欲人附己。耿直的吴伯宗不肯随附，胡惟庸怀恨在心，找了一个借口把他贬到凤阳去了。

凤阳是朱元璋的家乡，属于政治高危区，在那儿哪怕弄出一丁点儿差错，都不会有好果子吃。可见胡氏用心多么险恶。但吴伯宗不畏缩，不罢休，上书直论时政，弹劾胡惟庸，认为他"专恣不法,不宜独任,久之必为国患"。此时恰逢明太祖对胡惟庸已忍耐到极限,正打算废除他,吴伯宗的行动使其凑巧成了倒胡英雄。太祖随即将他召回京城,还安排他去越南出了一趟洋差。

吴伯宗从越南回来后,太祖任命他为太常寺丞、国子监司业,岂料均被他拒绝了。这可惹恼了朱元璋,你凭什么居功自傲、挑肥拣瘦?一边儿凉快去吧!随即他就被打发到大西北的金县(今甘肃省榆中县),做那里的教育主管。但他刚走不久,朱元璋便对这个大明第一位状元心生不舍起来,赶在半途把他召了回来,任命为翰林院检讨。这一回吴伯宗不再任性,仕途也进入顺畅阶段。到洪武十五年(1382年)时,他已升到武英殿大学士了。

然而好景不长,次年因受弟弟牵连,吴伯宗被降为检讨。洪武十七年(1384年)夏,太祖因事征求他的意见。遭受挫伤的吴伯宗又耍起了脾气,没好气地回答说:"此事非我所职掌,我不知道。"朱元璋终于忍受不住这个低情商的状元了:你几次三番与我耍脾气,还有完没完了?给我有多远滚多远去吧!一道圣旨，又把他发配到比金县更远的云南边陲去了。可惜吴伯宗行至半途，暴卒身亡，年仅50岁。吴伯宗留下的著作有《荣进集》4卷等。

凭梦选魁

朱元璋开国后仅搞了一次开科取士便将其废止了，改为荐举。其理由是，科举考试所选出的读书人不堪使用。可是，十多年后他却更加失望，荐举根本选不出真正的人才。洪武十七年（1384年）他只得将已停罢十余年的科举考试又恢复了起来。此后三年一届，成为定制。

洪武十八年（1385年）二月，从乡试选出的472名获得参加会试资格的举子在京城参加角逐。会试结果，黄子澄考中第一，练子宁次之，花纶第三。随后又举行了殿试，读卷官初拟花纶第一，练子宁次之，黄子澄第三。待拆开首卷，太祖见是花纶，便以其年少置为二甲。然后他又告诉大家，自己昨晚做了一个梦，梦见宫中有一颗巨大的钉子，下面缀着几缕白丝，在日光下悠然飘拂。阅卷官们心领神会，忙在试卷中翻找，果然在三甲中发现一个姓丁的人——丁显，他的名"显"的繁体中有两个绞丝，且其上为"日"，正应了日下飘丝，与太祖之梦完全吻合。朱元璋龙颜大悦，擢其为状元，授予从六品的翰林院修撰之职。这个丁显本来试卷没有做完，名次落在三甲，却因朱元璋的一个梦而独占鳌头，真是太富有戏剧性了。这一年他28岁。

丁显，字彦伟，福建建阳人。自幼资禀聪慧，入县儒学学习。洪武十六年（1383年）被选送太学深造，洪武十七年（1384年）乡试中举。

丁显博通经史，文思敏捷，但因年龄不大，还没有学会世故，有时会流露出沾沾自足的神色。进翰林院不久，一次上书论事时，语气激烈了一些，开罪了朱元璋。太祖一怒之下，把他贬到广西驯象卫去了。身处僻远地区丁显心情郁闷，生了一场病，未及赦还便弃世而去了。朱元璋颇为心痛，愤怒地对驯象卫的人说："丁显年轻气盛，朕有意惩罚他到你们那儿去磨磨锐气。你们却不好生呵护他，太不称职了！"结果这帮倒霉鬼全被治了罪。

自幼聪慧、少年得志的丁显,因过早去世,没有做出什么业绩,也没有留下什么著作,只是靠一顶状元帽而"显"了一下。如果不是因皇帝的一个梦而戴上这一顶桂冠,他的命运很可能会是另外一个样子,人生也可能要丰富一些吧!

不过谁能说朱元璋的梦不是一个借口——作为否定阅卷官们所定名次的幌子呢!洪武二十一年(1388年)戊辰科,主考官们还记得皇上的那个梦,特地又把一个叫施显的人拟定为状元。然而这一次朱元璋却对"显"不感兴趣了,另选了一个叫任亨泰的湖北襄阳人为新科状元。不知主考官们是真不明白还是假装糊涂:点状元的事用不着你们代劳,这是皇帝自己的特权。

一年两元

明洪武三十年(1397年),科举史上闹出了一个响声很大的"南北榜"案。这年三月殿试,录取了一批进士,全是南方人；夏天又推翻了原先的考试结果，重新开科录取了一批进士，全是北方人。这一年便产生了两位状元——陈䢿和韩克忠。在这桩科举大案中，南方举子们蒙受了不白之冤。

洪武三十年（1397年）三月五日，会试发榜，录取的52名贡士中，从第一名宋琮到最后一名刘子信，全都是南方举子，北方考生无人上榜。巧合的是，考官刘三吾、白信蹈、纪善也都是南方人。名单公布后，北方士子很是不服，群情哗然。有人借此闹事，说考官有意搞地域歧视，偏袒南方人，贬斥北方士子。随后的殿试中，又录取了福建闽县人陈䢿为状元，这更加剧了北方人的愤怒。

朱元璋追问主考官刘三吾。刘三吾回答说："北方在元朝长期残酷统治下，文化受到极大摧残。虽然大明开国已有数十年，但北方举子的文章仍远不如南方举子，这是众所周知的事实。南北同榜，必然会出现南优北劣的局面。"这样的解释是不能平息风波的，朱元璋只得命前科状元张信等翰林官员复审。张信等人经过一番认真的调查复核，给出了一个维持原榜的结论。

这些官员太不了解皇帝的用心了，朱元璋对这种刁民闹事事件能耐心对待,是有着深层考虑的,他不愿看到因此事而引起北方的骚动。可张信等人给出的结论于事何补？让朱元璋如何收场？

北方考生对这一复审结果自然不服。有人又告状说复审官与主考官相互勾结,弄虚作假,故意挑选北方举子中的劣等试卷进呈。

在这种情势下,要想稳住阵脚,笼络住北方人,朱元璋只得牺牲南方人了。他将所取贡士全部废黜,给原主考官和复审官罗织了一通蓝党、胡党叛乱分子的罪名,将张信、白信蹈等十余人一齐处死了,刘三吾因年老资深被免死,但还是被发配到新疆去了。就连新科状元陈䢛也没能逃过噩运,被革除功名,车裂而死。这个大明朝的第六位魁首,仅仅戴了不足20天的状元帽,即死于非命。

朱元璋在一番大肆杀伐后,于当年六月重开殿试。他亲自阅卷,选出61名进士。此科所取全部是北方人,一个南方人都没有,状元为山东人韩克忠。他之所以如此极端行事,一是为了让北方人狠狠出一下心中恶气,以尽快稳定他们的情绪；二是他吃定南方人在他的血腥统治下不敢胡作非为。

韩克忠,字守信,山东武城县人。中状元后,入翰林院为修撰,掌修国史。三个月后,升为国子监司业,负责教务工作。此时的国子监学政废弛,混乱不堪,他与祭酒张显宗整饬监规,修订条例,使其再次兴旺起来。

建文帝即位后升韩克忠为河南按察使司佥事。成祖篡位后,韩克忠被谪贬为涿鹿县令。洪熙初年,新帝起用他为都察院监察御史,不久卒于任上。

明武宗南巡逸事

  明朝的第十位皇帝明武宗朱厚照，就是那个一些小说、戏曲里常出现的"正德爷"，自弘治十八年（1505年）五月坐上大宝之位，一共做了16年的皇帝。据《明史·武宗本纪》的记载，他在正史上的尊谥非常动听，叫什么"承天达道英肃睿哲昭德显功弘文思孝毅皇帝"。实际上，他贪玩，喜游冶，爱冒险，是一个荒唐透顶、身上充满市井无赖气的顽主、活宝，对当皇帝、治理国家，兴趣明显不大。顶着"皇帝"这天字第一号的名头，他一点也不觉得过瘾，而是另替自己更改名字、授职授勋，自封为什么大将军、国公、总兵官。他还在皇宫里设立集贸市场，让太监扮作小贩，摆摊设点，自己装扮成商人，在讨价还价中逗趣取乐。

  在宫里玩得乏味了，他的心又飞出了高高的宫墙。从正德

明武宗像

九年（1514年）开始，他屡次微服出宫巡游。开始他还只是在北京附近的昌平、居庸关等地游荡，后来便越跑越远，甚至在大同渡过黄河，一头钻到了陕西的榆林、绥德等地。外面的世界果然更精彩，出了几趟宫后，皇宫对他已一点吸引力也没有了。

他只管自己尽兴玩乐，把皇权让给别人去享受，真正是昏君中极有个性的一个，浑身是戏，留下许多荒诞、可笑的传说故事。在31岁的时候,他终于把自己玩完了。

风沙弥漫的晋陕之地游历得腻味了,他的心里又被杏花春雨的江南撩拨得痒痒的,便打起了南游的主意。很多朝臣对他不时出游、置国事于不顾一肚子怨气,不断上疏谏诤。他感到极其厌恶,或对那些不知眉高眼低的大臣们大打出手,施以廷杖,或干脆将他们塞进牢房。

正德十四年(1519年)六月,宁王朱宸濠趁朱厚照荒于政事,扯旗造反,一口气攻陷了江西九江、南康等地。虽然情势危急,可明武宗却一点也不着急,在他看来,这反而是一桩好事。他正发愁找不到南游的借口呢,这不正好给他提供了一个求之不得的机会吗!这一年的八月,他打起"总督军务威武大将军总兵官后军都督府太师镇国公朱寿"的旗号,以征讨朱宸濠为由,亲率大军杀奔江南。

可是,谁料想他率领的队伍浩浩荡荡开出京城不远,刚行至河北涿州,宁王叛乱被平定的捷报就送来了——王守仁已生擒了朱宸濠。这个喜讯,对他来说却不是什么好消息,如果公开出去,大军就无南下的必要,他的南游计划也将泡汤了。此时，他的心早已飞向了南方，怎么办？他灵机一动，想到了一条妙计——把捷报封锁起来，大军继续南行。

历经数月跋涉，这年的十二月，明武宗率领的南征大军抵达扬州、南京。

既已到达江南，明武宗自然要在这山温水柔的地方好好享乐一番，他一直玩到第二年的闰八月才恋恋不舍地起驾回京。临走时，他猛然想起，南征的正事还没完成呢。天子亲征，被征伐的对象却是由别人擒获的，这说起来多没面子啊！他又是灵机一动，想到了一条妙计，这便是他导演的一出擒俘闹剧，他还亲自担纲了主角。在诸军的重重包围中，他让人卸掉朱宸濠的桎梏，将其释放出来。然后自己一身戎装，披挂上阵，用兵器划拉几下，将宁王生擒到手。随即捷报天下，天子大功告成。

在外的这一年时间里，他风流快活，荒唐至极，在民间留下了不少趣闻掌故。其中在南京快园钓鱼落水便是人们津津乐道的一件。当然这种不光彩的事多记载在笔记和野史中。

快园是当时南京的一座名园，位于城南箍桶巷西侧的小西湖一带，为南京的"风流教主"徐霖的私家园林，园中有晚静阁、丽藻堂、西湖等景点。徐霖虽只是一介布衣，明武宗却接连两次临幸快园，徐家的吸引力可谓大矣。

明武宗第一次驾幸快园的时候，好像是随兴而至，竟没有提前通知徐家一下。当时刚好有一个松江南禅寺的僧人来拜访徐霖。这和尚不巧得了疟疾，病得还不轻，只得在徐家住下，躺在床上养病。半夜时分他忽然生出一种预感，匆忙让人请来徐霖，说："圣驾马上就要到了，赶快把我移往偏僻的地方。"这和尚如此胡言乱语，是否病得糊涂了？不过徐霖虽心中狐疑，还是依其言让人将他搬进了自家祠堂。诡异的是，天刚放亮，"诸宦官拥驾至矣"。

明武宗垂钓的地点是快园的晚静阁，周围围观了不少人。忽然一条金鱼上了钩，众宦官一拥而上，你争我夺，竞相出高价购买，以逗天子开心。正当众人玩得忘乎所以时，明武宗脚下一滑，跌进了园池，衣衫尽湿。不过，这一意外一点也没有扫他的兴。快园因发生这件古今罕闻之事，丽藻堂被更名为"宸幸堂"，园池更名为"浴龙池"，其身价自然也非别家的园林可比了。

　　明武宗在徐霖家玩了两回后，对徐霖有了好感，后将他带往北京，多次要授其官职，徐霖却"辞而不拜"。精明的徐霖一定早就摸透了明武宗的脾性，而且他清楚得很，自己和他们是玩不到一块的。

牛首山（《南巡盛典》）

明武宗在南京还遭遇过一件大事，差点闹出惊天乱子。

一天他携妓游玩牛首山，在山中转了一天，兴犹未酣，夜里干脆就宿在了那儿。结果半夜里山上发生了大骚动。

这事发生在正德十五年（1520年）六月。《明史》上是这么说的："诸军夜惊，言彬欲为逆，久之乃定。"这件事很诡秘，正史语焉不详，说宿卫军士夜惊是因传言"彬欲为逆"，野史也有这么认为的。明人孙应岳便说："传武宗南巡，驻跸此山，江彬有异谋，山灵夜吼。"

江彬如欲作乱，不在城中谋划，却跑到一座空山中动手，于情于理都有点说不通，其真相究竟如何？南京文人周晖在《金陵琐事》中记载了他从牛首山弘觉寺老僧明寿那儿听来的一种说法。那天夜里，皇帝的从驾数千人宿卫在山上，挤满了各座寺庙，寺里的和尚只得另寻宿处，有个叫明智的僧人就睡在塔殿台基上。不料，半夜明智翻身时不小心滚落在地，突然发出一声惊叫。这一叫可把护驾军士惊动了，山中顿时喧嚷不止，一夜传呼不息。

人们为什么要借机给江彬安上想要作乱的罪名？原来这个

江彬是明武宗的宠臣，他随皇帝来到南京后，狐假虎威，为非作歹，令地方官恐惧不已。人们虽恨之入骨，但却无奈其何，借这件事抹黑他一把，也算是大伙给自己解了一下心头之恨吧。南京兵部参赞机务乔宇还编出了一个"山灵夜吼"的说法——这一"吼"既成功阻止了江彬的异谋，也开释了明智和尚的惊驾之罪。

商人凌濛初

我们多数人所知道的凌濛初，是一个拟话本小说家。其实他还是一位颇有影响的商人，他的经商活动主要是从事家传的雕刻印刷业。他在南京创作的传世名著《初刻拍案惊奇》和《二刻拍案惊奇》也可以说与商业活动有关，它们都是由商机催生出来的。

传承家业刻图书

凌濛初是浙江湖州府晟舍人，明万历八年（1580年）出生于一个官宦之家。20岁时他第一次来到南京，寓居在珍珠桥畔。后长期在此读书、创作、经商，一直到55岁进入官场，才离开生活了数十年的古城。

凌濛初像

凌濛初的经商活动主要是从事家传的雕刻印刷业。明中叶后，私人刻书业兴起，至万历时进入鼎盛时期。凌氏是湖州著名的刻书世家，其家族前后有近 20 人从事雕版印刷业，刻印了大量书籍，在明代出版史上占有重要地位。凌濛初就是该家族一位享有盛名的刻书家。

凌濛初在涉足刻书业时，作为文人兼刻书商人，他的经营活动和那些完全受利润驱使、被市场牵着走的一般民间出版商有所不同。他不是什么书都刻，主要刻印正统文化中的经书、前贤诗文，如《诗经》《孟浩然诗集》《韦苏州集》等。此外，当时戏曲、小说蓬勃发展，颇受社会各阶层喜爱，受其影响，他也选刻一些像《西厢记》《琵琶记》《红拂记》这样的文艺作品。

凌濛初刊《西厢记》

凌氏刻书的特色还体现在：他对图书底本的选择很严格，只有挑选到好的本子才会付诸枣梨；"凌版"不少图书采用多色套印，书页色彩斑斓，醒目美观；有的书中附有精致插图，增加了自身的趣味性和吸引力，郑振铎高度评价其"往往附以插图，精绝一世，为中国雕版术史上黄金时代的最高作品之一"。

由于凌濛初对家传刻书业声誉的用心呵护，"凌版"图书做得精致美观，深受人们欣赏，为明代文化事业的传播与发展做出了贡献。

发现商机著"二拍"

凌濛初作品中最为我们熟知的拟话本小说《初刻拍案惊奇》和《二刻拍案惊奇》，实际上也可以说与商业活动有关，它们都是由商机催生出来的。

作为一个读书人，凌濛初深受儒家思想浸染，强烈渴望经由科举踏上仕途，实现自己匡时济世的抱负，为此一直发愤攻读，潜心钻研，以求蟾宫折桂。无奈时乖运蹇，他的科举之途异常滞涩。数十年间他多次往返杭州、南京、北京参加乡试，可每一次都铩羽而归。

明天启七年（1627年），凌濛初又一次在乡试中失利，"丁卯之秋事，附肤落毛，失诸正鹄，迟回白门"。那年他已48岁，屡蹶场屋，心情异常郁闷，闷坐在书房玉光斋中，百无聊赖。为舒胸中垒块，遂"戏取古今所闻一二奇局可纪者，演而成说"。

其时，苏州文人冯梦龙整理的"三言"已完成，书商们争相传刻。一些"肆中人"见其"行世颇捷"，就向凌濛初约稿。亦儒亦商的凌濛初自然也敏锐地看到了商机，他预感到这种作品可能会畅销，就对"演而成说"的东西做了进一步整理加工，取名《拍案惊奇》，就是如今我们熟知的《初刻拍案惊奇》。此书刊印后，果然大受人们喜爱。书商们尝到了甜头，撺掇凌濛初再续新作。明崇祯五年（1632年），凌濛初的新作终于完成，即拟话本小说集《二刻拍案惊奇》。

与冯梦龙的"三言"主要以辑录改编前人的作品不同，凌濛初"二拍"近80篇小说基本上是根据野史笔记、文言小说、社会传闻等材料重新创作而敷演成篇的。多数作品题材贴近社会生活现实，通过一幅幅五彩斑斓的市民生活图画，真实地展现了晚明世俗社会的生活风貌。"二拍"虽然是面向市场而写的通俗文学作品，但作者没有一味迎合和迁就市场，创作过程中对作品的艺术性做了一些开拓性的探索，小说故事神妙奇特、生动有趣，情节发展曲折多变、跌宕生姿，使作品既充满现实气息，又富有艺术趣味，为我国古代白话短篇小说贡献了两颗璀璨的明珠。

商业思想与时新

在重农抑商的社会里，凌濛初作为一位颇有成就的学者和作家，能积极投身商业活动，固然是因其可带来数量可观的财富，无疑也与他不流于俗的商业思想密不可分。他对商人和商业活动的看法，我们虽难找到直接的答案，不过他的小说"二拍"中描写了大量商人的经济生活与经营活动，在一定程度上反映了他的商业观念与经济思想。

在"二拍"78篇包括爱情、交往、报恩、复仇、贪欲、薄幸等众多主题的小说中,有30多篇涉及商人及他们的活动。《转运汉遇巧洞庭红,波斯胡指破鼍龙壳》《叠居奇程客得助,三救厄海神显灵》等篇更是以描写商业活动为中心,商人成为了作品的主角。这在其前的小说中是不多见的。

传统文学作品中,商人多是势利、虚伪之徒,见利忘义,薄情寡义,但"二拍"中的商人形象大部分是正面的,如程元玉、王生、文若虚、程宰等,他们忠厚老实,买卖公平,敢于冒险,坚韧不拔。对商人从事的买卖活动,凌濛初也通过小说中的人物之口,说其是"正道""善业"。他认为,商人追求财富,是美好的理想愿望;他们将本求利,是正当的谋生手段。

我国古代社会重农轻商的观念根深蒂固,传统文人多视商业活动为贱业,不屑于与商人为伍。明中叶后城市工商业开始得到较快发展,经商活动蔚然成风,凌濛初的思想观念能够与时俱进,顺应了商品经济发展的形势。而他在经商活动中的实践与表现,更体现了一个儒商可贵的传统美德。

陈铎描绘市井风俗画卷

陈铎精通音律,被时人誉为"乐王"。他还是明代散曲大家,他的散曲创作成就卓著,是古代散曲的坐标性作家。其散曲中有一部《滑稽余韵》,将视角对准社会底层人物,描绘了当时南京百姓的生活形态和市井风俗,被称作"中国散曲史中的一幅《清明上河图》"。

令教坊子弟折服的"乐王"

陈铎,字大声,号秋碧,别署七一居士,约生活于明成化、弘治、正德年间。他出身于簪缨世家,曾祖父陈文为明朝开国勋臣睢宁伯,祖父陈政官至中府都督。明武宗正德年间,他承祖荫袭职济州卫指挥。

优越的出身和显赫的身份,养成了他随性洒脱的性格。虽然身在行伍,却是诗书画乐,样样在行,尤其精通音律,被时人誉为"乐王"。说起来他的这一雅号还是教坊子弟给封的呢。据顾起元《客座赘语》介绍:"大声为武弁,尝以运事至都门。客召宴,命教坊子弟度曲侑之。大声随处雌黄,其人拒不服,盖初未知大声之精于音律也。大声乃手揽其琵琶,从座上快弹唱一曲。"陈铎仅仅小试身手,即令教坊诸子弟大为骇服,一个个跪地叩头曰"吾侪未尝闻且见也",并尊称他为"乐王"。

作为一个政府官员,尤其是统领数千人的军官,作词唱曲,在正统的价值观里实属不务正业。陈铎因此没少受鄙视和冷落。周晖的《金陵琐事》中就记载了这样一件事。一次陈铎因事去谒见魏国公徐俌。当徐公得知他是能写词作曲的陈铎时,就问他能不能唱曲。陈铎话不多说,从袖中取出牙板,便唱将起来。岂料这位"持身廉慎"的徐达五世孙非但未赞一词,反而一脸鄙夷地说:"你陈铎作为一个堂堂的金带指挥,不用心为朝廷做事,却整天牙板随身,制乐度曲,何其卑也。"说完将手一挥,让他离开。不过,徐俌的态度反证了陈铎对词曲创作的热爱和迷恋。

散曲史上的"坐标性的作家"

陈铎不只是"乐王",他的词曲创作同样成就不凡。他创作了数量众多、题材丰富的散曲作品,是一位被《中国古代散曲史》称为散曲史上的"坐标性的作家"。

陈铎擅长北曲、南曲,小令、散套、杂剧、传奇、院本等也都拿手。其现存作品有散曲集《秋碧乐府》《梨云寄傲》《可雪斋稿》《月香亭稿》《滑稽余韵》,杂剧《花月妓双偷纳锦郎》,传奇《郑耆老匹配好姻缘》,院本《太平乐事》和诗词集《草堂余意》等。

在创作早期,陈铎所作散曲承袭元人旧套,内容多涉男女风情和闺怨相思。如《闻杜宇》:"东风荡荡雨霏霏,开到荼蘼,三三两两上林飞。别无意,只道不如归。昼长时候多春睡,被冤家几遍惊回。只愿的墙儿边、园儿内,绿残红废,免得他傍人啼。"这类作品缠绵幽怨,情韵深长,但也显得纤弱萎靡,甚至失之香艳、佻达。

后来随着阅历的丰富,其作品在选题上"博罗重采,无复拘限"。特别是目睹了社会下层百姓生活，他创作出了不少描写人民苦难、批判社会不公的作品。其中以散曲集《滑稽余韵》最为典型。

陈铎词曲兼工，在明代词坛也享有重要的地位。他的词作"超澹疏宕，不琢不率"。如《浣溪沙》："波映横塘柳映桥，冷烟疏雨暗亭皋。春城风景胜江郊。花蕊暗随蜂作蜜，溪云还伴鹤归巢。草堂新竹两三梢。"语言清淡，自然流转，描绘了一幅精致明畅的春景和一片生机勃勃的春意。

《滑稽余韵》关注市井细民

陈铎的《滑稽余韵》是散曲史上的一部独特作品。它将视角对准市井细民及世态百相，以城市下层的手工业者和工商业者为主角，揭示了各行各业、各色人物的生存状态，被誉为"是中国散曲史中的一幅《清明上河图》，是明代通俗文学大繁盛时代行将来临而先期吐露芳华的一支绿萼"。

《滑稽余韵》共包含141首小令，描绘了米铺、冠帽铺、墨

《滑稽余韵》书影

铺、扇铺、香烛铺、胭粉铺、鞍辔铺、茶食铺、柴炭行、绒线铺等行业的真实风貌,反映了银匠、箆匠、旋匠、机匠、铁匠、锯匠、挑夫、厨子、闸夫、猎户、甸户、渔户等劳动者的勤奋和辛劳。如机匠"双臀坐不安,两脚登不办。半身入地牢,间口味荤饭。逢节暂松闲,折耗要赔还。络纬常通夜,抛梭直到晚。捋一样花板,出一阵馊酸汗;熬一盏油干,闭一回瞌睡眼"；铁匠"彻夜与通宵，今日又明朝，两手何曾住，三伏不定交。到处里锤敲，无一个嫌聒噪；八九个炉烧，看见的热晕了"。

作品中还展示了他们精湛的手艺和熟练的技能。如捏塑匠手中的佛像"活泼泼眼鼻，汗津津面皮，少一口元阳气"；花铺里的象生花"妆点春无价，蜂蝶相看索惊讶"。

作者在肯定、同情这些凭着技艺和辛劳换取报酬、维持生计的劳动者的同时，也调侃、揶揄了一些行业丑态和陋习，如剪截铺、裱褙铺的弄虚作假，棺材铺、纸马铺的贪求一己之利，香蜡铺的挂羊头卖狗肉，柴炭行的唯利是图，等等。

作品对当时社会中一些以非劳动手段谋生的剥削者、寄生虫，像倚官仗势、欺压百姓的里长、牢子、门子、禁子、巡栏之流，借鬼神迷信哄骗财物的巫师、媒人、风水先生等人，则进行了辛辣的嘲讽和无情的揭露。如牢子"当官侍立公堂，归家欺侮街坊，仗势浑如虎狼"；里长"小词讼三钟薄酒，大官司一个猪头"；巡栏"通识各色牙行，能缉漏税钱粮，常吃无名酒浆"。

《滑稽余韵》的艺术风格迥异于作者的其他作品,它基本上是以当时的口语创作而成,通俗明快,幽默犀利,"事尽而思不乏趣,言浅而情弥刺骨"。作者在叙述中还夹杂着评价和褒贬,鲜明地表达了自己的态度与立场。

石涛长干接驾

清初著名画家石涛,即人们熟知的"苦瓜和尚",年轻时就已在绘画上取得了一定的成就和影响,但他一直期盼能有施展更大抱负的空间。康熙年间,他在南京长干寺幸运地得到了一次接驾机会,不由得点燃了心中希望的火苗。然而,后来的现实遭遇却令他大失所望。

移寺南京

石涛的身世极为不幸,自幼就被迫遁入空门,无奈为僧。他的父亲是明第十一代靖江王朱亨嘉。清顺治二年(1645年)南京被清军占领后,一些明朝藩王争相"延续国祚",朱亨嘉就是其中之一。他未经族议便把自己封为"监国",自立为明朝的承续人，结果被同宗唐王朱聿键幽死。年仅两三岁的石涛在仆臣喝涛的保护下逃出王府，隐姓埋名藏身佛寺，躲过了被斩草除根。清朝自开国至康熙初，始终未放松对明宗室成员的搜捕、追杀，石涛的生存环境极其险恶，他只能一直隐藏在寺庙里。

石涛出家是被迫的，佛寺只是他的庇护所，他身处佛门却心向红尘，直到五十多岁时还在说"今生老秃原非我，前世襄阳却是身"。他也一直没有成为一个虔诚的佛教徒将精力花在礼佛参禅上。既然兴趣不在诵经，志向不愿"成佛"，但又无其他路径可走，他只得走上喝涛为其设计的绘画之路。

当他逐渐长大后，佛门清心寡欲、木鱼清磬的日子，使他内心极其苦闷。他无法改变自己的命运，只能把才华和痛苦都倾注在画作中。

25岁时，他和喝涛来到宣城敬亭山中，在广教寺居留下来，结束了浪迹天涯的漂泊生活。在此期间，他多次到野外考察写生，以自然为师，与自然为友，逐渐在绘画上取得了一定的成就和名声。然而"山中四月如十月，衣帽凭栏冷翠沾"，这些并没有减轻漫长寂寞的佛寺生活带给他的孤独与凄凉。

进入康熙朝后,天下大治,社会稳定,清政府对明遗民的严峻政策有所松动,对明宗室子弟也不再一味捕杀,一些隐姓埋名的末路王孙终于敢公开活动。石涛也无须隐居深山了,为了寻求更好的发展空间,康熙十九年(1680年)夏,他离开了宣城山区,移寺江南首邑南京。

长干接驾

石涛到南京后禅寄在城南的长干寺即大报恩寺里。当时他虽在绘画上已有一定的名声,但在高僧云集的长干寺,初来乍到的他并没有什么地位,即使驻锡长干寺也还是僧友引荐的。

他寓居在寺里的一间叫"一枝阁"的陋室。长干寺是当时南京规模最大的寺庙之一,"五色琉璃照耀云日",极为富丽堂皇。可是一枝阁却极其狭小简陋,石涛局促其间,过着"为佛茶一瓯,清冷犹未极。灯残借余月,钵空且忘食"的日子。

有一次,他在宣城时结识的画坛前辈梅清来长干寺看望他。看到贫病交加的石涛"小楼齐木杪,如鸟独蹲枝。万事都无着,

石涛自画像

孤云或与期。吟成帘更卷,病起仗还支。一啸堪三昧,逃禅借尔为",梅清的心里很不是滋味。

在长干寺期间,石涛除了讲经论法,就是作画题诗。他的足迹踏遍南京的乌衣巷、雨花台、清凉台、玄武湖、莫愁湖、凤凰台、朝天宫、天界寺、钟山、幕府山等名胜佳境。这座明

第三辑 风度翩翩

金陵怀古图（第一幅，石涛作）

朝故都虽然山河依旧，但已江山易色。他抚今思昔，联想到自己抱负难伸，内心百感交集。他在南京还结交了不少权贵与名流，交往范围的扩大，进一步拓展了他的视野。随着绘画成就的提高和社会影响的扩展，他的思想和心态逐渐发生了变化，身上也开始焕发出奋发的豪气。

康熙二十三年（1684年），他在长干寺幸运地得到了一次接驾大清皇帝的机会。这年九月，康熙第一次启銮南巡。十一月至南京时驾临长干寺巡幸，接见了一些僧人。石涛有幸被选中参与接驾。他虽是明宗室子弟，但明朝灭亡时他还只是一个幼儿，因此对前朝并没有多少感情与留恋。而康熙到南京后，拜谒明太祖孝陵，行三跪九叩礼，倒是让他从心里生出了好感。这次"甲子长干新接驾"，既使他感到荣幸，也使一直想寻找机会做一点大事的他，在心里点燃了希望的火苗。

康熙二十八年（1689年），康熙第二次南巡到达扬州，正在其地的石涛又有幸在平山堂参与了接驾。接见过程中，康熙不但在跪着的人群里一眼认出了他，居然还叫出了他的名字。此时距他们第一次在长干寺见面已过去五年了。

康熙巡幸大报恩寺（《康熙南巡图》局部）

原来皇帝心中有自己！两次接驾面君的荣耀，被皇帝记住的恩宠，不禁让石涛无比惊喜、激动。为表达自己的感激之情，他满怀激情地绘制了一幅《海晏河清》画，并以新朝属臣自称，署款"臣僧元济九顿首"。他还在画上题写了一首诗："东巡万国动欢声，歌舞齐将玉辇迎。方喜祥风高岱岳，更看佳气拥芜城。尧仁总向衢歌见，禹会遥从玉帛呈，一片箫韶真献瑞，凤台重见凤凰鸣。"赞颂康熙是像尧、禹一样的贤明帝王。

北上京城

一直想寻求发展机遇和空间的石涛,在第二次接驾之后不久,终于满怀期望地去了京城。"顺江淮以遵途,越大河兮遐征,寻远游以成赋,将扩志于八纮",他要去那里一伸抱负,大展宏图。

其实在长干寺第一次接驾后,石涛就曾接到京城朋友的来信,邀请他过去。他欣然赴约。可是当他兴冲冲地赶到扬州准备借道运河乘舟北上时,京城朋友的信又来了,让他等一等再说。他的身份特殊,不敢贸然前往,只好耐心等待。这一等就是三年多,直到第二次在扬州接驾后才真正成行。

来到京城后,石涛结交了众多上层官吏,赶赴过许多诗酒之宴,也在绘画方面进行过不少交流。可是这些活动都是私人性质的,官方对他的到来并没有什么表示。而且在结交的这些达官贵人中,真正能体察到他的心思的人极少。

京城的境遇距他原先的期望差得太远了!他赶来帝都本是"欲向皇家问赏心,好从宝绘论知遇"的,岂料"赏心"根本讨不到,被"知遇"也只是空想,自己在京城的舞台上所扮演的角色,只是一介画匠,一个"乞食"者:"诸方乞食苦瓜僧,戒行全无趋小乘。五十孤行成独往,一身禅病冷于冰。"

回想走过的人生,石涛感到有点可笑,自己几十年来的"野心",竟然只是一个春秋大梦。如今自己已步入老境,该放弃幻想,为余生做一些准备了。康熙三十一年(1692年)秋,心灰意懒的石涛乘船南返,无限失落地回到了扬州。他打算从此定居于此,继续从事书画老本行,安安心心地打发自己残余的日子。

不见题诗纪阿男

明末清初女诗人纪映淮，聪慧秀美，才华出众，是古代南京众多才女中杰出的一位。映淮尚待字闺中，即以诗名饮誉江东，今夫子庙桃叶渡牌坊上的楹联就是改自她及笄之年所写《桃叶渡》诗中的名句"楫摇秦代月，枝带晋时春"。清初著名文人王士禛曾因倾慕与欣赏她而不得见，写下"不见题诗纪阿男"之句，表达自己的惋惜之情。

纪映淮生于明万历四十五年（1617年），字冒绿，小名阿男。据说她很小的时候小名叫"囡囡"，颇有男儿气的小映淮不满道："囡囡弱弱何时大，男男生生欲称雄。"父母对这小姑娘的"男子气"感到惊异，不过还是顺从了掌上明珠的心愿，给她将小名改为"阿男"。她后来便以"纪阿男"名世。

纪映淮祖居上元，她的家庭是一个书香世家。父亲纪青，

桃叶渡牌坊（孙素英摄）

字竺远，金陵名士，工诗擅文；母亲刘玉涵，苏州吴江人，父亲担任过应天府知府。受家风熏陶，纪映淮自幼就攻经史、习诗词，少女时代即创作出了不少作品。生长于风光绮丽的秦淮河畔的她，诗作清丽典雅，含蓄隽永。

纪映淮为人称道的诗词中有一首《秦淮竹枝词·咏秋柳》：

栖鸦流水点秋光，爱此萧疏树几行。

不与行人绾离别，赋成谢女雪飞香。

虽然写的是草木摇落的秋景，但格调明朗欢快，毫无萧瑟凄凉色彩，而末句以晋朝谢道韫柳絮喻雪为典入诗，暗含自比咏絮才女之意，显露了她非同一般女子的自信与才气。

纪映淮这首《秦淮竹枝词》当时唱红了秦淮河两岸，并由她的嫂子崔爱莲传唱到自己的家乡扬州。其时正在扬州任推官的王士禛听唱到这首诗后，对其诗风神韵极其赞赏。

清顺治十八年（1661年），王士禛因公事来到江宁，有感于六朝古都与秦淮人事的盛衰变迁，创作了《秦淮杂诗》14首。其中有一首就是因这首《秦淮竹枝词》有感而发，诗曰：

十里清淮水蔚蓝，板桥斜日柳毵毵。

桃渡临流（徐上添《金陵四十八景》）

栖鸦流水空萧瑟，不见题诗纪阿男。

作者于表达对纪阿男倾慕和欣赏的同时，还流露出与她悭缘一面的遗憾，不禁怅然叹息"不见题诗纪阿男"。

但在那个时代，一个男人对一个良家妇女说出这样无所顾忌的话，是极不庄重的，何况纪映淮还是名门出身。王士禛为什么会语失检点？原来他误会了纪映淮的身份。他在扬州时从歌女口中听说《秦淮竹枝词·咏秋柳》是从南京秦淮河畔传来的，便想当然以为其作者是一名烟花女子。

更过分的是，《秦淮杂诗》把纪映淮和秦淮河畔的风尘女子放在同一诗题下吟咏，而王士禛当时又是一位名震天下的诗人，这样的作品流传开来，将会给纪映淮的名声带来多大伤害！此事自然引发了纪映淮娘家人的不满。

王士禛的诗被人告知了纪映淮的哥哥纪映钟，映钟很是不满，当即修书一封，责备他道："公诗即史，乃以青灯白发之嫠妇，与莫愁、桃叶同列，后人其谓之何？"王士禛这才意识到自己的孟浪，随即回函赔礼道歉。

其实，当时王士禛不但不知道纪映淮的身份，更不知她早已孀居，并沉沦在社会生活的底层。明清鼎革后，纪映淮的人生发生了剧烈变故，陷入生活的困境。

明崇祯七年（1634年），18岁的纪映淮嫁给了山东莒州诸生杜李。虽然莒州的生活条件与环境远不能和南京城相比，但夫妇"分韵联吟，擘笺斗捷"，伉俪情深，琴瑟和鸣。

仅仅过了短暂几年的幸福生活，由于外敌攻袭，纪映淮的幸福时光戛然而止。崇祯十五年（1642年），清兵南犯，莒城告急。杜李登高一呼，率领数十位青年协助知州景淑范防守城池。同年十二月，清兵攻破莒州城，守城军民全部阵亡，杜李也英勇牺牲。纪映淮扶老携幼躲避到乡村，方才得以免祸。

王士禛任京官后，了解到纪映淮的艰难处境，欲让沂州府接济一下她的生活，使其才华能得到发挥。怀有杀夫之仇、亡国之恨的纪映淮，以"采薇"自喻，宁可茹荼席草。后来，王士禛又请诏旌表纪映淮，为其敕造节孝牌坊。牌坊刚立起来，纪映淮就将它推倒了。

挣扎在艰辛的生活中，纪映淮已没有太多精力和心情进行创作，所作不多的作品，题材、风格、感情色彩也已和年轻时的作品大为不同，它们有的感触季节变化，有的流露怀乡情绪，情感的基调再也不见当年的风姿神采。如一首表现思乡之情的《桃源忆故人·暮春》，全篇弥漫着伤感、愁苦的情绪：

楼前花逐东风舞，惟有杨花堪妒。

一味入帘穿户，不管愁人顾。

枝头杜宇声偏苦，叫得斜阳欲暮。

门外残红无数，零落横塘路。

纪映淮的诗词大多在明清之际的战乱中散佚了，如今只剩下寥寥几首。不过就这几首作品，已足以显示出她的不同凡俗。一代才女虽早已似零落的残红飘然逝去，但她超群的才华与高洁的品格，将永远如家乡绽放的红梅，映照着秦淮碧波。

刚烈之花葛嫩娘

秦淮河畔的众芳群姝中，不乏美丽聪慧又豪侠刚毅者，如李香君血溅宫扇，柳如是投水殉国。葛嫩娘也是一个这样的女子，而且是一个更为刚烈者。在明清易代那个天崩地裂的乱世里，一些平日高喊忠信礼义、气节操守的名流高士，在利害和生死攸关之时纷纷忝颜惜命，变节屈膝；倒是一些平日被人们鄙视侧目的风尘女子却能正气凛然，以身赴死，她们的人格、品行远远超过了许多须眉男子。

葛嫩娘，字蕊芳，在秦淮群芳中名气不算大，除余怀的《板桥杂记》中有一段记载，其他介绍她的资料极少。葛嫩娘既才艺双全，又"知奸辨贤，抱香自重"。而她在生命的最后时刻更是绽放出人生最绚烂的色彩。"主将欲犯之，嫩大骂，嚼舌碎，含血噀其面"。她在抗清被俘后，清军将领见她年轻貌美，欲私自占有，持刀胁迫她就范。嫩娘坚贞不屈，嚼碎自己的舌头和着满口鲜血向敌将脸上喷去，抗节而死。她的这一壮举使她年轻的生命显得光彩夺目，也反衬出无数精神委琐、道德崩塌之软骨头的丑陋无耻。

1939年，上海沦为孤岛时，著名剧作家钱杏邨为宣传抗战，以葛嫩娘的事迹为题材创作了一部话剧《碧血花》，通过赞颂她在南京沦陷时勇赴国难、壮烈牺牲的壮举，以宣扬民族气节，激励人们的抗日斗志。华成影业公司随后还将其摄制成了故事片。

葛嫩娘精彩的人生是和晚明名士孙临联系在一起的。孙临，本字克咸，后改字武公，自号飞将军。因排行老三，也常自称为孙三。孙临出生于安徽桐城一个诗书世家，虽少时丧父，但很早便研读历史。他聪慧过人，"于书、传略一涉猎，即解大意。娓娓而谈，或措之笔墨，皆成文章，尤工词赋"。

在那个改朝换代的乱世，能文善武的孙临，一心欲效仿李广、卫青抗击敌虏，建立奇功。余怀赞其"负文武才略，倚马千言立就，能开五石弓，善左右射。短小精悍，自号'飞将军'。欲投笔磨盾，封狼居胥。又别字'武公'"。然而政治昏暗的现实，却使他怀才不遇，抱负难伸。他曾以古树自况："良木在路旁，往来人不知。"许多士大夫在此境遇下醉生梦死，消极颓废。报国无门、前途迷茫的孙临，也以愤世嫉俗、落拓嬉皮的方式来纾解胸中块垒。天性风流俊爽的他，终日流连在歌台舞榭，沉迷于歌舞声色，在南京做出了许多惊世骇俗的举动。

孙临曾中意一个叫王月（字微波）的名妓，为捧红王月，他于崇祯十二年（1639年）七月初七举办了一场评选花魁的活动："己卯岁牛女渡河之夕，大集诸姬于方密之侨居水阁，四方贤豪，车骑盈闾巷，梨园子弟，三班骈演，水阁外环列舟航如堵墙；品藻花案，设立层台，以坐状元；二十余人中，考微波第一，登台奏乐，进金屈卮。"其内兄方以智见他沉溺于此，担心其"终究难有所作为"。孙临听后，只是一笑而已。

后王月为势家夺去，在抑郁寡欢之际，孙临结识了葛嫩娘。一次他与朋友余怀至名妓李十娘家闲坐。善于察言观色的李十娘看出了孙临内心深处的失落，便极力向他推荐才艺无双的葛嫩娘。孙临心中一动，立即往访之。"阑入卧室，值嫩梳头，长发委地，双腕如藕，面色微黄，眉如远山，瞳人点漆"。嫩娘招呼他坐下，孙临一见钟情，情不自禁地说："此温柔乡也，吾老是乡矣！"当晚即与其定情，在嫩娘处流连一月不出，后将其纳为副室。从此孙临不再盘桓烟花之地，一心一意与嫩娘恩爱相处。

两人志同道合，成为知音后，密谋联络爱国志士，共襄抗清义举。明亡后，孙临移家云间（松江），与朋友商议举兵起事。清兵破松江后，孙临与家人避居太湖、台州。

时唐王朱聿键于福州自立为王，任命杨龙友为兵部侍郎兼右佥都御史。杨龙友素与孙临友善，便上书举荐他为监军副使。顺治三年（1646年）七月，清军进攻福建。因杨龙友与孙临只是纸上谈兵的书生，军事上并无实际的指挥才能和作战经验，只得一路退却。杨龙友率军先入浙闽间的关口仙霞关，孙临携家眷及嫩娘随行。当他们撤至蒲城时被清军追及俘获。

就在此处，葛嫩娘慷慨就义，鲜血染红了铁骑下的土地。她如乱世里的一朵不败的刚烈之花盛开在仙霞岭上。

说书巨匠柳敬亭

明末清初时的说书艺人柳敬亭,是自他那个时代以来名气最大的说书人,被说书界尊奉为"祖师"。柳敬亭曾多次来到南京,在城南桃叶渡旁的长吟阁摆场说书,大受民众和官僚士大夫的欢迎。从他生前开始,便有许多作家、戏剧家、学者如黄宗羲、吴伟业、钱谦益等为他撰写诗词、散文、传记、戏剧、论著,介绍、褒扬他的艺术成就与人格艺品。古往今来说书艺人成千上万,并且在世人眼里,说书是一个低贱的职业,柳敬亭却因其臻于顶峰的说书表演艺术,他的豪情侠气,以及他在乱世中表现出的信念与气节,赢得了人们的喜爱,广受世人尊崇。

柳敬亭本姓曹,生卒年不详,有说其约生于明万历十五年(1587年),康熙十五年(1676年)前后去世。出身极其卑微的

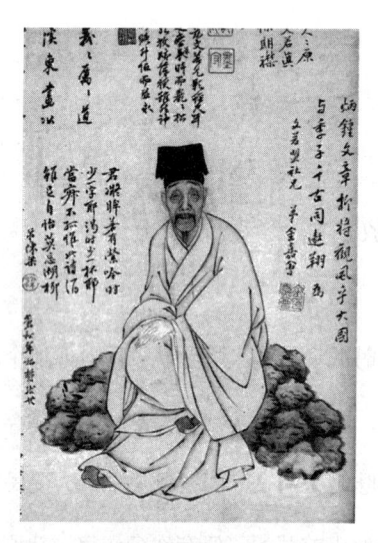

柳敬亭像（曾鲸作）

柳敬亭早年因犯命案，被迫逃亡，以模仿而来的说书技艺谋生。在一路流浪中，他察人情、观世风，把获得的人生体验与感悟融入说书艺术，技艺不断增进。18岁时他的说书艺术便声名鹊起，虽未得师传但已能"倾动其市人"。后又从学松江儒者莫后光。初次见面莫后光便发现他"随口诙谐，都是机锋"，极有才气。在莫氏的悉心指点下，经过几个月的勤学苦练，柳敬亭技艺大进。到第四次会面时，莫后光大为震惊他的进步，称其

柳敬亭像

"言未发而哀乐具乎其前"。

柳敬亭别师后又走上卖艺之路,先后到过扬州、杭州、苏州等地。万历四十年(1612年),在朋友龚鼎孳的帮助下,他来到南京并定居下来,在秦淮河畔设场说书。柳敬亭说书勇于创新,善于发挥。其所说历史故事不完全沿袭世间流传的文本,还增添了许多他自己独创的情节与内容。表演时在节奏上讲究起伏,开始时可能还让人觉得"叙事略平常",可不一会便"拽曳加低昂",说到筋节处,更是"叱咤叫喊,汹汹崩屋"。随着故事情节的推进,他运用轻重缓急的手法,把事件进展演绎得跌宕起伏,扣人心弦。

一时间他名声大震,"说书柳麻子"在南京城里几乎无人不知。虽然他形象又黑又丑,"黧黑,满面疤癗,悠悠忽忽,土木形骸",但人们还是狂热地喜爱他,追捧他。由于太多的人想听他说书,因此得提前排队挂号,才能订到场次。士大夫们对他的说书艺术也赞赏不已,比如如皋才子冒襄就特别喜欢他说的隋唐故事,他说:"游侠髯麻柳敬亭,诙谐笑骂不曾停。重逢快说隋家事,又费河亭一日听。"艺术鉴赏力颇高的张岱则特别赞赏柳敬亭的《景阳冈武松打虎》,他生动地评说道:"其描写刻画,微入毫发,然又找截干净,并不唠叨""其疾徐轻重,吞吐抑扬,入情入理,入筋入骨"。他还称赞柳氏"口角波俏,眼目流利,衣服恬静,直与王月生同其婉娈"。张岱把柳敬亭称比为演艺界唯一与王月生"行情"相等的人,这王月生可是当时"曲中上下三十年决无其比"的名伎。

柳敬亭作为一个说书艺人,后来能成为艺术巨匠,深受人们尊敬，不仅仅只是因他说书技艺精湛，还与他在乱世中的作为与情操密不可分。明末时期，国家乱象丛生，败亡暗流涌动，风雨飘摇里的明政权摇摇欲坠。虽然如此，以柳氏的技艺从事献艺生涯，还是可以拥有一份安逸的生活的。而且此时的南京城里相对也还较安宁，歌舞声色点缀着太平气象。但在这样一个外敌攻袭、神州陆沉的乱世，个人际遇跟当时的政治环境唇齿相关，"不但哀乐不能自已，连栖止游息也往往不由自主"。而"破家失国之事，无不身亲见之"，更对他产生了强烈的震撼。虽然自己社会地位低下，但他"位卑未敢忘忧国"，充分彰显了他卓尔不群的艺格和人格。

清顺治二年（1645年），柳敬亭投身到抗清将领左良玉将军幕中做幕僚。左良玉当时拥军十万，雄踞武昌。他的文檄虽由"幕下儒生设意修词，援古证今，极力为之"，但他对其中的幕僚文人气息却很不满意。倒是"敬亭耳剽口熟，从委巷活套中来者，无不与宁南意合"。由是左良玉对他颇为青睐，不但让他参与军中机密大事，甚至连有些军政公务也交由他去办理。

左良玉去世后，其部队溃散。柳敬亭也家财散尽，再次流落江湖。他没有陷入忧戚之中，而是重新走上说书谋生之路。三年的军旅生涯，增加了柳敬亭的生活阅历，也进一步提高了他的思想境界，给他的说书艺术增添了一份新的艺术效果，"每发一声，使人闻之，或如刀剑铁骑，飒然浮空，或如风号雨泣、鸟悲兽骇"。

柳敬亭虽为谈词之辈，却非"饮食之人"，他把自己的命运与国家命运紧密相连在一起，在时代的颠簸里保持着坚定的信念与气节，把黍离之悲、兴国之叹融入说书艺术中，让人们听后"亡国之恨顿生"，因而他已不纯然是一个艺人，他的说书也不只是给那个时代繁华侈靡的生活增添一份趣味，他的声音里有着振聋发聩的历史穿透感！

王小余：袁枚的厨师知音

在和袁枚相遇之前，王小余已是当时南京城里一个小有名气的厨师。他做的菜，"闻其臭者，十步以外无不颐逐逐然"，就是说人们老远闻到那香味就不禁垂涎三尺了。不管是他做的鲢鱼豆腐、家常煎鱼、芋煨白菜、煨三笋，还是素烧鹅、鳝丝羹、青盐甲鱼等，其用料之精、味道之美、技艺之高，在当时的南京烹坛可谓独树一帜。

尽管如此，他还只是一个普通的小人物——而且旧时厨师的社会地位还较低。后来因为遇到了袁枚并与之成为知音，王小余就不只是仅仅在当时小有名气，直至今天仍有着不一般的影响——被人们誉为史上十大厨师之一，并因有袁大才子所作的传记而青史留名。由于古代厨师是一个低贱的职业，在王小余之前，似乎还没有一个厨师有个人传记，更别说是由"江右三大家"之一的袁枚这样的大作家为之作传。王小余堪称古代无数厨师的一个幸运代表。

王小余来到袁枚身边,成为随园里的一名私厨,源自一个偶然的机会。

袁枚24岁考中进士后,在官场混迹了几年,于溧水、江浦、沭阳、江宁等地做过几任知县,政绩名声都还不错。但他是一个随性的人,自认为"不作公卿,非无福命都缘懒,难成仙佛,为爱文章又恋花",于是在33岁那年,敛影江宁,筑随园而居,做起了"直关风月"的仓山居士。

随性的袁枚生活却极其讲究,尤其对吃,那可是毫不含糊。他需要寻找一个厨艺不凡又忠诚贴心的家厨。在朋友的介绍下,王小余来到他的家中。

王小余遇到袁枚带有一定的偶然性,但他在袁枚家服务了近十年,能在美食家身边坚持这么长时间,则是他自己努力的结果。

王小余精于烹饪之艺,曾不无自豪地说:"味固不在大小、华啬间也。能,则一芹一菹皆珍怪;不能,则虽黄雀鲊三楹,

袁枚像

无益也。"意思是说能把山珍海味做得好吃还算不得本事，只有能将青菜萝卜这些普通的东西烹调得令人叫绝，那才叫真功夫。可贵的是他没有以此自矜，在袁家司厨的十年里，他自始至终，对厨艺一丝不苟，对主人忠心耿耿。选料"必亲市场"，掌火

"雀立不转目釜中",调味"未尝见其染指试也"。在如何让主人满意方面他可谓殚精竭虑,精益求精,"吾苦思殚力以食人,一肴上,则吾之心腹肾肠亦与俱上"——这样的家厨怎能不让主人喜爱。

他和袁枚相知相识,相互欣赏,也是他能在袁枚身边坚持下来的原因之一。王小余结识袁枚,可谓遇到了一个爱吃、善吃、会吃的人,这样的人正是他愿意追随的。他对那些只求酒足饭饱,不识味之好坏,将其精心制作的美味佳肴等同于腐败味劣的菜品吞下肚子的狂饮暴食之徒,并无好感。他也不是为了赚得几句廉价的奉承,否则他不会在袁枚身边待得下去。袁枚饮食挑剔、要求苛刻,一般人很难承受得了,但王小余要的正是这些。袁枚有时会批评、训斥小余,小余认为"美誉之苦,不如严训之甘",他把袁枚点中他潜在毛病的话视为提高自己的动力。他这么说绝不是矫情。有人问过他:"你一手好厨艺,干吗不跳槽换个人家?"他答:"知音难寻!"也曾有人要挖他走,其中不乏两江总督尹继善这样位高权重的大人物,但他不为所动。他说,知音难,知己难,知味尤难。他深知,自己的缺点,只有袁枚看得最清楚，自己烧的菜，只有袁枚最懂。正因为这位有文化、有修养的主人与他在烹饪之事上的互动、切磋，才使得他的烹饪技艺能够不断长进，最终臻于炉火纯青。

就袁枚而言，他能成就美食家的美名，也有王小余的一份功劳。他的记录自家随园私房菜食单的著作《随园食单》，广为人们称赞，其中原因固然有其出自大作家手笔的因素，但其基础还是建立在一份份别具一格的菜谱上的。无疑，这里少不了王小余们探索、实践的成果。其实袁枚亲自下厨的时候并不多，可以说其厨艺并不怎么样，他能做的更多的只是对美味佳肴的体味与记述，《随园食单》在很大程度上包括了王小余等人的从厨技艺、研究成果。

在袁家服务未及十年，王小余溘然西去。袁枚缺少了一个可以相互探讨饮食之道的知音，很长一段时间内，他的心里都有一种空落落的感觉，甚至"每食必为之泣"。思念之余，他认为小余已去，自己也没有什么可以回报他的，便以自己的专长为其写了一篇传记，叫《厨者王小余传》。这篇文章虽不长，但却使王小余成为我国历史上第一个有传记的厨师，使古代烹饪

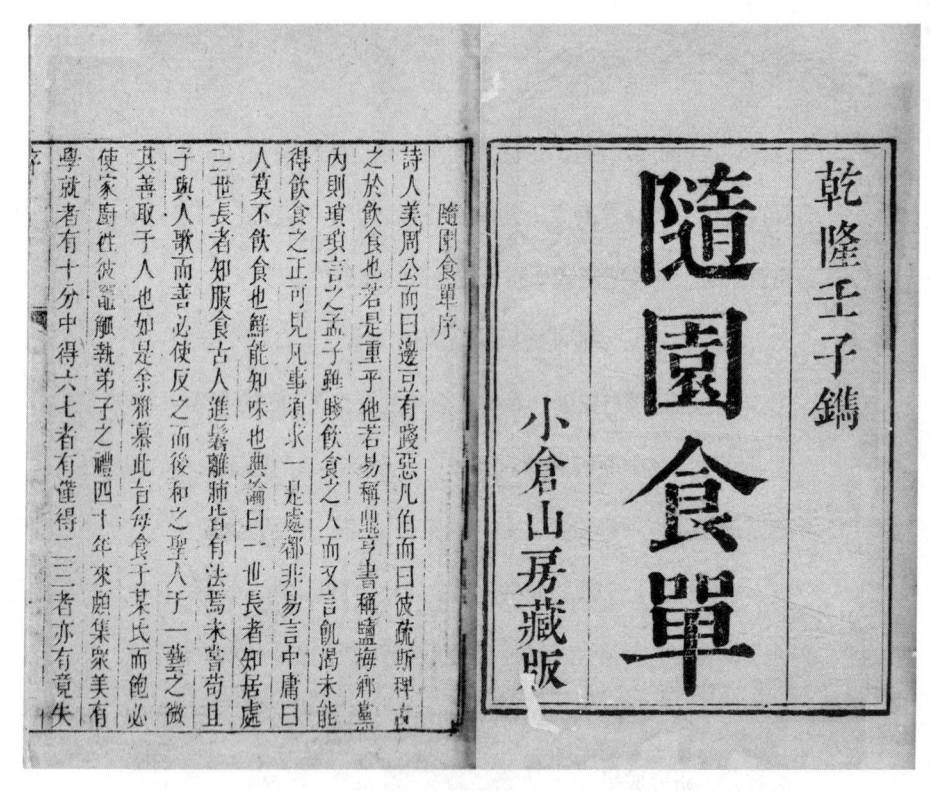

《随园食单》书影

界有了第一个被写进传记的人物。王小余也因此而得以留名。

袁枚能为王小余写传,固然有酬谢知音的因素,也与他平等待人的品格有关。在他之前的数千年历史上,无数文人墨客没有一人为厨师作过传记,更别说是为自己家的一个仆人作传。

袁枚在王小余的传记中没有止于记叙小余的厨艺,还写了他的烹调理论与处世为人,并在文末对小余的世界观与技艺做了升华。他说,王小余的思想和厨艺,"有可治民者焉,有可治文者焉"。短短一句话,把王小余的精神价值提升到了一个新的高度。

南京古代状元

我国1300年的科举史上，共产生了七百多位文状元。南京人文荟萃，历史上诞生的文武状元有十多位，其中文状元有卢郢、张孝祥、焦竑、朱之蕃、胡任舆、秦大士、黄思永。另还有许多状元在此生活、任职。作为古代科举考试的中心之一，科举文化和众多状元遗迹对南京的历史文化产生了广泛的影响，已积淀为城市历史文脉的珍贵记忆。

状元简介

卢郢，南唐后主时人，事迹在史籍中记载不多。他多才多艺，体力过人，曾以《王度如金玉赋》入试，而举进士第一，是南京历史上的第一位状元。

卢郢像

　　卢郢有勇力，好吹铁笛。乾德年间，一日在街头偶与都城烽火使韩德霸相遇，因未让道，韩德霸命左右捕执之。卢郢奋力击倒十余人，且将韩摔于马下，伤其面目。韩德霸向后主告状，反被后主训斥、罢职。

　　卢郢亦善文章。一次其姐夫徐铉受命撰文，数日不成，遂摆下酒席，欲请妻弟代笔。卢郢口授而令人笔录，一蹴而就,不窜易一字。徐铉进呈,后主疑问:"语势遒俊,似非卿作。"徐铉只得实告。自此卢郢文名大振。不久,卢郢升为后主近侍。

宋朝建立后,卢郢入宋任全州知州。虽有治绩,可是宋太祖仍对他不放心,将他远放至偏僻的广西。卢郢心情郁闷,却又无可奈何,于诗中流露自己的心迹道:"柳暗西洲供骋望,草芳南浦遍离情。登临一晌须回首,看却乡心万感生。"后卒于知州任上。

张孝祥,字安国,号于湖居士。生于宋高宗绍兴二年(1132年),卒于宋孝宗乾道六年(1170年)。浦口乌江人。乌江之地原属历阳(今安徽和县),明洪武九年(1376年)划入新置的江浦县,今属南京市浦口区。

张孝祥自幼天资聪颖,捷于文思。宋高宗绍兴二十四年(1154年)廷试第一,高中状元,当时他才23岁。此科殿试试卷上呈皇帝时,秦桧的心腹将其孙秦埙排为第一。宋高宗阅卷后认为秦埙的观点皆是秦桧等人的言辞,毫无新意,而张孝祥的文章立意超群,乃擢其为第一。

张孝祥摘得状元桂冠后，未及授职即上书为岳飞申冤。岳飞被陷害后，由于秦桧势焰熏天，人们虽在心里为他叫屈，却无人敢替他鸣不平。张孝祥的行为遭到秦桧一伙的疯狂报复，许多人受牵连被捕入狱。好在不久秦桧即病死，被迫害的一干人得以平安。

张孝祥中状元后历任校书郎、礼部员外郎、起居舍人、权中书舍人等职。在任建康留守时，遇金兵来犯，孝祥因极力赞同张浚北伐而被弹劾落职。起用后任广南西路安抚使，静江府知府等。宋孝宗乾道四年（1168年）徙荆湖北路安抚使，荆南府知府，政绩卓著。乾道五年（1169年）三月，因身体欠佳被批准致仕，进位显谟阁直学士。这年夏秋间，在送别朋友时宴饮于芜湖舟中，不幸中暑身亡。

张孝祥才华过人，是北宋词坛豪放派的代表作家之一，著有《于湖集》《于湖词》等。张孝祥墓坐落在江浦老山黄叶岭南坡。

焦竑，字弱侯，号澹然，江宁人。生于明嘉靖二十年（1541年），卒于明万历四十八年（1620年）。焦竑秀才时即负

焦竑像

盛名，学习也极其刻苦。然多次乡试不利，屡试屡败。但他屡败屡战，终于在万历十七年（1589年）近50岁时科场奏捷，而且摘得状元桂冠。

焦竑中状元后，任翰林院修撰，不久又被选为太子的辅导老师。然而由于他性格耿直，办事过于认真，为同列所忌，又好议论时政，为当权者所恶，于是被打发到福建去做了一个地方官。一年后又因考核不过关被降级。在思想和行为上颇为独立特行的焦竑遭此挫折,心灰意懒,于万历二十七年(1599年)辞官回乡,闭门著述。在科场上奋斗了二三十年的焦竑只在官场上干了十年便退下来了。

焦竑辞官后勤奋治学,博览群书,在古音韵学、文献考据学等方面取得非凡成就,成为明代著名学者。其著作有《国史经籍志》《类林》《考工记解》《俗书刊误》《词林历官表》《玉堂丛话》《京学志》《老子翼》《庄子翼》《笔乘》《焦弱侯问答》《澹园集》《京学志》《国史献徵录》《禹贡解》等。

焦竑的思想成就也极高,他承接与发展了晚明"泰州学派"的思想革新运动,主张人皆可为圣人,人人平等,大力倡导思想解放,力求打破程朱理学对人们思想的束缚。

焦竑还酷爱藏书,是一位著名的藏书家。

朱之蕃,字元介,号兰嵎,生于明嘉靖二十七年(1548年),卒于明天启六年(1626年),江宁人。朱之蕃幼年即聪颖出众,能文善书。万历二十二年(1594年)乡试中举,第二年中进士,廷试第一,取状元,授翰林院修撰,时年48岁。历官修撰谕德、庶子、少詹事、吏部右侍郎。

朱之蕃像

朱之蕃在万历三十三年（1605年）曾奉诏率团出访朝鲜。身为状元和著名画家，他到朝鲜后备受追捧，人们纷纷拿出金银、貂皮、高丽参、鹿茸等来交换他的画作。他用这些礼品换取了许多散遗在朝鲜的我国字画、古董，带回国内。但人们无偿赠送的礼品他坚决不收，受到朝鲜人高度称赏。

朱之蕃为人清雅恬淡，他曾对儿子说："人生聚则成形，散则成气，一来一去而已。"他笃于孝行友义，母亲亡故后，他回家丁忧守孝。丁忧期满，干脆辞官居里，并把父母留下的田产全部让给了弟弟。

朱之蕃绘画成就颇高。他长于山水，亦工花卉，不但是明状元中以绘画著称者，在我国绘画史上也堪称大家。他曾注意搜集家乡山水名胜的有关情况，"搜讨记载，共得四十景，属陆生寿柏策蹇浮舫，躬历其境，图写逼真，撮举其概，各为小引，系以俚句"。图成后，取名为《金陵四十景图像诗咏》。他的著作有《使朝鲜稿》《南还纪胜》《兰嵎诗文集》等。

胡任舆，字孟行，号芝山，江南上元（今南京）人。出生年不详，卒于清康熙四十三年（1704年）。康熙二十年（1681年）江南乡试第一。康熙三十三年（1694年）甲戌科状元，授职翰林院修撰。康熙三十六年（1697年）任丁丑会试同考官。

康熙三十八年（1699年）顺天乡试主考李蟠、副主考姜宸英营私受贿，案发后胡任舆受到牵连，被人告发"虽无子入考，却也从中渔利",遂遭解职。这其实是一桩冤案,但胡任舆此后未能东山再起,几年后撒手西去。

秦大士,字鲁一,号涧泉、秋田老人,江宁人。生于清康熙五十四年(1715年),卒于乾隆四十二年(1777年)。乾隆十七年(1752年)壬申恩科状元。其曾祖秦应瑚明末因兵乱自安徽迁居江宁,住在城南一条陋巷里。父亲秦有伦是个秀才,对子女要求相当严格。秦大士排行老二,自幼聪颖,读书刻苦,10岁已能写文章,稍长,又精通篆、隶、行、草,曾以卖字挣钱填补家用。

秦大士于乾隆十六年(1751年)进京参加会试,次年廷试列一甲第一,高中状元,授翰林院修撰。次年充顺天乡试同考官。乾隆二十五年(1760年)、二十八年(1763年)任会试同考官。后又任景山官学总裁,辅授皇子书课,以汉人的身份,成为培养八旗人才贵族学校的领导。他的教学成就显著,"八旗子弟无虑皆入学矣,至近数科,每榜一出,官学人才居半"。秦大士工作十多年后,因病请长假回到南京,此后未再出仕。

秦大士是宋代奸臣秦桧的后代,有一次,他与乾隆闲聊时,乾隆突然问，人说你是秦桧的后代，果真如此吗？秦大士答："一朝天子一朝臣。"他的这一回答既说明秦桧的所作所为皆是奉宋高宗之命，又暗示自己和秦桧不一样，很使皇帝满意。

　　秦大士政绩不甚显著，但于古代文化事业有一定贡献。其诗、字、画均不流俗，被时人评为"三绝"。

　　秦大士回南京七年后，买下武定桥东明代大学士何如宠旧宅作为新居，取名"瞻园"。此宅民间称为"大夫第"，因为他

秦状元府（朱小海摄）

的两个儿子都位居高官。长子秦承恩官至刑部尚书,次子秦承业官至山西乡试主考,以帝傅赠礼部尚书。

秦大士新居中的东山楼有他自撰的一副楹联,从中可见出他的人生态度:"辛勤有此庐,抽身归矣。喜鸟啼花笑,三径常开,好领取竹簟清风、茅檐暖日;萧闲无个事,闭户恬然。对茶熟香温,一编独抱,最难忘别来旧雨、经过名山。"

黄思永,字慎之,号亦瓢,江宁县人,生于清道光二十二

黄思永像

年（1842年），卒于民国三年（1914年），光绪六年（1880年）庚辰科殿试第一甲第一名，授翰林院修撰，官至伺读学士。

清咸丰三年（1853年），太平军占领南京，黄思永父亲率全家老小38口投入自家店坊油缸自尽。时思永仅12岁，由幼年定聘的金氏父亲金华殿抚养，且延请名师精心教读。完婚后他生活贫困，靠抄写经书、教授蒙童维持生计。后以拔贡身份进入军机处，边工作边读书，于38岁在殿试中夺魁。

黄思永曾两次遭御史弹劾。一次因国丧着吉服被参下狱；一次被参以水磨豆腐专小贩之利而遭革职。此后黄思永下海经商。光绪二十九年（1903年）在北京琉璃厂开工艺局，制作各种富于民族特色的工艺品，产品以景泰蓝铜器最为精巧，两次在国际博览会上获奖。光绪三十年（1904年），清政府设立农工商部，黄思永与张謇被聘为头等顾问官，二人共同起草并颁布诸多章程法规，大力扶持民族工商业，吸引众多投资者兴办工厂商行，被时人称为"商部实业两状元"。光绪三十三年（1907年）黄思永南归浦口任商埠督办。辛亥革命后，黄思永病逝于沪上。

黄思永还工书法，为清朝状元书家之代表之一。

状元遗迹

秦状元巷，位于今南京中华路西侧，秦大士老宅所在地。20世纪50年代初，与银作坊合并，称"秦银巷"，20世纪末又改名秦状元里。秦大士辞职回乡后迁入新居"大夫第"，今为长乐路57、59、61号。是如今南京唯一保存相对完好的状元故居。

朱状元巷，东起水西门仓巷，西至莫愁路。因状元朱之蕃的故居而得名。状元故居位于朱状元巷32号至34号，建于明万历年间。府内原有主厅、侧厅、书房、花厅、暖房、花园等。清代诗人王友亮《朱状元巷》诗云："巷小名偏大，争传太史香。高枝探月窟，疏派接天潢。行马非前日，啼乌又夕阳。澹园居不远，五里恰相望。"如今故居仅剩很少一部分建筑，且已破败不堪。出朱状元巷右拐不远，原仓巷115号，即为晚清南京最后一位状元黄思永故居。

焦状元巷,原名豆巷,近北门桥,明朝万历年间状元焦竑曾居于此。焦竑所居的楼屋原称焦状元读书楼。读书楼精致小巧,是典型明代风格的老建筑。焦竑是南京的大藏书家,其藏书代表了明代南京私家藏书的最高水平。明末藏书家祈承㸁说:"金陵焦太史弱侯,藏书两楼,五楹俱满,余所目睹。而一一皆经校雠探讨,尤人所难。"1994年,焦状元巷被全部拆除,历经四百年风雨不倒的焦竑读书楼也惨遭拆毁。

黄状元巷,在长乐路中华路一带。黄思永中状元之后,其旧宅所在之巷被称为"黄状元巷"。此巷已在城市建设中消失。黄思永后来看中位于朝天宫仓巷一处太平天国时期的王府,向光绪帝申请作为"状元府",得到恩准后举家迁入,这就是人们所称的"黄状元府"。

三元巷,此名来自尹凤武举连中三元之说。明嘉靖二十五年(1546年),尹凤中武举乡试第一名,次年又中武举会试第一名。由于当时还未实行武举殿试,因此也没有武状元一说,尹凤实际是连中两元,"连中三元"的说法系民间杜撰。尹凤的住宅位于今中山南路两侧的27号到28号一带,北伐军初到南京时蒋介石的总司令部曾设于此处。

状元境，位于夫子庙贡院西街以西。南京民间传说，此处是秦桧府第所在地，因秦桧与其儿子秦熺、孙子秦埙"一门三状元"而得名，但秦桧人品太差，人们便隐去其姓氏，直称"状元境"。如清末陈作霖的《钟南淮北区域志》就称："宋秦桧父子居此，皆举状元，以丑其人，故没其姓氏，但称为状元境。"实际上，秦桧及其儿子、孙子都不是状元，这一巷名也是清代才出现的。当时这里书店很多，许多文人和前来江南贡院赶考的考生都在此买书，人们为讨一个好彩头而取此名。

状元漫说

这里主要说说南京的文状元。南京历代共产生7位文状元，南唐1人，卢郢，宋代1人，张孝祥，明代2人，焦竑、朱之蕃，清代3人，胡任舆、秦大士、黄思永。另外太平天国时的傅善祥被认为是我国历史上唯一的女状元，但其说来源于野史，且只有一种出处，无其他文献印证。

两宋江苏出状元11人，南京1人。明代全国共产生89名状元，江苏16人，南京2人；清代有状元114人，江苏49人，南京3人。

中状元时最年轻的是张孝祥，23岁夺魁，这在整个状元群体中也是年纪较小的。秦大士、黄思永近40岁中状元。焦竑、朱之蕃、胡任舆则是50岁或近50岁中状元，属于夺魁较晚者。

我国历史上文试的"连中三元"者总共只有十多人。南京历史上没有文试"三元"，但有几个文试"二元"。状元中有两个，明代焦竑和清代胡任舆都是乡试第一，殿试第一。

张孝祥去世时最年轻，39岁。其他几位明清状元都活到60岁以上，接近同时代状元的平均寿命。朱之蕃活到79岁，焦竑则活到80岁，属于状元中年寿较高者。

明代南京的两个状元成就都较高。朱之蕃官至正三品的吏部左侍郎，是明代状元中绘画成就最高者。焦竑虽因在官场受挫而辞职，只做过从六品小官，但文学、思想成就较高，著述宏富。其文学成就与杨慎、康海齐名，并因此而身后得谥。在旧社会这是极高的荣誉，因为谥封一般都是给在政治舞台上有一定影响的高官的。

清代状元中胡任舆是家境比较殷实的状元之一，也是成就最不显著的状元之一，史料中有关他的事迹很少。秦大士是状元书画家，被收入《中国画家大辞典》。黄思永是我国兴办债券股票的第一人，也是收集整理甲骨文的第一人。

明代两个状元焦竑、朱之蕃原籍都是山东。清代秦大士祖上由江宁移居安徽太平，传至其曾祖又迁回江宁；黄思永祖上也是由安徽迁至南京的。

状元逸闻

这里辑录几则旧时笔记和民间传说中的南京状元逸闻，附于文末以增趣味。

明嘉靖年间，因南京有很长时间没有出过状元，城里的一些士绅便讥讽学宫教授王铣教学无方，王铣则推托说学宫前的泮池水流太快，把文运带跑了。年轻的学子焦竑也站出来为老师解围，说："要想水流慢，可打桩建桥。"士绅们竟信以为真，在月牙池西建造了一座文德桥。后来焦竑历尽曲折,在近50岁时终于高中状元。人们竞相传说:"建了文德桥,出了焦状元。"不知焦竑年轻时的这句话对他夺魁是否产生过激励作用。

朱之蕃年轻时,其父在外做家教。一次他随父亲来到一个员外家。这个才华横溢的年轻人吸引了富家千金的眼睛。富人知道后大发雷霆,斥其癞蛤蟆想吃天鹅肉,将他赶了出去。富家千金不忍心朱之蕃陷入困境,偷偷资助了他一笔私房钱,鼓励他努力学习,争取功名。朱之蕃没有让小姐失望,在乡试、会试、殿试中连连奏捷。他夺得状元后,衣锦还乡,如愿娶回了员外家的千金。实际上,朱之蕃考中状元时已年近半百,人家小姐若真等到那个时候,都快要成老婆婆了。

胡任舆祖上以打金箔为业,渐成巨富,田庄连片,奴仆成群。但胡家富而有德,人们认为胡任舆考上状元是祖上积德所报。胡家田地与大奸臣马士英家的相邻。南明时马士英权势熏天,欲以3000两银子强行买下胡家的一块田地,胡任舆的祖父毫无难色地答应了。南明灭亡后,胡家被马士英强买的田产物归原主,而且只花了原来一半的价钱,另还意外得到一季成熟的庄稼。

清康熙二十年（1681年），胡任舆在江南乡试一鸣惊人，夺得解元。中解元之后，他便做过一个梦，梦中有人交给他一首诗，中有"手弄双元小天下"之句。然而此后他的科举之路却异常艰难，久困公车。十多年里他三次进京参加会试，均名落孙山。好在他不惧挫折，坚持不懈，终于在康熙三十三年（1694年）蟾宫折桂。此科考试题中有"孔子登东山而小鲁，登泰山而小天下"，可谓应了他梦中的那句话。

秦大士中状元后在庶常馆学习了两年，快要参加朝考的时候，去关庙求了一签，得句云："静来好把此心扪。"他不解其意。考试的题目是《松柏有心赋》，要求通篇以"心"字为韵。考试中秦大士却忘了押"心"字韵。阅卷官以其为状元，仍把他列为一等。结果被乾隆看出，秦大士和阅卷官连忙谢罪。乾隆只是笑着说了一句"状元有无心之赋，试官无有眼之人"，并没有治他们的罪。如果这事发生在皇帝心情不好的时候，不知会是什么结局。

相传秦大士在杭州当官时，一次与袁枚等人游览西湖。来到岳坟时，大家在秦桧跪像前议论开来。当有人得知秦大士是秦桧的后人，便要他就祖先的跪像作一副对联。秦大士陷入尴尬，袁枚连忙代吟道："人从宋后羞名桧，我到坟前愧姓秦。"替秦大士解了围。此联以凤尾格颠倒嵌入秦桧姓名，表达了对秦桧鄙夷不屑、深恶痛绝之意。

状元出身的北宋名臣胡旦曾感慨：状元及第的荣耀，哪怕是直捣辽国老巢，全师凯旋，献捷太庙，也不能与之相比！清光绪六年（1880年），江宁黄思永殿试夺魁。中状元后，他衣锦还乡，排场空前："归里时，谒庙拜墓，游街归第，坐八人舆，前导以'状元及第'红旗数十竿，一时万人空巷，观者如潮。"

我国古代小说、戏剧中有好多家喻户晓的女状元故事，如《再生缘》中的孟丽君，《女状元》中的黄崇嘏。可实际情况是，古时候女子是不能参加科举考试的，一千多年的科举史上并没有产生一个真正意义上的女状元。太平军占据南京时，开科取士。有野史称太平天国癸好三年（1853年）还破天荒地开设了一次女科，取金陵女子傅善祥为状元。傅善祥出生于南京城南钞库街的一户书香人家，她夺魁时年方 19 岁。中状元后，傅善祥入东王府任东殿女簿书，替杨秀清批判军国大事。后仕至丞相。天京陷落后傅善祥下落不明。

库司坊里的阮大铖

阮大铖是明末一个极有才华的人，所创作的戏剧、诗词都取得了很高的成就。但此人官瘾很大，不择手段钻营鹭爵，且为人龌龊，劣迹斑斑，为世人所不齿，因而他虽任官时间不长，却落得臭名昭著，戏剧、诗词身后多遭冷遇。就连他住过的南京库司坊也受到连累，被人们蔑称为"裤子裆"。

库司坊何以被称为"裤子裆"

南京城里虽然有的老街巷名称朴实甚至粗俗，但有一条小巷简直是被蔑称，叫"裤子裆"。该巷原叫库司坊，因为明末有一个叫阮大铖的人住过这里，而被人们改称为"裤子裆"。《白下琐言》云，"阮大铖宅在城南库司坊，世人秽其名曰'裤子裆'"。台湾作家高阳的《桃花扇》在提到阮大铖时也说:"南京城里有个名字很不堪的地方叫裤裆巷,这裤裆巷里住着一个很不堪的人叫阮大铖。"阮大铖故宅叫"咏怀堂",其故居还有一座很大的花园,名"石巢园",由造园大师计成设计建造。据

石巢园旧影

《金陵园墅志》记载，该园清朝时为孝廉陶湘购得，拓建后改名冰雪窝，又称陶氏湘园。园中老树清池，古趣盎然。

这个阮大铖是明末清初的一个风云人物，为什么会被人们如此厌恶，还连累得他住过的地方也得了一个很不堪的名称？

阮大铖，字集之，号圆海，别号石巢居士、百子山樵，生于明万历十五年（1587年），卒于清顺治三年（1646年），南直隶怀宁县（今安徽安庆）人。由于他为人阴阳，行事卑劣，人们不但秽称其住地，连他本人也被南京人鄙称为"'裤子裆'里的阮胡子"。他死后在故乡的遭遇也很不妙，他的出生地有桐城、怀宁之说，可是"桐城不要，怀宁不收"，两个地方踢来踢去，都不愿承认阮为本地人。生前风光无限的阮大人，死后却落得魂无归处！

从明万历四十四年（1616年）考中进士初进官场，到清顺治三年（1646年）跟随清军南征福建途中猝死在仙霞岭上，三十年间，阮大铖两次叛卖，三次遭众人声讨、驱逐，这样一个立身行事劣迹斑斑的人，被人们鄙视、憎恨，再正常不过了。就连他最后卖身投靠的大清皇朝，在编修《明史》时也一脚把他踢进奸臣的行列，毫不留情地将他列入了"奸臣传"。他的戏剧、诗词在身后也多遭冷遇。

乾隆时的诗人蒋士铨在寻访阮大铖的南京故居咏怀堂后，写下《过百子山樵旧宅》诗二首，其中一首是："一亩荒园半亩池，居人犹唱阮家词。君臣优孟麒麟楦，毛羽文章孔雀姿。复社空存防乱策，死灰难禁再燃时。城隅指点乌衣巷，只有南朝燕子知。"诗中充满了对历史兴亡的感慨。我们从诗中还可发现，其时阮大铖故居的废址还存在"一亩荒园半亩池"，阮家词也仍有人在唱。这个时候距南明政权覆亡已有一百二十余年了。

再二百年后，1947年记者黄裳来到库司坊寻访咏怀堂故址，呈现在眼前的是一片萧索景象："山墙已经没有，还有一塘清水，两棵已经枯萎了的老藤，几块玲珑山石，夕阳照在池塘上面。"

如今库司坊已在城市建设中被并入饮马巷，昔日的遗迹、故音、草树、清荫，以及"春深草树展清荫，城曲居然轶远岑"的意境，在林立高楼、喧嚣市廛间，都已毫无踪影。

阮氏为人

阮大铖十七岁中举,明万历四十四年(1616年)而立之年考中进士。他早年被认为是东林党的人,但在明天启四年(1624年)却背叛东林而投靠了阉党,为虎作伥,不可一世。

崇祯皇帝即位后镇压阉党,阮大铖由于行事隐蔽,罪行没有暴露,仅获"坐徒三年纳赎为民"的处分。但他"前后反复,阴阳闪烁"的本性后来还是被看出来了,崇祯皇帝又下令革去他的冠带。阮大铖获罪回到老家后,不思收敛,继续作恶,勾结官府,欺压百姓,结果引起骚乱,被驱逐出境。明崇祯八年(1635年)他仓皇逃往南京。

来到南京后,他行事不再鬼鬼祟祟,反而更其嚣张,"其恶愈甚,其焰愈张,歌儿舞女充溢后庭,广厦高轩照耀街衢,日与南北在案诸逆交通不绝,恐吓多端"。他在南京库司坊建起非常派头的住宅,家里还蓄养了一个戏班子。他自编自导,精心调教,"其串架斗笋、插科打诨、意色眼目,主人细细与之讲明。知其义味,知其指归,故咬嚼吞吐,寻味不尽"。

他在戏曲上如此倾心费力，是为了实现自己的政治目的。为巴结讨好留守太监，他甚至把剧中的角色都改动了。在南京的复社成员们看不惯他那丑态，崇祯十一年（1638年），吴应箕、侯方域、黄宗羲、冒襄等一百四十多人联名发布了一份声讨他的《留都防乱公揭》，揭露他作为阉党余孽，企图东山再起的行径；并严正警告说："留都重地，岂可使奸徒匿迹！"扛不住强大的压力，阮大铖只得避居城郊祖堂寺。

南明小朝廷建立后，阮大铖有了翻身机会，摇身混上了兵部尚书兼左都御史。他和太监相互勾结，把持朝政，迫害东林党人和复社成员。

正当他忙着进一步纳贿荐引、抓人杀人时，清军大兵压境，阮大铖一伙只得作鸟兽散。

南明政权覆亡后，阮大铖流窜到浙西，眼见昔日的主子气数已尽，他又另觅靠山，"潜通降表于清"。清军攻打到浙江后，他一头扎进清政府的怀抱，卖身投靠了清军。顺治三年（1646年），他随清军南征福建，在部队翻越浙闽交界处的仙霞岭时，他鼓勇先登，卖力过度，以致疾病发作，僵仆在一块岩石上，一命呜呼。

阮大铖的官瘾极大,时人称他是"未尝一日忘仕宦",他自己也声称"宁可终身无子,不可一日无官",一生不择手段,钻营鬻爵。然而他的官宦生涯却是颇多曲折,虽几度进入官场,但每次时间都很短。一时之贪欲,换来百世之骂名。

文学才华

阮大铖虽人品为人们所不齿,但又是公认的才子,其文学才华,绝非浪得虚名。他的成就主要表现在戏曲和诗词方面。

他的戏曲作品,情节曲折,结构严谨,曲词典雅,意境优美,艺术上有相当功力。明张岱在《陶庵梦忆》中盛赞阮大铖家庭戏班所演出的阮氏自编戏剧是"本本出色,脚脚出色,出出出色,句句出色,字字出色""簇簇能新,不落窠臼"。清代梁廷楠的《曲话》也赞其戏剧"设景生情,具征巧思"。就连阮大铖的政敌冒辟疆、侯方域等人对他的戏剧和为人也是又爱又恨。他们在南京鸡鸣寺下置酒宴饮时,把阮家班召去演唱他的戏曲，一边痛骂阮大铖，一边又称其戏好。

阮大铖共创作传奇《春灯谜》《燕子笺》《牟尼合》《双金榜》《忠孝环》《桃花笑》《井中盟》《狮子赚》《赐恩环》《老门生》《翠鹏图》等十余种。他的剧作雍容典雅，情韵流畅。但因阮氏为人龌龊，人们不但鄙视其人，对其著作也"必拉杂摧烧之而始快也"，致使它们大部分都已佚失，如今存世的仅剩《燕子笺》《春灯谜》《双金榜》《牟尼合》四部，合称《石巢传奇四种》。其中前三种重视演出的观赏性和娱乐性，善用误会手法，代表了阮大铖剧作的典型风格。

《燕子笺》作为阮大铖的代表作，影响尤其广泛，"一时朱门绮席，奏演无虚日，是以大江南北脍炙人口""民间之演此剧者，岁无虚日，誉满大江南北"。此剧写的是：唐朝安史之乱时期，书生霍都梁与青楼女子华行云相恋，绘成两人游乐的《听莺扑蝶图》，交铺装裱。适礼部尚书郦安道之女郦飞云也将"观音图"令仆送裱。结果两家误取，由此展开一系列误会、巧合，经历许多曲折，霍都梁先后娶飞云、行云两女为妻。该剧所写的姻缘故事，题材并不新鲜，但情节离奇曲折，变化丛生，演

第三辑　风度翩翩

《燕子笺》插图

　　起来煞是热闹。

　　阮大铖戏剧往往针对现实和自己的经历有感而发。如《燕子笺》中霍都梁最终功名、婚姻圆满，表达了他追求功名、仕途的愿望；剧中霍都梁有才华却被陷害逃亡，实是抒写他自己在南京避难的独特经历和感怀。对功名仕途崇尚追慕,对所受冤屈倾诉申辩,这是阮大铖戏剧的突出主题。

阮大铖戏曲的文辞极为优美,如《燕子笺》中的唱词:"春光渐老,流莺不管人烦恼。细雨窗纱,深巷清晨卖杏花。眉峰双蹙,画中有个人如玉。小立檐前,待燕归来始下帘。"辞藻华彩绮丽,美不胜收,确如孔尚任在《桃花扇》里借剧中人物侯方域之口所评说:"论文采,天仙吏,谪人间,好教执牛耳立骚坛。"

阮大铖从事戏曲创作时,正值昆曲风靡大江南北。昆曲在嘉靖年间经戏曲音乐家魏良辅对音律和唱法进行改革和创新以后,造就了一种细腻优雅、委婉舒畅的"水磨调",成为格律严谨、形式完备、声腔婉转悦耳、音乐柔媚悠长的演唱艺术,极受官绅富商和文人士子追捧。但当时的文人却少有人创作昆曲。即或有人涉足,写出的作品也是徒骋才情,未谙声律,"一落喉吻间,按拍寻腔,了无是处",难以搬上舞台演出。阮大铖发现机会后,放下身段,倾心创作。因他谙熟情节设计、表演技巧、戏曲唱腔,所作剧本自然不同于一般文人填词般写出的东西,具有很好的舞台演出效果。而且，他的剧本在艺术上讲究悬念，能吊足观众的胃口。所以，它们一经演出，无不"倾动一时"，各个戏班争相上演。

阮大铖在戏曲方面堪称全才，不但能写，而且能导、能演、能唱。他家里养着一帮优伶，组成了一个家庭昆曲戏班。他每有新剧本创作出来，都会细致地对演员们讲解剖析，使他们能"知其味，知其指归"，并要求他们"咬嚼吞吐，寻味不尽"，透彻理解剧情与剧中人物，从而在舞台上将情节表现得更生动，人物刻画得更深刻。有时他还亲自粉墨登场，执板唱曲。

阮大铖的家庭昆曲戏班在他的精心调教下，演技精湛，在当时南京城里的诸戏班中出类拔萃。清初陈其年在《冒巢民五十寿序》中评价说："金陵歌舞诸部甲天下，而怀宁歌者为冠。"据说阮大铖从南京溃逃后，其家庭戏班成员有些人回到家乡安庆，成了安庆艺坛上的台柱。如今，安庆被誉为"戏曲之乡"，阮大铖应是有奠基之功的。

阮大铖在十多年的时间里共创作了十多部传奇，为昆曲艺术的发展做出了一定的贡献。他得意时在官场上玩弄权术，失意时埋首于剧本创作。他虽负才怙智,不甘枯寂,但因失意时间远多于任官时间,因此在戏剧创作上取得了非凡的成绩。然而,他总共没几年的仕途生涯,却使他落得臭名昭著的下场,也使得"其绝人之才随声名而丧"。他的朋友张岱惋惜说:"阮圆海大有才华,恨居心勿静,其所编诸剧,骂世十七,解嘲十三,多诋毁东林,辩宥魏党,为士君子所唾弃,故其传奇不之著焉。"

阮大铖诗词成就也非同凡俗,有诗文集《咏怀堂诗集》传世,"其诗有壮丽者,有澹雅者,有旷逸者,有香艳者。至其穷

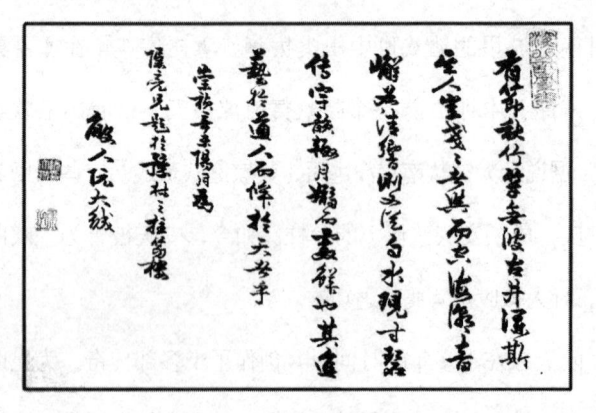

有节秋竹帖(阮大铖书)

微极渺,灵心慧舌,或古人之所已到,或古人之所未有"。近代诗人陈散原在《题咏怀堂诗》中认为其诗"具体储韦,追踪陶谢""吾当标为五百年作者"。胡先骕更称其为"有明一代唯一之诗人"。阮大铖的诗词题材有山水、田园、应酬、志时等,尤以山水田园诗的成就最高,有着陶渊明诗一般恬淡,王维诗一般空灵。如《村夜》:"坐听柴扉响,村童夜汲还。为言溪上月,已照门前山。暮气千峰领,清宵独树间。徘徊空影下,襟露已斑斑。"诗中逼真地呈现了月下乡村的幽美与作者的心境,文辞淡雅,意境高远。

阮大铖诗词能给人们带来美的享受。陈寅恪就极喜爱其作品,评价说:"圆海人品,史有定评,不待多论。往岁读咏怀堂集,颇喜之,以为可与严惟中之钤山,王修微之樾馆两集,同是有明一代诗什之佼佼者。"由于为人奸佞,品格低劣,为世人所不齿,长期以来,他的诗词没有得到应有的重视。其实,如果不因人废言,阮大铖的诗词作品还是很值得我们关注研究的。

第四辑 风俗雅韵

过年往事

艾绿粽香

金陵茶俗

南京蔬菜小史

旧日花事

《儒林外史》里的金陵滋味

过年往事

春节是我国人民最重要、最隆重的节日，不同地区的过年各有其地域特色。南京的春节从迎新年到庆新年，各项民俗活动极其丰富，如办年货、除尘、贴春联、贴门神、祭灶、祭祖、发压岁钱、守岁、放爆竹、饮屠苏酒、吃早茶、食春盘、拜亲友、看演出、赏花灯，呈现出浓郁的地方风情、民俗色彩。南京的过年文化符号里蕴含了南京人数千年的历史记忆和文化传承。

办年货、除旧尘，忙忙碌碌备新年

曹翁在《红楼梦》第 53 回开头写石头城里大户人家贾府准备新年的情景时说，时在腊月，离年日近，王夫人与凤姐置办年事。自喝完腊八粥后,南京城里普通人家便陆续开始准备新年了:买年货、掸尘、送礼、祭灶、祭祖、贴对联、换门神、新油桃符、要债还账、发压岁钱,等等。贾府自然更是"内外上下,皆是忙忙碌碌"。新年的景象一天比一天清晰地显现出来。这一准备工作会一直延续到除夕之夜。且越到最后几天,越发显得忙碌。

置办年货是年事的重头戏之一,吃的、穿的、用的、祭祀的、送礼的、娱乐的、装点居室的,得往返市场多趟才能置备齐全。南京的集市、铺行自明朝时就已繁荣兴旺,商品丰富,这从《南都繁会景物图卷》那大街上各种令人眼花缭乱的店铺招幌,便可窥见一斑。南京后来还形成了专门的"年市",它"西自水西门,南自聚宝门,迤逦数里,集中于大功坊",这里有来自全国各地的各种商品:"皮货之属,自山西来;纸画、红枣、柿饼之属,自山东来;皆假肆于黑廊、大功坊一带。碧桃、红梅、唐花之属,集于花市街。橘、柚、梨、桲、鲜果之属,集于水西门。鸡、猪、鱼、鸭、腌腊之属,集于聚宝门。"人们"携钱入市,各得所欲而归"。连乡村之人也结伴而来,捆载以去。

南京人说的"掸尘",就是过年前的大扫除。这虽不是一件轻松活计,但家家户户都会在节前把屋里屋外打扫得干干净净。然后,还要点染年华,光饰门户,用天竺、蜡梅等花草把家里装点一新:"岁朝清供,多插天竺、蜡梅于瓶,取天腊之义也。每岁花市至果子行街,多售此者,极一时之盛云。"也有的人家以松柏、天竹、一点红插于瓶中,以寓"节节高"之意。

利用佳节时机相互赠送礼品是人们联络感情、表达情意的方式之一。礼品有实用类的、钱财类的,也有祝福、庆贺类的。普通人家讲究实惠,多是相互送些吃穿用之类实用性的东西。随园主人袁枚乃风雅之士,他的贺年礼物自然"不落俗套"。一个除夕夜的子时,他给两江总督尹继善送去新年礼物——一首贺年诗:"知公得韵便传笺,倚马才高不让先。今日教公输一着,新诗和到是明年。"意思是,尹公啊您老虽才思敏捷,这次可要输了,待您的和诗到我这儿,已是第二年啦!尹总督被逗得开心不已。

南京人家过年祭祀包括祭祖、祭灶、祭天地等。祭祀作为

灶王爷

一项庄重的活动，表达的是对被祀对象的一种尊崇、敬畏的情感。但祭灶不像其他祭祀那么庄重严肃，反而带有一点趣味性。享用了一年烟火美味的灶王爷年前要回天庭报告在这户人家一年来的见闻，人们也会赶在他动身之前打点一下。普通人家一般在阴历腊月二十四日祭灶，皇家或是做官的人家则是阴历腊月二十三日祭灶。祭灶供品是红枣汤和灶糖，为的是让灶王爷在甜甜蜜蜜、晕晕乎乎中上天汇报时，嘴巴甜一些，多说些好听点的话，即所谓的"上天言好事，下界保平安"。难怪有人称祭灶为"媚灶"。这实际上反映的是古代民间的一种朴素幽默的生存技巧和祈求幸福安康的美好心愿。

谚云："有钱无钱，娶个新妇过年。"旧时新年前南京人家还有一件忙碌的大事，就是许多有小伙子大姑娘的人家赶着娶媳妇嫁女儿。民间认为年底诸神上了天，百无禁忌，此时娶媳妇、聘闺女，可以避开许多繁文缛节。夏仁虎先生在《岁华忆语》中描写其情形道："岁事向暮，婚嫁最繁。鼓乐彩舆，交错于道。或颓龄暮景，愿了向平；或期及标梅，不容更缓；中下人家，率□岁底举行，无意中又为年光增色矣。"

齐团聚，共守岁，团团圆圆迎新年

南京城乡一日紧似一日的忙碌节奏，到除夕——一年的最后一天，达到了高潮，也进入了尾声。这天，还没贴春联的人家要抓紧贴春联、贴年画，富贵人家还会在大门外的檐下挂上两只大红灯笼。

春联和南京的关系可是值得一说的。春联的起源虽说很早，但明朝以前人们多是在门上贴桃符，春联的流行并成为一项重要民俗活动是从南京开始的。明太祖朱元璋定都南京后，于除夕夜传旨要求"公卿庶士之家，必须加春联一副"，并亲自动手御写春联。他给中山王徐达、驸马梅殷、学士陶安，乃至阉猪匠御书门贴的故事，至今仍是人们津津乐道的掌故。除贴春联外，人们还要在室内门上贴上各种图画，年老者多用"推车进宝""四季平安"，年轻人则喜爱"麒麟送子""五子夺魁""冠带传流"等。独扇门上往往贴一幅圆形和合像，名曰"一团和气"，亦有摹财神、仙官形象者，义取吉祥。文人士子则在门上贴一幅鸡画，寓意"鸡日相长"。

第四辑　风俗雅韵

一团和气

　　祭祀祖先是除夕日的一项重要礼仪。这天，全家长幼咸集于祖宗像前，点起香烛，敬上美酒，然后依次跪拜。这一仪式把我国"慎终追远""百善孝为先"的传统美德一代代传递了下来。

除夕的傍晚，喜庆祥和的氛围笼罩了南京城的大街小巷、千家万户。每个家庭里都迎来了最温馨的时刻：全家人围坐在一起享用年夜饭。这顿饭是一年中人们最期盼、最感到愉悦的晚餐。"分岁酒阑扶醉起，阖门一夜齐欢喜"，人们享受的不仅是满桌的佳肴盛馔，更是阖家团聚的那份天伦之乐。

"故岁今宵尽，新年明旦来"，忙完除夕，一切都准备停当，旧的一年已进入倒计时，新年的脚步声也隐隐可闻。香气氤氲，炭火温暖，全家围坐在一对燃烧的红蜡烛前开始守岁，静候新年的到来。据周处《风土记》，守岁之俗早在晋朝时就出现了。梁朝徐君倩的《共内人夜坐守岁》写道："欢多情未极，赏至莫停杯。酒中喜桃子，粽里觅杨梅。帘开风入帐，烛尽炭成灰。勿疑鬓钗重，为待晓光催。"守岁表达了人们对逝去岁月的留恋不舍，对新年到来的无限憧憬。

守岁时，南京人习用红枣、福建莲子、荸荠、天生野菱合煮而食，四物名合起来便是"洪福齐天"，寄托了人们对自己来年的祝愿。

除夕之夜的大观园里是另一番景象，张灯结彩，花团锦簇。

灯火通明里，笑语喧阗，爆竹齐鸣。贾府的除夕也是一个不眠之夜，是一个豪奢、喧闹的不眠之夜。

饮屠苏、拜亲友，欢欢喜喜过新年

王荆公《元日》诗云："爆竹声中一岁除，春风送暖入屠苏。千门万户曈曈日，总把新桃换旧符。"古时候新年的第一天叫元日、元旦，南京人家一大早起来首先接年、祭神、焚香烛、放鞭炮；然后饮屠苏酒、吃早茶、食春盘。这里说的屠苏、春盘，如今我们已经比较陌生。屠苏酒的历史很久，此名或谓源自其可屠绝秽气、苏醒人魂的功能。其配方于诸记载中互有出入。唐医药家孙思邈曾研制过屠苏酒方。据《金陵岁时记》记载，其成分有大黄、桔梗、川椒、白术、桂心、吴茱萸、防风等。可见它是由多种中药合成的一种保健防疫饮品。元日饮屠苏酒的次序与平时的饮酒次序相反，"面向东方，自少至长次第饮之"，就像苏辙诗中所说"年年最后饮屠苏，不觉年来七十余"，寓意旭日东升，蒸蒸日上。饮屠苏酒这一习俗至清末民初才逐渐消失。春盘也很早就出现了,在三国时期便有记载,晋《风土记》中称其为"五辛盘"。它是由葱、蒜、韭、蓼、蒿、芥等辛嫩之菜杂和而成,以"助发五脏气",后来人们又赋予它迎接万物复苏的新春到来之义。

新年里,人们的主要活动之一就是互相拜年,恭贺新禧。因终年辛劳,平日里难得见面的亲朋好友,会乘此闲暇之时此往彼来,叙旧话新。客人登门,招待的点心有糖茶、松子茶、炒米团、元宝蛋、糖果、瓜子等。其中元宝蛋即茶煮鸡子,相当于今天的茶叶蛋吧。《金陵岁时记》载:"客至,必争献数枚,俗谓进元宝。"待客的食品还有茶泡、欢喜团及果盒,茶泡就是"盐渍白芹菜,杂以松子仁、胡桃仁、荸荠、点茶"。昔有一首《江南好》词,其中也讲到了过年时的几种点心:"福寿酥饼鸡骨断,欢喜团泡马蹄糕,油炸大元宵。"

不仅百姓间互相拜年,明朝宫殿里大臣们在新年到来时也要给皇帝拜年,叫"元旦朝贺"。洪武元年(1368年)十月所制定的元旦朝贺礼仪为:"金吾卫于奉天门外分设旗帜,宿卫于午门外分设兵仗,卫尉寺于奉天殿门及丹陛、丹墀设黄麾仗,内

第四辑　风俗雅韵

春节拜年

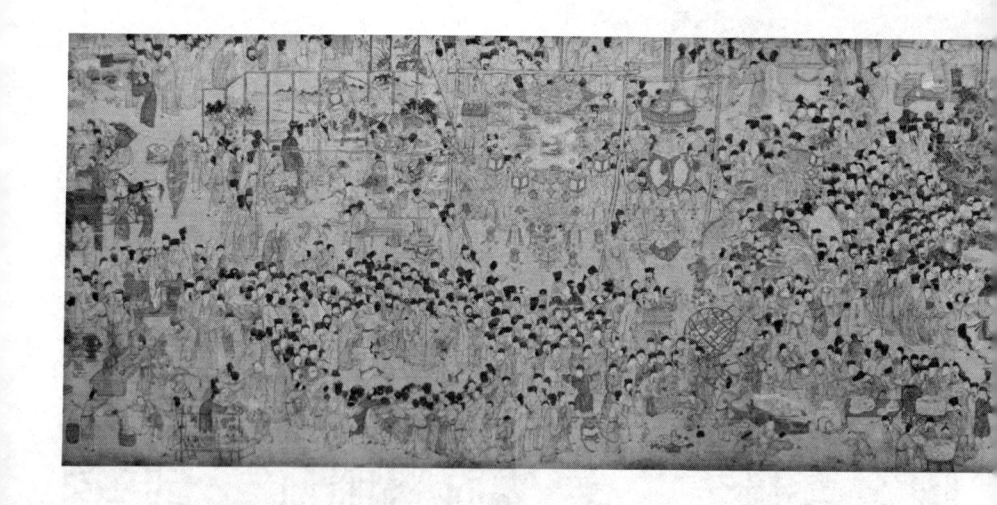

使监擎执于殿上。"瞧这阵仗,那皇帝老儿在新年喜庆的日子里依然不肯放下身架,大臣们估计也轻松快乐不起来。

明代南京还有以投谒代替拜年的,相当于现在人们给亲朋好友寄贺岁卡、贺年片。谒的使用由来已久,如"宋元祐年间,新年贺节,往往使用佣仆持名刺代往"。它是一种用梅花笺纸裁成的两寸宽、三寸长的卡片,上面写有受贺人的姓名、住址及恭贺话语,派仆人送到受贺人的府上以代替拜年。这虽是年节应酬中的一种礼节性拜年方式,但却减轻了人们的负担。清代南京人仍延续这种习俗,"新岁以红帖互相投递,多从门罅入者,俗称'飞帖子'"。

上元灯彩图

看演出、赏花灯，热热闹闹庆新年

南京过年的户外活动极其丰富多彩。清末民初，夫子庙是一个重要的演出娱乐场所，有徽调、扬剧、杂耍、皮影戏等各种表演。新年的夫子庙更是热闹非凡，"医卜星相之属纷列于道。弹者、唱者、舞者、跳者以及鱼龙曼衍，各杂剧又复支大帐，陈丝竹，争炫游人之耳目"。精明的商家自然不会放过这赚钱的好时机，"两旁茶室已于初二日沦茗迓客，客座常满，后至者无复有余地可位置"。

南京过年娱乐活动的高潮要数元宵节了。元宵节最初的时候只有一天，后来增至三天、五天。朱元璋定都南京后，改为从正月初八至十七，达十天之多。明初南京元宵节盛况空前。《皇明通纪》记载说，永乐十年"正月元宵，上赐百官宴，听臣民赴午门外观鳌山三日，自是岁以为常"。鳌山万岁灯位于午门前，由几万盏灯彩叠成，灯光闪烁，灿若繁星。伴有伶官奏乐，群工演出。待皇帝、皇后及嫔妃观赏过后，向百姓开放，一时人如潮涌，其盛况就如诗中所云："银烛影中明月下，相逢俱是踏灯人。"

"谁家见月能闲坐，何处闻灯不看来。"清代元宵观灯是南京人最开心的事，家家走桥，人人看灯。南京灯市起初在笪桥、评事街一带。据《白下琐言》载："笪桥灯市，由来已久。正月初，鱼龙杂沓，有银花火树之观，然皆剪纸为之。若彩帛灯则在评事街迤南一带，五光十色，尤为冠绝。"到上元月夜，更是"曼衍鱼龙，光迸星芒，目不及赏"。后来随着夫子庙交通、服务业的发达完善，逐渐形成一个特殊闹市，灯市遂迁了过去，演变成今天名闻遐迩的秦淮灯会。

江苏民歌唱道："正月正，跳着狮子舞龙灯。"舞龙灯也是

第四辑　风俗雅韵

南京春节灯市（朱睿哲摄）

南京新年、元宵时的一项历史久远的娱乐活动。龙灯"长或十余丈，多至百余节，盘拿飞舞，各有家法"。"灯所过市，人争燃爆竹以助兴。大人家或具元宵茶点，开门延之，曰接龙灯。爆竹愈多，舞者兴愈高，彩愈烈，或回旋院庭，或盘绕梁柱，复间以歌唱锣鼓。"

新年时南京郊县的各种民间娱乐活动也很丰富，如江宁方山大鼓、江浦手狮舞、溧水打社火、高淳跳五猖等，各自蕴含了浓郁的地方风情和民俗色彩。

贾府作为石头城里的大户人家，不会到街头与市民挤来挤去，他们有自己的庆贺新年方式。比如他们的元宵节是这样过的，正月十五晚上，在大花厅里举办家宴，共摆十多桌酒席。宴席间还有戏班子演出。唱到《西楼·楼会》时，贾母看得高兴，吩咐道："赏。"不一会，元宵端上来了，大家一齐吃元宵。然后又有女先儿弹曲、击鼓传梅、讲笑话等节目。

元宵节后贾府的年还在继续，正月十七薛姨妈来请贾母吃年酒，十八日赖大家请，十九日赖升家请，接着还有林之孝家、单大良家、吴新登家来请。这一来二去，已是正月底了。普通人家当然没有这份悠闲，"过了正月半，大家寻事干"，随着元宵灯展的落幕，新年的喜庆气氛在街头巷尾逐渐消散，人们的生活又回归到了原有的轨道，照旧各干各行，各做各事。

艾绿粽香

端午是夏季的一个大节。作为一个古老的节日,经数千年的传承,其活动内容丰富多样,如同一场民俗文化的展示会。老南京的端午习俗有插艾叶、悬菖蒲、挂艾虎、缠五色线、佩香囊、炒五毒、喝雄黄酒、吃粽子、赛龙舟等,郊县还有小儿穿虎头鞋、围老虎兜,妇女佩戴老虎花等风俗。这些活动的主题主要是避疫保健和游戏娱乐。

门窗上插艾枝、悬菖蒲

谚云:"清明插柳,端午插艾。"端午插艾是一项重要的内容,早在节前几天,家家户户就已把庭院打扫得干干净净,然后在门窗上插上艾草和菖蒲。有的"用菖蒲叶,剪作剑形,并

悬艾

艾叶悬户上",有的"以彩帛、通草制五毒虫虎、蛇、蝎、蜘蛛、蜈蚣,蟠缀于大艾叶上,悬于门"。它们既可辟邪又能保健,具有巫术和药用的双重功能。

人们认为艾草能辟各种邪气,其实艾叶是一味芳香化浊的中药，有较强的驱毒除瘟作用，悬挂艾叶、燃烧艾草可以杀菌消毒，预防瘟疫流行。艾草还有许多疗效，如止血、治头痛、温经通络、行气活血、祛湿散寒，所以人们也称其为"医草"。《本草纲目》记载："艾草气味苦，微温，无毒，治百病，止吐血，妇人漏血，利阴气，辟风寒。"它还可做成艾灸用于净化空气、泡澡解乏等。

菖蒲可提神通窍，杀虫灭菌。"蒲剑"还是"斩妖剑"。传说唐代魏征曾在梦中用草蒲剑斩杀蛟龙。其后，人们便认为各种瘟神恶鬼妖魔邪怪见了草蒲就会害怕。

房门上挂艾虎或道教符图

端午时老南京会在房门特别是新生儿的房门上悬挂"艾虎""蒜艾虎"。艾虎是用两个空鸡蛋壳粘在一起，蛋壳上粘些毛发，画成虎形，用线系起来，下边再悬一串用彩纸剪成的"五毒"形象，象征将五毒踩在虎的脚下；蒜艾虎是用一个独头蒜系以彩色线，下挂一串"五毒"。也有用刚收割的新麦秸编成古代武士用的六角金瓜形，下垂七缕彩穗，叫"麦秸艾虎"。古诗写艾虎曰："踞户欲生风，当门势自雄。未能离草莽，亦是骇儿童。"一长串艾虎晃荡在门扇上，既为祛疫辟邪，也是一种风俗习惯、节日点缀。

据顾起元《客座赘语》说，明朝端午节南京人家还有一俗，"庭悬道士朱符"。符图即以红笔黄纸画一些辟鬼符咒。辟鬼符多种多样，例如，用红笔在黄纸上画一个"聻"字。传说人死变为鬼，鬼死变聻，人怕死鬼亦怕死，把这种符贴在门楣的正上方，鬼就不敢进家伤人。也有的画"五雷镇宅"符贴在门楣上方，俗信妖魔鬼怪见到这种符，就会遭遇五雷击顶之灾。

缠五色线、佩香囊

端午系五色丝的习俗，早在东汉应劭的《风俗演义》中就有类似的记载，说是把五色丝系在手臂上可避除兵鬼、不染病瘟。

五色线由五彩丝编结而成，也叫长寿线。据《岁华忆语》

说，它"以五色线编作绦，曰'长命缕'，剪彩缝作天师，或小虎，黍角状，大裁如指，垂绦上，俾小儿系之"。

端午时不少人家还会给孩子佩挂香囊。香囊里装着由多种中药研磨的粉末，缝合好后挂在胸前、腰际。香囊中所用的桂枝、花椒、辛夷、丁香等中草药物，能散发出天然的香气，可以辟邪驱瘴。

香囊的造型多种多样，如以各种彩色布做成大椒、茄子、葫芦、菱角、柿子及小逗娘（小布人）等形状。

饮雄黄酒、菖蒲酒

雄黄酒是端午的节令酒，它是将研磨成粉末的雄黄加入普通酒中调制而成。古人早已知道雄黄可杀虫驱毒，《本草纲目》就载雄黄可解虫毒。人们不但把雄黄酒或雄黄粉末撒在虫蛇孳生的地方，还饮用雄黄酒来驱疫避邪，以使自己不被病毒滋扰。古人的做法有一定的道理，从医学角度来说，雄黄是一味很好的中药。只是雄黄酒有轻微的毒性，只能适量饮用。

南京人端午节还流行喝菖蒲酒。这是和菊花酒、屠苏酒并列的一种节令酒，以菖蒲根或菖蒲叶切细泡入酒中制成。若将菖蒲、雄黄同时混入酒中即为菖蒲雄黄酒。高濂《遵生八笺》说："五日午时，饮菖蒲雄黄酒，辟除百疾，而禁百虫。"人们还将喝剩下的酒涂在小孩的额头、面颊、鼻孔、耳眼等处，古诗云："娇儿怯试烧春味，一抹妆成半额黄。"俗信害虫怕雄黄，孩子涂抹了它，毒虫就不会往体内钻了。

老南京端午时还流行以黄豆和雄黄同炒，谓之"雄黄豆"，以消毒杀菌。也有人家以银鱼、虾米、茭菜、韭菜、黑干（木耳）等在锅里混炒而食，称作"炒五毒"。

吃粽子和熟鸡蛋

粽子是端午节的传统食品之一，在春秋时即出现，至六朝时端午节吃粽子已成为习俗。晋人周处的《荆楚风土记》中介绍粽子说："俗以菰叶裹黍米，以淳浓灰汁煮之，令烂熟，于五月五日及夏至啖之，一名粽，一名角黍。"后来裹粽子的原料越来越丰富，唐诗写道，"剥出凝成细纤膏"。明清时从宫廷到民间都要吃粽子应节，明代"朝廷每端午节，赐朝官吃糕粽于午门外"。

旧时南京人家粽子一般不单独吃，吃过蘸糖的甜粽之后，还要吃蘸盐的熟鸡蛋"压顶"。因此粽子须和鸡蛋同煮，有条件的人家还会煮些鸭蛋、鹅蛋。人们认为吃了五月端午粽子锅里的煮鸡蛋，夏天就不会生疮，倘若把粽子锅里煮的鸭蛋、鹅蛋放在正午的阳光下晒一晒再吃，那么整个夏天都不会头痛。

赛龙舟

划龙舟或龙舟竞渡是端午时南方流行最广、最受人们喜爱的一项活动。它那"棹影斡波飞万剑，鼓声劈浪鸣千雷"的紧张欢乐场景，把端午的节日气氛推向了高潮。这一起源于越地的习俗，早先是祭祀水神或龙神的一项礼仪和游戏活动，后来演变为蕴有多种文化内涵的宗教、娱乐活动。南京明清时龙舟竞渡非常流行。明《正德江宁县志》载："好事者买舟载酒戏游，

端午赛龙舟

谚云'游舡',此俗近年最盛。"端午那天,人们吃罢午餐,"则相率至秦淮水滨看龙舟矣"。

金陵龙舟竞渡的场景,《岁华忆语》中有详细介绍:金陵"龙船向有数种,曰河帮,秦淮船户敛资为之;曰江帮,外江船户之入城者;曰木牌帮,上新河之木商所集者","午日,各帮咸集于夫子庙前之泮池",以争强斗胜取乐;各帮龙船均饰以彩亭,"以小儿扮杂剧坐其间,助以锣鼓。梢头撑长竿,长年之好身手者,于上作种种游戏"。

南京文人程先甲的《金陵赋》则以文学语言把南京龙舟竞渡的场景描绘得更加生动有趣:"矧夫南人善船,古之则也。招湘累之忠魄,遂竞渡乎泽国。棹龙舟缋之而涂粉墨。倏尔转舵以僄狡,勃兮如掉尾之天蟜。倏尔打桨以旁划,欻兮如鳞爪之纷拏。往来石城之下,与夫朱雀之隈。踏浪蹴涛,起雪兴雷。"

当龙舟经过河岸人家时,人们"掷银钱或放鹅鸭,俾没水争取以为乐"。

这一天男女老幼倾城往观,助威呐喊。只见河边桥上,游人如织,锣鼓喧阗,欢声雷动。有的富裕人家还事先定租游船,泛舟览胜,一直玩至夕阳西坠才尽兴而返。

金陵茶俗

南京饮茶历史源远流长，内容丰富精彩。早在六朝时期，这里的饮茶习惯就已经流行于官方，后来逐渐流传至民间。经过长年累月的积淀，南京人的饮茶活动中形成了富有浓郁地方特色的文化与风俗，袅袅茶香里氤氲着六朝烟水气的风雅。

茶馆

据明代顾起元《客座赘语》说，宋初的时候，南唐礼部尚书徐铉的侄子徐十郎在城北栖霞山下开设了一家"徐十郎茶肆"，以供那些来栖霞寺的香客施主歇脚解渴。人们认为，这是史籍中记载的南京历史上最早的茶馆。不过明朝以前，南京的茶馆业一直都不发达，史料中只有少量的记载。其中宋朝时雨花台有一永宁泉茶社，算是较有名的一家。其茶以永宁寺中泉水沏泡，色味俱佳。南宋大诗人陆游品尝后，赞誉其泉为"江南第二泉"。

明朝时南京城市经济发展，市场繁荣，商贾活跃，商业铺行超过百种，其中即包括茶馆业。随着茶馆业的兴旺，各种茗茶也荟萃于此，如虎丘、庙后、明月峡、青叶、雀舌、龙井、先春、武夷等，在南都的市场上都能买到。

明朝后期，虽然国家政治动荡，社会混乱，但南京城里却相对安宁，各色人等云集于此，南京茶馆业不但没有萎缩，甚至还有了进一步的扩展。

清初统治者禁开茶馆，至乾隆时方才解禁。经历了一段时间的沉寂后，南京茶馆业又走上发展之路。《清稗类钞》记载当时的情景说："乾隆末叶，江宁始有茶肆。鸿福园、春和园皆在文星阁东首，各据一河之胜。……茶叶则自云雾、龙井，下逮珠兰、梅片、毛尖，随客所欲。"

其中有的茶社、茶亭环境极好。如文德桥口的茶社疏柳曲栏、颇饶画意；四象桥畔由毕氏宅改建的茶肆垂柳依人，波光

第四辑 风俗雅韵

老南京茶馆

映带；利涉桥畔的问津茶馆临河而建，竹篱围护。它们对客人极具吸引力，"日色亭午，座客常满。或凭栏而观水，或促膝以品泉。皋兰之水烟，霞漳之旱烟，以次而至"。

除了有吃有喝的茶馆，那时还有一类茶馆，与文娱演出结合在一起，顾客可一边吃茶，一边欣赏艺人表演。这类茶馆又叫"茶园"。大中桥畔的升平茶园就可供客人边品茶，边听评书、看曲艺。

水上茶舫也是人们娱乐休闲的好去处。夏日的夜晚,茶舫游弋在碧波上,桨声灯影,笙歌轻扬,比之陆上茶馆,别有一番情趣。

民国时明孝陵一带虽比较荒僻,但也开有茶馆,极富简朴的乡土气息。作家张恨水在闲暇之时曾前往东郊寻古访幽,跑得累了,便在"孝陵外野茶馆里,面对了山野,喝上了一壶茶,吃几个茶盐蛋,消磨了半天"。

旧时还有一些茶馆是专门面向普通百姓的,如南门外的共和、人和、义和、老万全等茶馆,主顾就是菜农、船夫、山民等。还有一些为下层民众供应茶水的地方,可谓简陋至极,也许就是在凉棚、树荫下摆放几张桌子、凳子。它们已算不上茶馆,只能称为茶摊、茶铺子了。

茶食

喝茶,在南京人的口中叫"吃茶",这里的"吃"不是

"喝"的同义词，两者是有区别的，南京人吃茶不光喝茶水，还真的会吃东西。他们一边喝茶，一边吃着点心、零食，即所谓的茶食。南京人很早就有这一习惯了。《晋书·桓温列传》载："温性俭，每宴唯下七奠，拌茶果而已。"不过，桓温在宴客时只提供茶水和七盘果品，其做法还不是一种习俗，只是为了在那个奢靡盛行的社会风气中倡导一种节俭的观念。

茶食点心有干丝、包子、烧卖等，零食有瓜子、松子、花生、京果、桃酥、云片、交切片、花生糖、姜汁糖、话梅、糖莲子等。据《清稗类钞》记载，清代秦淮河畔鸿福园、春和园这两家茶馆在供应茶叶时，"亦间佐以酱干生瓜子、小果碟、酥烧饼、春卷、水晶糕、花猪肉烧卖、饺儿、糖油馒首、叟叟浮浮、咄嗟立办"。吴敬梓的《儒林外史》中所呈现的南京风俗民情非常浓郁，其中也写到多种茶点、茶食，如云片糕、红枣、瓜子、豆腐干、栗子、杂色糖、梅豆、蜜橙糕、核桃酥、烧饼等。喝茶所吃的点心、零食，既可作为正式食品充饥，也可仅为香口、解馋，南京人谓之"搭嘴"，当然也可兼而充之。有的时候，茶甚至成了配角，被当作了品味佳肴的辅助。

民国时，南京人仍流行喝茶吃茶食。民国作家倪锡英记道："南京本地人的生活，他们却是非常引为舒适的。早晨爬起来，便上茶社。这茶社却与苏州一带专卖清茶的不同，里面备有各色点心，简直便是一家点心店。而南京本地人，当他们约朋友去吃点心的时候，总是说：'喝早茶去'。"

以茶代酒

我们在宴饮场合，不胜酒力或不能喝酒时，往往"以茶代酒"。这一与茶有关的典故，源自孙吴时期的南京。

《三国志·吴书》记载："皓每飨宴，无不竟日。坐席无能否，率以七升为限。虽不悉入口，皆浇灌取尽。曜素饮酒不过二升，初见礼异时，常为裁减，或密赐茶荈以当酒。"

这段话是说，吴国后主孙皓嗜酒好饮，经常摆酒设宴，并强邀群臣作陪。他规定座中人不管是否能喝，都必须喝满七升，不能喝就强行灌下去。孙皓残酷暴虐，动辄杀人，大家不敢不喝。每次席间都是东倒西歪，一片狼藉。大臣韦曜酒量不大，最多只能喝二升，但在皇帝面前岂敢不喝？只得和大家一样，一杯接一杯地往下灌。可奇怪的是，他虽然每次都被灌得超量，却毫无异常反应。是韦曜的酒量突然长进了？原来是这么回事：韦曜是孙皓父亲的老师，地位尊崇，孙皓便对他给予特殊照顾，知道他不胜酒力，暗中让人把他的酒换成了茶。韦曜也心领神会，故意一饮而尽，给足了皇帝面子。

虽然后来韦曜因谏劝孙皓而被处死，但"以茶代酒"作为一个典故却流传了下来，还演变成了人们社交的一种礼仪。如宋人便这样待客："寒夜客来茶当酒，竹炉汤沸火初红。"这一礼俗使人们在交往中既能尽到礼数，却又不失礼节。还有的人以茶代酒，则是把它当作一种解忧化愁的方式。著名田园诗人孟浩然仕途颇为困顿，老孟是这样排解心中的失意的："空堂坐相忆，酌茗聊代醉。"

梅雨烹茶

梅子熟时，霖雨连旬。"梅水烹茶茶味美"，古时候民间有蓄黄梅时节的雨水烹茶的习俗。古人认为，"烹茶须甘泉，次梅水，梅雨如膏，万物赖以滋养，其味独甘"，明人张源更是盛赞梅雨"其味甘和，乃长养万物之水"，若将贮水瓮置阴庭中，"覆以纱帛，使承星露之气，则英灵不散，神气长存"。

梅雨是如何收集的？《食物本草》介绍说："梅雨时置大缸收水，煎茶甚美，经宿不变色易味，贮瓶中可经久。"旧时每当"黄梅时节家家雨"时，有的南京人家便会搬出大瓮置于庭院中，收集雨水用以烹茶。

《红楼梦》作者曹雪芹小时候在南京生活过十多年，熟悉这里的风俗民情，他在《红楼梦》中便写到老南京梅雨烹茶的习俗。一天，贾母等人来到妙玉修行的栊翠庵，要她把好茶拿出来，大家吃一杯就走。妙玉忙沏了老君眉茶，用一只海棠花式雕漆填金云龙献寿的小茶盘捧与贾母。贾母问她茶是用什么水沏的，妙玉答道："是旧年蠲的雨水。"这储存下来的旧年雨水，应该就是黄梅时节收集的，因为"天地化育万物，最所宜留"的雨水便是梅雨。

虽然梅雨烹茶之俗非南京独有，但老南京人在这一茶俗中赋予了独特的人文气息。清代至民国时期，南京的文人墨客时兴聚集在环境幽雅的地方品茗赋诗，谓之"雨集"。其中最著名的一个雅集之地是"妙相庵"。他们一边品尝着小尼端上来的梅雨茶，一边欣赏着曲槛空亭，疏花幽竹。"五月雨集妙相庵"，有别于秦淮风月的另一种风雅。

受茶允婚

"吃了谁家的茶，就是谁家的人。"这是老南京关于议婚行聘的一个习俗。当女方母亲到男方家相亲，男方母亲首先会殷勤地奉上一杯热茶，这既是待客之道，也是一个试探。因此，这杯茶喝与不喝，不可造次。如若对男方不满意，就必须把持住自己，滴水不沾，表示婉拒这门亲事；一旦喝了这碗茶，就表示说，这门亲事，我们答应了。

"受茶允婚"这一习俗在我国不少地方都有流行。茶是如何和婚姻扯上关系的呢？《礼记》中是这样解释的："凡种茶树必下子，移植则不复生。故俗聘妇以茶为礼，义固有所取也。"后

南京小传

来这一茶礼就流传下来了。

南京人还有一个说法："一女不吃两家茶。"女孩子若吃了谁家的茶,就表示要给谁家做媳妇儿。曹翁《红楼梦》的第25回中,就写到了这一老南京习俗。王熙凤因送了两瓶茶叶给林黛玉,便拿她开玩笑,要她"给我们家做媳妇儿"。

一天,林黛玉来到怡红院,凤姐、李纨、宝钗都在。凤姐问黛玉:"我前日打发人送了两瓶茶叶给姑娘,可还好吗?"黛玉道了谢。凤姐说,我那里还多着呢,明日打发人送来。接着又道:"我明日还有一事求你。"黛玉一听,笑了起来:"你们听听,这是吃了一点子茶叶,就使唤起人来了。"凤姐见黛玉被逗急,也就不再绕弯,直奔主题道:"你既吃了我们家的茶,怎么还不给我们家做媳妇儿?"众人听了,一齐大笑起来。黛玉则涨红了脸,回过头去,一声儿不言语。

文中曹翁用凤姐的一句玩笑话,把大家心里关于宝玉和黛玉婚姻的揣测挑明了。不过凤姐的这句玩笑话里所包含的南京茶俗的含义,大家都心知肚明,因此众人才发出会心大笑,黛玉则"涨红了脸"羞涩不语。

南京蔬菜小史

现在物流畅通，栽种技术先进，人们几乎可以在任何时候吃到不同地方、不同季节的蔬菜，但古代的人们可就没有这般口福了。那么，古时候的南京人吃些什么蔬菜呢？从数千年的南京蔬菜演变史中我们可发现，早先的时候差不多是野菜当家，经过长期的栽培、引进，至清末、民国时期，蔬菜品种已是极其丰富，甚至还出现了多部介绍当时蔬菜的菜谱。

早先南京人食用的蔬菜

先秦的时候，人们已开始在园圃里种植蔬菜。不过，那时的菜园子里，蔬菜的品种是很少的。《诗经》里写到的二百多种植物中，真正能食用的只有 20 种左右，而且其中多数还是野生的,如葵、藿、芹、苬、薇、荇、蕨等。可以说,早先人们餐盘中的蔬菜是以野菜为主的。

那时的南京人吃些什么蔬菜,我们已难以说得清楚了,但在以野菜为主要蔬食者的行列里,肯定少不了南京先人的身影。因为南京今城区部分开化得并不是很早,早先这里的植物栽培水平不会比别的地方高。

汉朝在对外交往中引进了不少新的蔬菜品种,加之蔬菜种植技艺不断提高,至六朝时南方蔬菜的品种已有了不小的增加,达到了三十多种。在这个南京人引以为荣的繁华时代,这里的蔬菜品种自然也不少。其时南京人食用的蔬菜主要有:茄子、葵菜、韭菜、芹菜、芋头、胡瓜、瓠、慈姑、竹笋、菰菜、藕、菘、山药、芜菁、买菜、猪蹄菜等。这些菜名有不少我们今天仍较熟悉,它们在历史的进程中一路陪伴着人们,既填饱人们的肚子,也给人们以舌尖上的享受。其中也有一些蔬菜如买菜、猪蹄菜等,因早已退出了人们的餐桌,它们的名字如今我们已较陌生。

六朝时不仅蔬菜品种明显增加,人们还能将蔬菜做成各种花样的菜肴。梁武帝甚至专用蔬菜创制了一个全素正规酒席。

由于建康是当时南方政治、经济等的中心,城市人口众多,商品交易活跃,蔬菜的栽种也已较普遍,其时还出现了一些专门种植蔬菜的园圃,以满足市民的需求。南朝刘宋尚书令柳元景的私家菜园达数十亩之多。刘宋文人沈约有一首诗就描写了建康郊外菜园的风光:"寒瓜方卧垄,秋菰亦满陂。紫茄纷烂漫,绿芋郁参差。初菘向堪把,时韭日离离。高梨有繁实,何减万年枝。"当时甚至还有地方因所种蔬菜而得名,比如有个地方就以茄子命名,叫作茄子浦,史书上说:"盖其地宜茄子,人多于此树艺,因以名浦。"茄子浦是当时南京城西北长江中的一个沙洲,东晋苏峻作乱时,率军平叛的陶侃、温峤曾驻扎于此。

明清时南京蔬菜品种丰富

元代《至正金陵新志》中,记载了这样几种蔬菜:莴笋、大葱、萝卜、冬瓜、笋、茭白、芹、百合、蒌蒿、防风菜、菘、颇陵。看起来品种似乎不是太多。不过,明清时期我国又掀起了一波蔬菜引种高潮，有许多新的品种加入了我国的菜谱中。在这波蔬菜品种大扩军的浪潮中，来到南京的新品种也不在少数。

明朝时南京人食用的蔬菜有哪些？从《明会典·太常寺》记载的祭祀用品中，我们可发现十多种蔬菜的名字，如韭菜、生菜、青菜、蒌蒿、笋、茄子、莲蓬、甜瓜、冬瓜、藕、芋苗、茭白、山药等。它们是由江宁和上元两县的老百姓按照季节定时供献的。由于明朝时的祭祀贡品不追求高档稀缺，因此这些蔬菜应该就是当时的南京人日常食用的品种。

清雍正《江南通志》里记录的清初江南地区常见蔬菜有：豌豆、蚕豆、稨豆、刀豆、豇豆、菘、笋、芥、芹、韭、葱、蒜、姜、苋、茄、荠、菌、莴苣、萝卜。可见此时我们今天平常食用的蔬菜很多都已出现了。

该书中还特别列举了江宁府的一些蔬菜，如雪里蕻、箭杆白菜、萝卜、瓢儿菜、白芹、大头菜等。这些蔬菜并不是江宁府所独有，书中之所以将它们特别列举出来，是因为这里所种的这些蔬菜别有滋味，与众不同。如瓢儿菜，青菜之一种，

"皱叶团团胜似花,荤烧素炒总堪夸",尤其"与冬笋同煮,厥味至美",颇受南京人青睐。南京大萝卜,"惟江宁城郡界者肥硕、嫩脆、味爽",更为人们熟知,甚至成为南京人的别称。再如大头菜,"其根大如萝卜,以炒盐茴香制之,香脆异常,惟上元、江宁二邑有之"。城内承恩寺所腌制的大头菜因"愈陈愈佳;入荤菜中,最能发鲜",还被袁枚收录进了《随园食单》。

几部南京菜谱中的蔬菜

清末至民国时南京人食用的蔬菜品种可以说我们是比较熟知的,这不仅是由于时代较近,还因为清朝和民国时南京出现了多本菜谱,如清代张通之的《白门食谱》、清末民初龚乃保的《冶城蔬谱》、民国王孝煃的《续冶城蔬谱》等,详细介绍了当时的许多蔬菜。

《白门食谱》收录了南京的特产和美食61种,其中有蔬菜十多种。作者选录蔬菜不多,主要是一些"出产之佳"者,如王府园苋菜、板桥萝卜、西城外白芹等。《冶城蔬谱》中，则列出了24种蔬菜，包括早韭（韭黄）、枸杞、豌豆叶、油头菜、菠菜、雷菌、春笋、菊花叶、苜蓿、马兰、诸葛菜、蒌蒿、新蚕豆、苋菜、茭儿菜、莴苣、毛豆、萝卜、茭白、松菌、白菜、瓢儿菜、白芹、荠菜。龚乃保所记虽比《白门食谱》多一些，但还是有许多没有收录，因他所记的只是其"素所好者"。鉴于此因，民国王孝煃又续写了一本《续冶城蔬谱》，补记了芥、雪里蕻、大头菜、豆芽、茼蒿、嫩姜、青椒、蕻荾、豌豆、豇豆、扁豆、黄瓜、酱瓜、丝瓜、冬瓜、瓠子、葱、茄子、慈姑、芋、山药等。

　　旧时的南京城里，荒地、空地不少，如五台山前、清凉山后，其中有一部分被人们辟作了园圃。有些地方是由原先的繁华之地沦为瓜园菜圃的，如王府园、万竹园、张府园、郭府园等。它们曾经繁盛一时，后来因战乱、灾害等原因而荒芜、败落，被人们开垦、种植，成为"菜圃之衍沃者"。其间的嬗替变迁，不禁让人无限感慨。清代诗人蒋超有一首《金陵旧院》便写道："锦绣歌残翠黛尘，楼台已尽曲池湮。荒园一种瓢儿菜，

第四辑　风俗雅韵

南京旧时菜贩

独占秦淮旧日春。"

各个地方的美食不仅给人们以舌尖上的享受，也承载了人们对家乡的情感。旧时的南京蔬菜里同样饱含了老南京人对自己城市的情思和乡愁。龚乃保客居南安道源书院时，常"遥忆金陵蔬菜之美,不觉垂涎",于是编纂了《冶城蔬谱》,以慰乡思。他更期盼有朝一日能"返棹白门,结邻乌榜,购园半亩,种菜一畦,菽水供亲,粗粝终老"。

旧日花事

南京地处江南，气候温润，土地肥沃，适宜生长的花卉品种极多。古时候的南京，四季花开，群芳争艳。老南京人爱花、赏花，用花妆扮自己，装点居室，以花作为食材，泡酒窨茶。花与南京人的生活密不可分，形成了丰富而别具特色的生活习俗、民俗文化。

培植：艺花织锦

旧时南京栽种的花卉极多，如梅花、桃花、桂花、牡丹、海棠、杏、柿、石榴、木瓜、琼花、蔷薇、山茱萸、紫玉兰、樱桃、月季、菊花、荷花、芍药、睡莲、杜鹃、兰花、珠兰、昙花、鸡冠花、凤仙花等。其中包含不少名花异草。明代顾起元在《客座赘语》中记载，南都园圃中多名花，有玉兰、西府海棠、垂丝海棠、梨花、绣球花、绿萼梅、玉蝶梅、碧桃等。有些花木还有多个品种，如海棠便有西府、垂丝、铁梗、毛叶、木瓜、秋海棠六种。西府天姿国色，绝世无双，垂丝缥缈轻扬，风流自赏，秋海棠翠盖红妆，吟风泣露。

梅花如今为南京市市花，它在南京有着悠久的栽种历史，自古以来一直深受人们喜爱，古诗中多有吟诵。如唐代李白《新林浦阻风寄友人》："昨日北湖梅，开花已满枝。"宋代王安石《梅花》："墙角数枝梅，凌寒独自开。"钟山梅花开时，"姿放纵横，一望十余里，如坐香航浮玉海也"，吸引得人们"宝马钿车，争先出，乌衣深巷，更宸游十里，缀雪含珠，香绕仙仗"。早春乍暖还寒时，灵谷寺梅花坞的梅花便凌寒开放了，"春动粉须都化蝶，夜寒花片欲成冰"。顾起元迷醉其间，流连忘返："韦曲烟花此坞稀，即看琼树满山扉。绝怜照水千株出，只恐临风一片飞。雪态淡摇双玉佩，天香深护六铢衣。春光骀荡人皆醉，坐惜繁英瞑未归。"梅花坞是明朝宫廷所设的梅园，入清后逐渐湮没。梅岭岗下的刘家花园，植有梅树四五百株。

风雅的金陵士大夫咸集院中，赏梅赋诗。其他如拜梅庵、梅花弥望（乌衣园）、香雪海，也都是著名的赏梅胜地。

除了上述的梅园，南京还有不少独具特色的专业花卉培植地。陈作霖《金陵琐志》介绍说："宝林寺僧善种牡丹，鸡笼山后人善艺菊，城外凤台门花佣善养茉莉、珠兰、金橘，皆盆景也。清凉山北多竹与桂。竹笋宜食。品桂则穿为球，以助妆饰。干乃售诸糕饼之肆。南乡张山、朱门山产铁线兰，云台山产品字兰。"花开时节人们赶到园圃不只看花赏景，临走时还要买几盆带回去。

鸡笼山后的菊花是颇有名气的，"其北地沃衍，居民多艺菊为业，晴秋极目，千畦万圃，灿若璃绣"。金秋时节，赏花人络绎不绝。甚至还有远道骑驴而来者，竞相选购，驮载而归，一路花香笑语。

除了专业园圃栽种的花卉，庭院、菜地、路边、墙角，也是一片片、一丛丛，花影摇曳，姹紫嫣红，"庭畔阶砌杂卉之属，择其尤雅靓者，虞美人、石竹、剪红罗、秋牡丹、玉芙蓉、蜨蝶花、鸳鸯菊、秋海棠、矮脚鸡冠、金凤花、雁来红、雁来黄、十样锦、凤尾草、翠云草、金线柳、金丝荷叶、玉簪花、虎须草为佳。至篱落藩援之上，则黄蔷薇、粉团花、紫心、白末香、荼蘼、玉堂春、十姊妹、黄末香、月月红、素馨、牵牛、蒲桃、枸杞、西番莲之类，芬菲婀娜，摇风漏月，最为绵丽矣"。

老南京人栽培的花卉中还有一些稀有品种。如《客座赘语》中记载："鸡笼山五显庙中有金莲宝相花，在殿台下，花数十年一开，余两见之矣。其茎上下相等，粗如巨竹，叶短如笋壳，包于外，花吐茎端，色大类芭蕉花，青、黄、白以渐而变，瓣中亦有甘露。第此花开在茎端，初不抽叶，与芭蕉异耳。始不知从何地来，余见其开时，一为甲戌，一为癸未，人间无二本也。"明末谈迁的《枣林杂俎》中也提到过这株奇花："开必四月八日，至冬而实，如鬼莲蓬。去衣，其核中则金色佛一尊。"

南京人爱花赏花，由此催生了许多人专业种花。种花艺人最集中的地方是花神庙地区。花神庙位于南京城南，原先是一个花农村庄，后来发展为专业种花基地。花农们为得到神灵的庇护，于清乾隆年间为百花修建了一座花神庙，供奉月季花神、白兰花神、木兰花神等花神百尊。花神庙旧有一联："过眼说繁华，漫劳寻芳草吴宫，秋花晋苑；同心勤报赛，最难忘春风山郭，秋雨江城。"表达了人们对花神的感情。

甘熙《白下琐言》载，凤台门外花神庙"每岁花朝，卖花之家各以花供献几。牡丹、芍药、海棠、碧桃之属竞秀争妍，备极其胜。谓之'花神会'"。农历二月十二日是百花生日，每年的这一天，花农们纷纷打着旗幡，带着祭品，来到花神庙敬香拜神，祈祷花神保佑人花两旺。这天花农们还将红绸红布挂在花树上，祈求花神赐福。在这花事繁盛、交易活跃时节，远近商贾和社会名士借机前来会友、订货或商讨市场行情，茶馆、杂货店、布店、当铺等店铺汇聚过来争抢商机，南京白局、苏州评弹、扬州评书等艺人也赶来演出助兴。一时人头攒动，热闹非凡。每年九月十六菊花生日时，这里还有菊花展销"节庆"。

除地产花卉外，供应南京市场的还有外地鲜花。如明嘉靖、万历时，苏州花园已大量向南京贩销鲜花盆玩。明代南京有些特色花卉来源甚广，"牡丹、芍药与菊，此土多有之，顾多产自

为花祝嘏（《点石斋画报》）

它郡邑"。而每当快到春节的时候，福建、浙江、皖南等水仙、兰花产地的卖花人，纷纷来到南京，一时间街头巷尾处处可见他们提篮卖花的身影。

明清鲜花交易方式主要为零售，或于花市设店，或是沿街叫卖。陈诒绂《石城山志》中载:"(宝林寺)寺僧种牡丹、芍药诸卉,暮春担以入市,陈设者多取资焉。"秦淮河一带还有送花业务,"有卖花马妪者,苏州人,住洞神宫前黑廊下。年四十余而寡,日于河房中送花为业"。

旧时南京花卉也供应外地。如清道光时,"溧水玫瑰花以舟载入粤,一度梅岭,便浓芬远播,遍传花客来矣"。

妆饰:鬓边香浓

南朝时有一个为人们熟知的"梅花妆"的典故,说明南京女子很早就以花来妆饰自己了。这故事记载在《宋书》中,讲的是南朝刘宋时,"(宋)武帝女寿阳公主,人日卧于含章(殿)檐下,梅花落公主额上,成五出之花,拂之不去,皇后留之,自后有梅花妆,后人多效之"。梅花飘落在寿阳公主的额上,不经意竟形成了一种妆饰方法。宫女们发现女孩子额头上妆饰了梅花花瓣,显得更加娇俏,便也学着在额头上粘上花瓣,使之成为一种宫廷日妆。后来梅花妆演变为在额上画一圆点或多瓣梅花状，也有用很薄的金箔剪成花瓣形贴在额上或面颊上。这种妆饰方法后还传出宫廷，为民间女子效仿。

"梅花妆"后来在颜色、造型、材料上不断丰富，如造型有小鸟、小鱼、小蝴蝶等动物形，材料有纸片、玉片、干花片，甚至还有用鱼鳞片、蜻蜓翅膀的。宋人陶谷在《潜异录》载："后唐宫人或网获蜻蜓，爱其翠薄，遂以描金笔涂翅，作小折枝花子。""花子"即贴花。蜻蜓翅膀翠薄闪亮，深得宫女们喜欢，遂剪成花瓣形，涂以金粉贴在额上。

宋代以后，女子贴花钿的习俗逐渐式微，但人们形容艳妆或精致的妆容，仍会借用"梅花妆"一词。

古代还流行头上簪花。戴花之俗早在晋朝嵇含的《南方草木状》中就有记载："妇女之首，四时未尝无花也。"不但女子戴花，古代男人也簪花，如杨万里"凉秋九月菊花发，自折寒枝插华发"。明清时期，江南一带的女子爱把珠兰、玫瑰、栀子、菊花、蜡梅、茉莉等花簪在头上。"花压低鬟多不嫌，风回兰袖暗香沾"，她们满头鲜花既悦目又暗香袭人，即使把发鬟压低了也不在乎。南京的女子也是这样。明代文震亨这样描写她们簪

第四辑　风俗雅韵

花之态："茉莉簪蕊不簪花，傍晚清香一倍加。穿作玉钗环作钿，直拢蝉鬓假堆鸦。"她们所以"簪蕊不簪花"，是因为白天买来花蕊穿以细铁丝簪在发鬓上，至傍晚时正好绽放。若是新浴后

戴花的明清女子

正逢簪上花开，更是清香倍加。这时她们发中插的哪怕是临时摘来的野花，也会令人心旌轻漾，喃喃自语："谁家浴罢临妆女，爱把闲花插满头。"

青楼女子从来都是时尚的领导者，以花妆饰自己，她们同样走在前列。捧花生《画舫余谭》说："四季名花，虽朱门绣户，尚未之见，而曲中诸丽人，已早有插带者。盖缘不惜重赀，预给花匠，故能争先购致以助新妆。余曾于六月见一姬，髻上簪木犀球。"南京秦淮河一带青楼丛集，佳丽如云，因此鲜花买卖尤其活跃。清余怀的《板桥杂记》中记载："裙屐少年，油头半臂，至日亭午，则提篮挈楹，高声唱卖逼汗草、茉莉花，娇婢卷帘，摊钱争买，捉腕捺胸，纷纭笑谑。顷之乌云堆雪，竟体芳香矣。"

花不仅可簪在头发上，别在衣襟上，还可美化居室环境。如以茉莉、素馨、百合放置在室内，满室便氤氲起花之清芬。倘若把它们用钢丝穿起来悬吊在帐内，则可引人进入香甜梦乡。秦淮河畔的青楼女子经济条件优于普通人，为营造精致、雅洁的居室环境，她们选用的花卉不流于俗，如茉莉花苞、建兰等。

第四辑 风俗雅韵

茉莉花苞于日中开于枕上,"真媚夜之淫葩,殢人之妖草也";"建兰则大雅不群,宜于纱幮文榻,与佛手、木瓜同其静好,酒兵茗战之余,微闻芗泽,所谓'王者之香''湘君之佩',岂淫葩妖草所可比拟乎"。

还有人用铜丝将茉莉、素馨、珠兰等花串结成游鱼、花篮、飞鸟等各种造型的香花"吊挂":"更缀以铜丝,幻成鱼篮飞鸟,可以悬诸帐中;比及昏黄,则雪花齐放矣。酒醒梦回,芳馨横溢,和以气肌芗泽,如游众香国中。"夜帐里香花"吊挂"暗自散放芳馨,帐中人在花香中恬然入梦。李渔甚至在帐中专设了一个摆放花瓶的托板,若逢花开就供置鲜花,若花谢了就放置佛手、木瓜、香楠等物,终年香气不绝。躺在这样的睡帐中,感受如何?李渔一脸陶醉地告诉我们,他"尝于梦酣睡足、将觉未觉之时,忽嗅蜡梅之香,咽喉齿颊尽带幽芬,似从脏腑中出,不觉身轻欲举,谓此身必不复在人间世矣"。

品赏：醉入花丛

南京人赏花、品花的历史很早。南北朝有采折鲜花供置盘中待客会友的记载。庾信《和人日晚景宴客昆明池诗》写到在玄武湖摘荷："春余足光景，赵李旧经过。上林柳腰细，新丰酒径多。小船行钓鲤，新盘待摘荷。兰皋徒税驾，何处有凌波。"

南唐后主李煜于宫廷中"每春盛时，梁栋窗壁，柱拱阶砌，并作隔筒，密插杂花，榜曰'锦洞天'"。其中提到的竹筒插花，是和挂花、吊花并列的一种插花方式，隔筒密插，花团锦簇。

自唐以后，鲜花开始走进寻常百姓家，成为普通民众的消费和鉴赏品。到了明清时期，春节消费鲜花已成为南京人家的一种风俗，"金陵人家岁朝清供，多插天竺、蜡梅于瓶，取天腊之义"。

南京四季花开，南京人追踪着花的脚步，赏花品花。"一岁之中，梅花最盛，应推梅冈下之刘园，不下四五百株。正月盛开，裙屐咸集，吟啸其下，为坐香雪海中。二月桃李花，在复城桥北，有园种树数千株。坐小舟往看，游人亦众。"

秦淮河一带更是少不了鲜花的装点,"茉莉、珠兰,为秦淮两岸人家夏令一大销场。当夫炎日西匿,水阁帘开,两岸香风,薰人欲醉,皆此花氤氲之气"。直至民国时期,秦淮河画舫上仍然满是"茉莉的香、白兰花的香、脂粉的香、纱衣裳的香",它们和"微波泛滥出甜的暗香"融合在一起,令游人如痴如梦。

金秋八月桂子飘香时,灵谷寺前赏桂者人流如织,热闹异常。赏桂之余,人们还会选购一扎,带回家作为瓶插。此时的南京城里,随处可见售卖桂花的老妇、少女。

北极阁山后是菊花的主要产地,每届花时,"紫艳黄英,笼亩相望",游人纷至沓来,赏花买花,载菊而归。文人词客更是"不惜骑驴远访,自选佳种,解杖头资购之"。"山后看菊"成为其时一景。菊花上市后,即使菜佣酒保,"亦必力购数花,位置瓶碗间,点缀六朝烟水气也"。

人们礼宾、祝寿、庆贺、祭祀、装点年节、驱祟辟邪等,更是少不了插花。清康熙时,曾遨游南京的陈淏子在《花镜》中对插花之法做了详细介绍。

花馔：口齿沾香

嗅吮着花的芳香，欣赏着花的身姿，在这样的美妙时刻谈论食花餐英可能有点煞风景，但自古以来花卉确实是人类的重要食材之一。古人将部分花卉用于烹饪、酿酒、泡茶，或作为制作花酱、香料的原料，在文献中多有记载。

古诗曰："九月采菊酿酒香，来年开坛又重阳。"饮菊花酒在汉代就是重九日的习俗之一。南朝永明四年（486年）重阳日时，齐武帝曾在建康东郊的孙陵岗设宴，赐饮群臣菊花酒。"菊花酒"的加工方法是："菊花舒时，并采茎叶，杂黍米酿之，至来年九月九日始熟，就饮焉。"

用花所酿之酒，种类后来越来越多，"园中自有芳香，皆堪采酿；既具百般美曲，何难一浼杜康"。陈淏子的《花镜》中详尽叙述了清康熙年间花卉的加工利用，其中用花卉所酿的酒有梅花酒、菊花酒、桂花酒、玫瑰酒等。

唐宋时宫廷盛行食花之风，宋时花馔开始传入民间，宋人林洪的《山家清供》里列有十余种花馔。如玫瑰花瓣可直接食用，而南京人的一种食用方法是将它做成玫瑰膏。《金陵词钞续编》之《国香慢》引言中说："捣玫瑰花瓣为泥，渍以糖谓之玫瑰膏，食之香溢齿颊。"该词中还对其具体做法及食用感受做了描述："捣就蓝桥仙液。和芳饵分贮瓷坛。徘徊暗香袭，试掇糖霜，纤手掺掺。一匙微啜喉，更青梅浸入，余味酸含。紫霞娇妩，何用薇露醮醮！且解文园病渴，比橘浆桃脯尤甘。冰瓯点清茗，醒得朝醒，舌本醰醰。"

夏仁虎在《岁华忆语》中则介绍了南京人的一种做玫瑰酱方法："四月间人家妇女，采取鲜玫瑰花，细杵捣烂，和以梅子糖霜渍之，为玫瑰酱。夏秋间，沸水冲饮，色香味均绝。又有晒干为玫瑰糖霜者，用以醮角黍，风味亦佳，均可存至隔岁。"

明朝时制作花露很盛行。花露是以花瓣入甑酝酿而成的液汁。清代李渔在《闲情偶寄·声容·修容》中介绍说："富贵之家，则需花露。花露者，摘取花瓣入甑，酝酿而成者也。"民间制作花露的方法为："酿饴为露，和以盐梅，凡有色香花蕊，皆于初放时采渍之，经年，香味、颜色不变，红鲜如摘，而花汁融液露中，入口喷鼻，奇香异艳，非复恒有。"

老南京人在用鲜花把自己的生活点缀得充满诗意和浪漫气息的同时,又以花卉为食材,烹制加工成滑嫩、醇香的花馔、花酒、花茶、花露,使自己的舌尖在与鲜花精灵的相遇中得到了美妙的体验与享受。

《儒林外史》里的金陵滋味

张爱玲在《谈吃与画饼充饥》一文中说姑姑告诉过她,"从前相府老太太看《儒林外史》,就看个吃"。这"相府老太太"是李鸿章的长媳,张爱玲祖母的嫂子。《儒林外史》刻画了众多不同类型的知识分子、官僚乡绅和下层百姓等人物形象,相府老太太却唯独对书中的"吃"感兴趣,可见吴敬梓笔下的饮食是如何令她食指大动了。

《儒林外史》中的故事有许多发生在南京,书中写到的南京饮食习俗也比较丰富。吴敬梓长期生活在南京,谙熟这里的市井生活、风俗民情,因此写得颇具艺术情趣和生活气息。书中对南京各个阶层的吃食都有涉及,既有高档的酒楼宾馆菜肴,也有底层的街头小店饮食。虽然它们给张爱玲的印象不深,被认为"每桌饭的菜单都很平实",但正是这些寻常菜

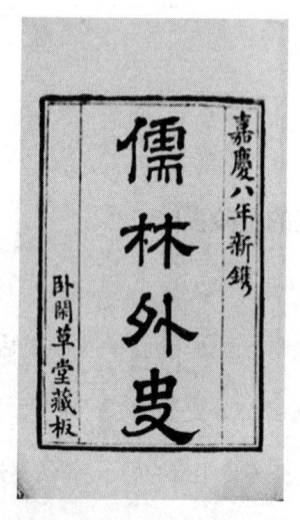

《儒林外史》书影

肴——芦蒿炒豆腐干、荠儿菜鲜笋汤、盐水虾、板鸭、猪油饺饵、鸭子肉包的烧卖、蟹羹、牛首豆腐干等，它们与普通人的日常生活如此贴近，读来极易令人产生一种亲切感。相府老太太虽锦衣玉食，但她对平常人家的饮食却极有好感。也许是这些菜肴虽然平实，品种、滋味却非同一般，正切合她的口味，勾起了她对往昔生活的回忆吧。尽管《儒林外史》中的吃食不能和随手端出几样就能摆一桌有头有尾宴席的

第四辑 风俗雅韵

吴敬梓像

"红楼"美食相比,但《红楼梦》里的美食太过豪奢了,其做一道茄鲞就得二十多种其他菜肴来搭配,与普通人家的生活实在挨不上边。

明代的南京城南地区,商贾云集,繁华热闹,餐饮店家每日五更便开门营业,直到夜晚三更方才打烊。我们首先去酒楼看看,里面都有些什么品种的菜肴。《儒林外史》第二十八回,诸葛天申请萧金铉等去酒楼吃饭,"当下三人会了茶钱,一同出来，到三山街一个大酒楼上，萧金铉首席，季恬逸对坐，诸葛天申主位。堂官上来问菜，季恬逸点了一卖肘子，一卖板鸭，一卖醉白鱼。先把鱼和板鸭拿来吃酒，留着肘子。再做三分银子汤，带饭上来"。

第二十五回中也写到一座酒楼，即老戏子鲍文卿请修乐器的倪老爹所去的那家。他家的菜肴有肘子、鸭子、黄焖鱼、醉白鱼，还有杂脍、单鸡、白切肚子、生爔肉、京爔肉、爔肉片、煎肉圆、焖青鱼、煮鲢头、便碟白切肉等。

书中第二十九回杜慎卿招待萧金铉等人，呈现的则是一个名士家庭待客的菜肴点心。杜慎卿是在自家的园子里请的客。席上主菜精而少，只有清清疏疏的几个盘子，一味江南鲥鱼，配以樱桃、鲜笋，酒是永宁坊上好的橘酒。如此清雅之物实难使人饱腹，于是，"传杯换盏，吃到午后，杜慎卿叫取点心来，便是猪油饺饵、鸭子肉包的烧卖、鹅油酥、软香糕，每样一盘拿上来。众人吃了，又是雨水煨的六安毛尖茶，每人一碗"。这饭后的点心、茶水才让众人大吃一饱。那油腻腻的猪油饺饵、鸭子肉包的烧卖、鹅油酥，只是为了照顾席上的"浊物"们而上桌的,"江南名士"杜慎卿一副造作派头,自己只管喝酒,全程不过吃了几颗樱桃、两片笋、一片软香糕。这软香糕是早年间南京夏令风味小吃,软糯可口,还伴有薄荷清凉味,吃起来又软又香甜。

那时人们请客吃饭,至少要备一只板鸭和几斤肉,再买一尾鱼,做个四样菜才好。像季恬逸在三山街酒楼点的肘子、板鸭、醉白鱼,对不算酒席的一般饭局来说,已可以撑起面子了。但若"整治酒席,大盘大碗",那就更有排面了。第二十七回新妇王太太招待从苏州来的体面大伯,则是让丈夫称了三钱六分银子,到果子店里装了十六个细巧围碟子来,并打了几斤陈百花酒。

三钱六分银子就能置办起一桌有面子的家宴,一般的日常生活中,每天的酒和菜如果花费四五钱的银子,那该吃得多么奢侈啊。盱眙人诸葛天申想寻一位名士帮忙选文章以扬名,就是被人以这样的伙食标准混吃的。这个以帮助诸葛天申为由,"且混他些东西吃吃再处"的季恬逸,天天如此大吃大喝,仅四五个月就把诸葛天申的二百多两银子花得所剩无几。

其实那时寻常的一顿饭有个十几文钱就有荤有素了。《儒林外史》第二十二回中牛浦在燕子矶小码头一个饭店里吃的一顿便饭,就只花了十七文钱。他点的是一碟腊猪头肉,一碟子芦蒿炒豆腐干,一大碗饭。价钱是荤菜一分,素菜半分,饭二厘。店家另送一碗汤和两小碟小菜。

对穷困潦倒的人来说,即便七八个钱也能应付一天。第二十八回写文人季恬逸生活困顿的时候,每日只能以四个吊桶底做两顿充饥。吊桶底是一种圆而大的炕饼,两个钱一块,是那时最为便宜的主食之一。

明代南京大街小巷中遍布大小酒楼,合共起来"有六七百座",茶社则更多,"有一千余处。不论你走到一个僻巷里面,总有一个地方悬着灯笼卖茶,播着些时鲜花朵,烹着上好雨水"。《儒林外史》中写了许多茶事,可信可感,在作品中发挥了广泛的作用。

吃茶的价钱很便宜。四月半后,秦淮景致渐渐好了,那外江的船驶了进来,"船舱中间,放一张小方金漆桌子,桌上摆着宜兴砂壶,极细的成窑、宣窑的杯子,烹的上好的雨水毛尖茶。

那游船的备了酒和肴馔及果碟到这河里来游,就是走路的人,也买几个钱的毛尖茶,在船上煨了吃,慢慢而行"。第五十五回中盖宽开的小茶馆一壶茶只赚得一个钱。许是茶馆太多了吧,盖宽每日仅可卖得五六十壶茶。五六十个钱的利润勉强只够维持他家一天的柴米开销。

不但南京,当时其他地方的茶也较便宜。如《扬州画舫录》说,扬州每碗茶二个钱。再如杭州,马二先生在西湖边望着酒店挂着的透肥羊肉,柜台上盘子里盛着的滚热蹄子、海参、糟鸭、鲜鱼,锅里煮着的馄饨,蒸笼上蒸着的极大馒头,因囊中羞涩,只能干咽唾沫。但他在茶馆里却不用如此窘迫,可以一大碗一大碗地喝茶。

旧时南京人吃茶一般须有茶食、茶点相配。《儒林外史》中写到的茶食有烧饼、茯苓糕、蜜橙糕、核桃酥等,其他如酱干生瓜子、酥烧饼、春卷、水晶糕、烧卖、糖油馒头等也可佐茶。不少茶馆里茶水、茶食是同时供应的,《清稗类钞》把这种茶馆称为"荤茶馆"。

作为一部优秀的讽刺小说,《儒林外史》中的饮食风俗描写不是闲笔，是为塑造人物形象、展示地域特色服务的，自然不可能全面反映旧时的饮食风貌与文化，但在某种程度上还是让我们欣赏与领略到了那时饮食文化的丰富与精彩。